新版完全征服　頻出

入試漢字

コア2800

改訂版

桐原書店編集部 編

桐原書店

Contents

目次

1章 入試最頻出漢字

- 書く 1〜100 —— 6 くりかえし
- 読む 1〜25 —— 14 くりかえし
- 入試問題①〜③ —— 16 くりかえし

2章 入試頻出 常用漢字 標準

- 書く①〜㉕ —— 20
- 読む①〜④ —— 74
- 分かる①〜④ —— 82
- 長文問題 —— 90 くりかえし
- 意味から考えるテスト —— ①…44 ②…72 ③…92 くりかえし
- 入試問題①〜③ —— 94 くりかえし

3章 入試頻出 常用漢字 発展

- 書く①〜㉙ —— 98
- 読む①〜⑥ —— 162
- 分かる①〜④ —— 174
- 長文問題 —— 182 くりかえし
- 意味から考えるテスト —— ④…118 ⑤…140 ⑥…160 ⑦…184 くりかえし
- 入試問題①〜③ —— 186 くりかえし

4章 入試出題 常用漢字表にない漢字

書く 190
読む①～④ 192
分かる①～③ 200
長文問題 206 くりかえし
意味から考えるテスト⑧…208 くりかえし
入試問題①～③ 210 くりかえし

5章 さまざまな視点から学ぶ漢字

同音・同訓漢字①～⑦ 214
似た形の漢字①～⑤ 228
間違いやすい漢字 238
特定の言葉に結びつきやすい漢字①～② 240
対義語 244
類義語 246
四字熟語①～⑦ 248
意味から考えるテスト⑨…262 ⑩…264 くりかえし
入試問題①～② 266 くりかえし

付録

論理的文章に使われやすい漢字50語 268
文学的文章に使われやすい漢字50語 270
実用文に使われやすい漢字50語 272

索引

274

繰り返し学習ができるページには くりかえし が付いています。

本書の構成・特長

★本書は全5章で構成しています。

1章　入試に出題された最頻出の漢字を125題選び、頻度順に並べています。最頻出漢字が確実に身につくよう、1章の語はその後の章で再度出題しています。

2章　入試頻出漢字から、標準レベルの常用漢字を掲載しています。

3章　入試頻出漢字から、発展レベルの常用漢字を掲載しています。

4章　入試で出題された、常用漢字表にない漢字や読み方をするものを掲載しています。

5章　「同音・同訓漢字」や「四字熟語」など、さまざまな視点で漢字を捉えます。漢字を使って表現する際にも役立つ漢字がそろっています。

付録　入試で出題される文章を意識した熟語を掲載しています。

●現在、常用漢字は全部で二一三六字となっています。国公立大学入試や大学入学共通テストの漢字問題は、すべて常用漢字から出題されます。私立大学入試では常用漢字表にないものからも出題されるため、章ごとに意識して学習していきましょう。

★本書の特長

①**「繰り返し学習が可能」**

↓1章の最頻出漢字は2章以降で再度出題され、この1冊を通して自然と繰り返し学習ができるような構成にしています。1章の語が再度出題されている箇所には、を付けています。また、繰り返し学習ができる1章や「意味から考えるテスト」などのページのタイトル下にはくりかえしを付けています。

②**「「分かる」コーナーで漢字の「意味」を把握」**

↓「分かる」では意味を把握しづらい熟語を集め、「書く」「読む」だけでなく、語の意味もしっかり学習できます。実際どのように使われるかを、その後の長文問題で確認できます。

③**「学習した漢字は入試問題ですぐにチェック」**

↓学んだ漢字は各章末の実際の入試問題を通して確認できます。

〈本書で使用しているマーク〉

くりかえし……繰り返し学習ができるページに付けています。

……1章の語が再度出題されている箇所に付けています。

▼……1章では常用漢字表にない漢字や読みを含むものに、4章では常用漢字表にない読みを含むものにマークを付けています。

下段解説のマーク

音……音読み（片仮名で表記）
訓……訓読み（平仮名で表記）
類……類義語
対……対義語

1章

入試最頻出漢字

1章では入試に出題された最頻出漢字を頻度順に並べています。入試で狙われやすい漢字ばかりですので、確実に身につくよう、1章の語はその後の章で再度出題しています。最頻出漢字を繰り返し学習し、着実に漢字の知識を定着させていきましょう。

1 入試最頻出漢字 書く 1－25

	問題	意味	解答	P.	問
1	客が**ヒンパン**に訪れる。	たびたび繰り返されるさま	頻繁	136	5
2	師の話に生き方の**シサ**を与えられる。	それとなく教えしめすこと	示唆	124	6
3	計画が**ハタン**することを恐れる。	物事がうまくいかなくなること	破綻	144	12
4	転職することになった**ケイイ**を話す。	いきさつ	経緯	47	18
5	世間に**シントウ**した考え。	考えなどがゆきわたること	浸透	103	13
6	失敗こそが成功の**ケイキ**となる。	きっかけ	契機	61	20
7	視線を気にして窓をカーテンで**オオ**う。	かぶせて見えないようにする	覆	111	22
8	獲得した自由を**キョウジュ**する。	うけいれて楽しむこと	享受	116	8
9	暗闇に**ヒソ**み、待ち伏せる。	ひそかにかくれる	潜	61	23
10	**ボウダイ**な赤字を抱える。	非常におおきいさま	膨大	145	15
11	温暖化の傾向が**ケンチョ**である。	際立って目につくさま	顕著	50	1
12	衛生管理を**テッテイ**し食中毒を防ぐ。	つらぬきとおすこと	徹底	66	12

くりかえし

1章の語は本書の中で再度出題されます。

※枠の中はページ数・問題番号を示しています。

13 □ 運命に**ホンロウ**される。（思うままにもてあそぶこと）
【翻弄】 150/2

14 □ **チクセキ**した知識を活用する。（たくわえたまること）
【蓄積】 61/21

15 □ 実力を十分に**ハッキ**する。（持っている能力や実力をしめすこと）
【発揮】 62/2

16 □ 社会の**チツジョ**を重んじる。（正しい筋道）
【秩序】 55/18

17 □ 遺産相続の権利を**ホウキ**する。（すてて行使しないこと）
【放棄】 64/9

18 □ 思い切った改革を**テイショウ**する。（意見などを他人に説きしめすこと）
【提唱】 102/1

19 □ 反対するだけでなく**ダイタイ**案を用意する。（ほかのものでかえること）
【代替】 127/16

20 □ 幸福な**ショウガイ**を送る。（この世にいきている間）
【生涯】 223/19

21 □ 子どもが持つべき権利を**ヨウゴ**する。（かばい守ること）
【擁護】 138/3

22 □ 兵役につくことを**キヒ**する。（嫌いさけること）
【忌避】 131/13

23 □ 最先端の技術を**クシ**する。（自由につかいこなすこと）
【駆使】 106/1

24 □ 自由は国民の**フダン**の努力により保たれる。（絶えることのない）
【不断】 87/23

25 □ 今回の処分は極めて**ダトウ**だ。（適切であること）
【妥当】 112/2

1 入試最頻出漢字 書く 26-50

くりかえし　1章の語は本書の中で再度出題されます。

※枠の中はページ数・問題番号を示しています。

番号	問題	意味	解答	P.	問
26	遺族の生活を**ホショウ**する。	ある状態が損なわれないように守ること	保障	227	22
27	全員の参加を**ウナガ**す。	せきたてる	促	99	22
28	世代間の**ヘダ**たりを埋める。	距離	隔	123	22
29	情が**カラ**むと適切な判断ができない。	関係する	絡	59	23
30	世論を**カンキ**する発言。	よびおこすこと	喚起	217	20
31	文化の継承には**モホウ**が大きな役割を持つ。	まねること	模倣	123	13
32	不正の発覚で**ケンイ**が失墜する。	人をおさえつけて従わせる力	権威	58	10
33	敵の情勢を**ハアク**する。	しっかり理解すること	把握	68	1
34	字を**テイネイ**に書く。	注意深くゆきとどいているさま	丁寧	56	1
35	**ジョウキ**を逸した態度。	ふつうのやり方	常軌	123	17
36	科学に**イキョ**する現代の技術。	よりどころとすること	依拠	62	3
37	兄は優等生の**テンケイ**だ。	同類の中で最もよくその特徴を表すもの	典型	23	20

番号	問題	意味	解答	参照
38 □	確かな**キハン**を失った現代社会。	守るべき手本	規範	59 / 17
39 □	新年にあたって一層の**ヒヤク**を誓う。	大きく発展し、かつやくすること	飛躍	26 / 11
40 □	**ネラ**った獲物は逃さない。	手に入れようとして機会をうかがう	狙	71 / 25
41 □	図書館の活用を**スイショウ**する。	優れた点をほめて人にすすめること	推奨	134 / 12
42 □	主人公の内面の**カットウ**が描かれた小説。	心がもつれ迷うこと	葛藤	176 / 4
43 □	メディアは情報を**バイカイ**する。	間をとりもつこと	媒介	132 / 8
44 □	作物の育成に適した**ドジョウ**。	作物を育てるとち	土壌	115 / 19
45 □	**カンヨウ**な態度をとる。	心が広く人の考えをよく受け入れること	寛容	218 / 7
46 □	悪事が**ロテイ**する。	さらけだすこと	露呈	125 / 15
47 □	戦いに備えて高台に大砲を**ス**える。	ある場所にうごかないように置く	据	125 / 24
48 □	長年の善行を**ケンショウ**し、感謝状を贈る。	功績などを世間に知らせること	顕彰	153 / 14
49 □	会いたいという**ショウドウ**にかられる。	発作的なこうどうを引きおこす心のうごき	衝動	26 / 5
50 □	生命の**コンセキ**が残る惑星が発見された。	あとかた	痕跡	154 / 7

1 入試最頻出漢字　書く　51－75

番号	問題	意味	解答	P.	問
51	平和な生活を**オビヤ**かす戦争の影。	状態などを危うくする	脅	71	24
52	**ヤッカイ**な問題が次々と起こる。	めんどうで手間のかかるさま	厄介	102	3
53	文明から**カクゼツ**した地域を調査する。	かけはなれていること	隔絶	134	8
54	競技会で新しい技を**ヒロウ**する。	広く発表すること	披露	151	18
55	つい話が**イツダツ**してしまった。	本筋からはずれること	逸脱	115	20
56	両者の違いが**タンテキ**に表れる。	はっきりしたさま	端的	175	23
57	オーロラの**ミリョク**にとりつかれる。	人の心をひきつけるちから	魅力	28	5
58	自意識**カジョウ**だと言われる。	多すぎるさま	過剰	136	7
59	**リンカク**を丁寧になぞる。	物の外形を表す線	輪郭	116	1
60	未知なる異文化と**ソウグウ**する。	不意に出会うこと	遭遇	137	18
61	**チミツ**に練り上げられた報告書。	念入りで不備がないさま	緻密	151	20
62	人類の進歩に**コウケン**する。	ちからを尽くし役立つこと	貢献	66	1

くりかえし

1章の語は本書の中で再度出題されます。

※枠の中はページ数・問題番号を示しています。

63 □ **ケンキョ**な態度に好感をもつ。
ひかえめで素直なさま
【謙虚】 115／16

64 □ 弟子の**イチジル**しい成長を喜ぶ。
はっきりとわかるさま
【著】 57／24

65 □ 障害となる物を**ハイジョ**する。
取りのぞくこと
【排除】 23／16

66 □ **センサイ**な性格ゆえに傷つく。
感性がこまやかで鋭いさま
【繊細】 71／21

67 □ 不祥事を起こした大臣が**コウテツ**される。
ある役職の者を代えること
【更迭】 178／1

68 □ 自然に対して**イケイ**の念を持つ。
おそれうやまうこと
【畏敬】 150／4

69 □ 放物線の**キドウ**を描く。
物体がいどうする際の一定の経路
【軌道】 67／13

70 □ 前言を**ヒルガエ**す。
態度や説を急に変える
【翻】 131／24

71 □ 正岡《まさおか》子規《しき》は万葉集に**ケイトウ**した。
ある人や物事に熱中すること
【傾倒】 178／4

72 □ 突然の出来事に**ドウヨウ**する。
落ち着きをうしなうこと
【動揺】 70／2

73 □ 資料の返却を**トクソク**する。
せきたてること
【督促】 247／21

74 □ 窓からの**ナガ**めに心を奪われる。
見渡すこと、またはその景色
【眺】 43／22

75 □ **フヘン**は特殊と対をなす概念だ。
すべてに広く当てはまること
【普遍】 174／1

1 入試最頻出漢字　書く　76－100

76 □ お香の魅力は**コクウ**に消えるところにある。（何もないくうかん）

77 □ 体力の**イジ**に努める。（そのままの状態を保つこと）

78 □ 自らの**ゴウマン**な言動を改める。（おごり高ぶって人をみくだすこと）

79 □ 敵の勢いに**アットウ**される。（段違いの力で他をおさえつけること）

80 □ **トホウ**もなく遠い道のり。（とるべき手だて）

81 □ サンプルを**チュウシュツ**する。（抜きだすこと）

82 □ 時間に**ソクバク**される。（制限を加えること）

83 □ **アイマイ**な返事をする。（はっきりしないこと）

84 □ 地域を**ジュンカン**するバスに乗る。（ひと回りしてもとに戻ることを繰り返すこと）

85 □ 尊い人命を**ギセイ**にしてはならない。（ある目的のためにそんしつをかえりみないこと）

86 □ 携帯電話が世代を超えて**フキュウ**する。（広く行きわたること）

87 □ 力の**キンコウ**を保つ。（つり合いがとれていること）

No.	答え	くりかえし（P.／問）
76	虚空	121／19
77	維持	58／1
78	傲慢	147／17
79	圧倒	34／7
80	途方	99／20
81	抽出	115／18
82	束縛	69／13
83	曖昧	245／26
84	循環	70／8
85	犠牲	61／14
86	普及	226／10
87	均衡	103／16

くりかえし
1章の語は本書の中で再度出題されます。
※枠の中はページ数・問題番号を示しています。

No.	問題	意味	解答	参照
88	ジレンマに**オチイ**る。	悪い状態になる	陥	153 / 25
89	**ツム**いだ糸を染める。	繭や綿などからせんいを引きだし糸にする	紡	149 / 21
90	**ジンソク**に事を進める。	きわめてはやいさま	迅速	126 / 3
91	**イゼン**として態度を改める気配がない。	あいかわらずであるさま	依然	129 / 15
92	動物は生物に**ホウセツ**される概念だ。	ある概念がより一般的な概念に含まれること	包摂	138 / 7
93	騒音を**シャダン**する。	さえぎりとめること	遮断	127 / 19
94	利益を社会に**カンゲン**する。	もとに戻すこと	還元	217 / 23
95	記憶を**ソウシツ**する。	なくすこと	喪失	66 / 11
96	**カクシン**をつく発言。	物事のちゅうしんとなる大切なところ	核心	216 / 9
97	経済的な**キバン**を築く。	物事を支えるよりどころ	基盤	70 / 10
98	家庭の**ホウカイ**が問題となる。	くずれこわれること	崩壊	62 / 9
99	かつては外国の製品が**スウハイ**された。	あがめうやまうこと	崇拝	67 / 19
100	むやみに他人に**カンショウ**する。	強いてかかわり、自分の考えに従わせようとすること	干渉	218 / 1

1 入試最頻出漢字　読む　1－25

番号	問題	意味	答え	P.－問
1	ようやくその日の糧にありつく。	食べ物	かて	167－23
2	徳川幕府の瓦解を描いた歴史小説。	一部の崩れから全体が崩れること	がかい	181－21
3	法律を遵守することは国民の義務だ。	きまりなどをよく守ること	じゅんしゅ	168－2
4	このままでは敗北は必定だ。	必ずそうなると決まっていること	ひつじょう	78－2
5	悪いイメージを払拭する。	すっかり払いのけること	ふっしょく	181－18
6	虚偽の情報が流布する。	世に広まること	るふ	80－3
7	結果に拘泥する。	こだわること	こうでい	181－20
8	神仏に帰依する。	神仏を信じ、その力にすがること	きえ	168－1
9	逃げようとする敵を威嚇する。	おどかすこと	いかく	164－11
10	両者の意見に▼齟齬をきたす。	食い違い	そご	201－22
11	▼俄に空が暗くなり雷鳴がとどろいた。	突然	にわか	197－29
12	一抹の懸念を抱く。	気にかかって不安に思うこと	けねん	76－6

くりかえし

※常用漢字表にない漢字や読みを含むものには▼を付けています。

※1章の語は本書の中で再度出題されます。枠の中はページ数・問題番号を示しています。

No.	問題	意味	読み	参照
13 □	人心の乖離に苦しむ政治家。	そむき離れること	かいり	192 / 3
14 □	屹立する高層ビルを眺める。	高くそびえ立つこと	きつりつ	198 / 2
15 □	安穏と生きることが許されない時代。	安らかで穏やかなさま	あんのん	166 / 6
16 □	原点に遡って検証する。	過去・根本に立ち返る	さかのぼ	165 / 24
17 □	難解な概念を巧みに敷衍する。	意味を押し広げて説明すること	ふえん	200 / 6
18 □	両国の間に軋轢が生じる。	仲たがいすること	あつれき	204 / 7
19 □	相手の言葉を遮る。	妨げる	さえぎ	79 / 14
20 □	国会議員が地方を遊説する。	自分の意見や主張を各地を回って説くこと	ゆうぜい	80 / 5
21 □	年齢を重ねて食の嗜好が変わった。	人それぞれの好み	しこう	194 / 4
22 □	現代の繁栄は脆弱な基盤の上にある。	もろくて弱いさま	ぜいじゃく	196 / 14
23 □	美しいハーモニーが醸し出される。	ある状態や雰囲気を作り出す	かも	169 / 22
24 □	富士山は聖なる山として崇められた。	尊び敬う	あが	195 / 28
25 □	派手な身なりで気障なセリフを口にする。	服装や言動が気取っていて嫌味なさま	きざ	192 / 14

1 入試問題① 共通テスト型

くりかえし
1章で学習した漢字を、実際の入試問題で確認します。

傍線部の漢字と同じ漢字を含むものを、次の各群の①〜④もしくは①〜⑤のうちから、それぞれ一つずつ選べ。

共通テスト

□時間を**ヘダ**てることで大きく変貌してしまう
① 敵を**イカク**する
② 施設の**カクジュウ**をはかる
③ 外界と**カクゼツ**する
④ 海底の**チカク**が変動する

③・隔
威嚇
拡充
隔絶
地殻

□小説などにこの種の注が**ヒンシュツ**する
① **ヒンシツ**を管理する
② **カイヒン**公園で水遊びをする
③ **ヒンパン**に訪れる
④ **ライヒン**を迎える
⑤ 根拠が**ヒンジャク**である

③・頻出
品質
海浜
頻繁
来賓
貧弱

□文章や単語を**タンネン**に検討して
① **イッタン**休止する
② **タンレン**を積む
③ **タンセイ**を込める
④ **タンカ**で運ぶ
⑤ 計画が**ハタン**する

③・丹念
一旦
鍛錬
丹精
担架
破綻

□思考のための**ジュンタク**な資産がある
① 水を**ジュンカン**させる装置
② 温暖で**シツジュン**な気候
③ **ジュンキョウシャ**の碑
④ 夜間に**ジュンカイ**する警備員
⑤ **ジュンド**の高い金属

②・潤沢
循環
湿潤
殉教者
巡回
純度

□意識が生まれる**ケイキ**にもなります
① **ケイコウ**となるも牛後となるなかれ
② リサイクル活動を**ケイハツ**する
③ これまでの**ケイヤク**を見直す
④ 豊かな自然の**オンケイ**を受ける
⑤ 経済の動向に**ケイショウ**を鳴らす

③・契機
鶏口
啓発
契約
恩恵
警鐘

□説明し**ツ**くせない不思議な場所
① **ジンソク**に対処する
② **テキジン**に攻め入る
③ 損害は**ジンダイ**だ
④ **ジンジョウ**な方法では解決しない
⑤ 地域の発展に**ジンリョク**する

⑤・尽
迅速
敵陣
甚大
尋常
尽力

1 入試問題② 国公立大

傍線部のカタカナを漢字に改めよ。

□わざわざ自分に注意を**ウナガ**して見させたもの。［　　］ 東北大 促

□ここ一〇年ほどのスマートフォンの**シントウ**。［　　］ 山梨大 浸透

□近年、医学の世界で**テイショウ**されている…［　　］ 北海道大 提唱

□「何か」の力に**ホンロウ**されたり、それを用いようとしたりする。［　　］ 京都府立大 翻弄

□二〇世紀のメディア環境において**ケンチョ**になった。［　　］ 愛知県立大 顕著

□リオタールは次のようなエピソードを**ヒロウ**している。［　　］ 新潟大 披露

□DTPが**フキュウ**しだしたころ、フランクフルトのブックフェアに行って驚いた体験がある。［　　］ 三重大 普及

くりかえし

1章で学習した漢字を、実際の入試問題で確認します。

□ホモ・サピエンスが出現し、言語と世界観が**ヒヤク**的に発達した。［　　］ 高知大 飛躍

□写真が**ホウセツ**する「かつて＝あった」という過去性を帯びた被写体の姿。［　　］ お茶の水女子大 包摂

□なんらかの意味づけあるいは秩序づけを**フダン**にしながら生きているのです。［　　］ 大分大 不断

□**ボウダイ**な困難の表面的な帰結である。［　　］ 愛知教育大 膨大

□身体的な運動がしるしたもの（**コンセキ**）にほかならず…［　　］ 尾道市立大 痕跡

□日本人の**センサイ**な感性。［　　］ 信州大 繊細

□「より健康であること」を**カジョウ**なほどに求める社会。［　　］ 広島大 過剰

1 入試問題③ 私立大

傍線部の漢字の読みを平仮名で記せ。

□傍線部の言葉というものが本来持っている性質、それが**発揮**する力は、やはり人の口から話される言葉にある。［　　］ 甲南大

はっき

傍線部を漢字に改めよ。

□歴史学はデータ（資料）を批判的に検討しつつ、データが仮説に対してもつ証拠としての価値を**ヨウゴ**し続けます。［　　］ 関西大

擁護

傍線部のカタカナの部分を漢字で書いたとき、傍線部に同一の漢字を使うものを一つ選べ。

□かつてはどのような共同体にも見られた、**カン**婚葬祭での隣近所との助け合いを考えればよい。 関西学院大

［　　］

イ　雑誌の**カン**頭言
ロ　弱**カン**二十歳
ハ　**カン**古鳥が鳴く
ニ　**カン**容な精神
ホ　**カン**胆相照らす

ロ・冠

巻 冠 閑 寛 肝

くりかえし

1章で学習した漢字を、実際の入試問題で確認します。

傍線部を漢字に改めた場合、これと同じ漢字を用いるものを、一つ選べ。

□フランス語でje（われ）として**ケンザイ**しているものを、ラテン語にすることによって打ち消そうとしたのではないか、と。［　　］ 東洋大

①　**ケンコウ**診断
②　**ホウケン**的社会
③　**ケンジツ**な生き方
④　一所**ケンメイ**に働く
⑤　偉人の**ケンショウ**碑

⑤・顕在

健康 封建 堅実 懸命 顕彰

傍線部の片仮名を、漢字（楷書）で記せ。

□たとえば、あるインディアンが平原を見張るようなスピードで疾走している光景に**ソウグウ**し、このインディアンの疾走する姿を、感動的な言葉で表現する状況を考えてみよう。 早稲田大

［　　］

遭遇

傍線のカタカナを漢字に改めなさい。（楷書で正確に書くこと）

□「個性の尊重」「自然への**イケイ**の念」「生命の尊さ」… 中央大

［　　］

畏敬

2章

入試頻出　常用漢字
標準

2・3章では入試頻出の漢字のうち、常用漢字を集めて掲載しています。国公立大学入試や大学入学共通テストの出題範囲は常用漢字からとなるため、常用漢字と常用漢字表にない漢字を意識して学習しましょう。

1章の語が再度出題されている箇所にはがついており、最頻出漢字は自然と繰り返し学習することが可能です。まずは2章の標準レベルから学習していきましょう。

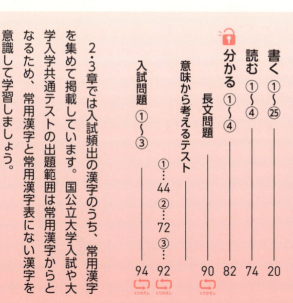

2

書く①

1. □ **チョメイ**な学者の講演を聴く。（なまえがよく知られていること）
［著名］ 類「有名《ユウメイ》」

2. □ **チアン**の悪化を心配する。（国家や社会がよくおさまっていること）
［治安］ 「治」―訓おさ(まる) なお(す)

3. □ 論文の**ボウトウ**から難解な言葉を用いる。（文章や談話のはじめ）
［冒頭］ 「物事のはじめ」という意味でも使われる

4. □ **センモン**的な知識を身につける。（一つの事柄にもっぱら従事すること）
［専門］ 「専」の右上に「、」をつけないように。「問」と混同しないように

5. □ 互いをたたえ、エールを**コウカン**する。（互いにやりとりすること）
［交換］ 「換」―訓か(える)

6. □ 夏はうなぎの**ジュヨウ**が増大する。（商品に対する購買意欲）
［需要］ 対「供給《キョウキュウ》」

7. □ **シンコク**な環境破壊が起こる。（せつじつで重大なこと）
［深刻］ 「刻」―訓きざ(む)

8. □ 家と学校を**オウフク**する。（行ってまた戻ること）
［往復］ 「往」には「行く」、「復」には「帰る」という意味がある

9. □ **シャメン**を勢いよく水が流れる。（ななめに傾いためん）
［斜面］ 「斜」―訓なな(め)

10. □ 軍備の縮小を**イッカン**して主張する。（方針などをひとすじにつらぬき通すこと）
［一貫］ 「貫」―訓つらぬ(く)

11. □ レンズで光を**ハンシャ**させる。（はねかえること）
［反射］ 「射」―訓い(る)

12. □ **フトウ**な判決に憤りを覚える。（道理に合わないさま）
［不当］ 類「不法《フホウ》」「無法《ムホウ》」 対「正当《セイトウ》」

番号	問題	意味	解答	解説
□ 13	異文化の**シュウカン**に溶けこむ努力をする。	日常の決まりきった行い	習慣	類「慣習《カンシュウ》」「風習《フウシュウ》」
□ 14	雪の**ケッショウ**を拡大する。	原子がきそく正しく配列して作られる固体	結晶	「努力の結晶」などのように用いられる場合もある
□ 15	**シッソ**だが心豊かな生活。	つつましいさま	質素	「素足」は「スあし」と読む
□ 16	イベントに**ショウタイ**される。	客をまねくこと	招待	「紹介《ショウカイ》」の「紹」と混同しないように
□ 17	**ジュウジツ**した学生生活を送る。	内容が豊かなこと	充実	「充」—訓あ(てる) 「実」—訓み・みの(る)
□ 18	神が世界を**ソウゾウ**したという教え。	新たにつくること	創造	対「模倣《モホウ》」
□ 19	**ケンゼン**な娯楽を求める。	活動や状態が正常で偏りがないさま	健全	「健」—訓すこ(やか)
□ 20	**キョウチョウ**性に欠ける自己中心的な人。	互いに譲り合ってやっていくこと	協調	「調」—訓しら(べる) ととの(える)
□ 21	どうしていいか**シアン**に暮れる。	おもいめぐらすこと	思案	「思案顔《がお》」は「考え込んでいる顔」
□ 22	文庫本のサイズには一定の**キカク**がある。	製品などに定められた基準	規格	「規」には「物事の基準」という意味がある
□ 23	生きるうえでの指針となるものを**サガ**す。	見つけ出す	探	訓さぐ(る)
□ 24	七月に入って**ム**すような陽気になった。	湿度が高く暑さがこもる	蒸	音ジョウ 「蒸気《ジョウキ》」など
□ 25	日々の**イソガ**しさに追われる。	あわただしく落ち着かないこと	忙	「心を亡くす」を漢字のなりたちとする

2 書く②

□ 1 みんなが納得できる方法を**テイジ**（差し出してしめすこと）する。

□ 2 権力者に**フクジュウ**（他の命令や意思にしたがうこと）することをこばむ。

□ 3 犬が**ココチ**（気持ちや気分）よさそうに眠る。

□ 4 作家の**ショメイ**（じぶんのなまえを書き記すこと）の入った本。

□ 5 パリを**キョテン**（活動のよりどころになるところ）に活躍するピアニスト。

□ 6 最後まで立ち退《の》きを**キョヒ**（要求などをはねつけること）する。

□ 7 交渉相手からよい**カンショク**（それとなくかんじること）を得る。

□ 8 **ソシキ**（共通の目標をもつ集合体）の一員としての自覚を持つ。

□ 9 機会は**キントウ**（ひとしいさま）に与えられるべきだ。

□ 10 人に**キガイ**（生命または身体を損なうこと）を加えてはならない。

□ 11 試合の途中**ケイカ**（物事のなりゆき）をラジオで聞く。

□ 12 陣頭で**シキ**（さしずすること）を執る。

1 ［提示］ 「提」―訓 さ(げる)

2 ［服従］ 「服する」は「受け入れて従う」

3 ［心地］ 「夢心地《ゆめごこち》」「住み心地《ごこち》」などの形でも使う

4 ［署名］ 「署」には「書き記す」「役所」という意味がある

5 ［拠点］ 類「本拠地《ホンキョチ》」

6 ［拒否］ 類「拒絶《キョゼツ》」

7 ［感触］ 「触」―訓 さわ(る) ふ(れる)

8 ［組織］ 「祖先」の「祖」や「知識」の「識」と混同しないように

9 ［均等］ 類「平等《ビョウドウ》」

10 ［危害］ 「危」―訓 あぶ(ない) あや(うい)

11 ［経過］ 「経」―訓 へ(る)

12 ［指揮］ 「揮」には「ふるう」「ふりまわす」という意味がある

□ 13 兄弟であっても性格は**タイショウ**的だ。
二つのものの違いが際立つこと
［対照］
「原文と対照する」は「原文とくらべる」

□ 14 大学では英文学を**センコウ**した。
ある学問分野をせんもんに研究すること
［専攻］
「専」—訓 もっぱ(ら)

□ 15 君と出会ったのはまったくの**グウゼン**だ。
予期しない出来事
［偶然］
対「必然《ヒツゼン》」

16 社会は異分子を**ハイジョ**する傾向を有す。
取りのぞくこと
［排除］
「除」—訓 のぞ(く)

□ 17 病院で**シンサツ**を受ける。
医師が患者の身体をしらべること
［診察］
「診」—訓 み(る)

□ 18 国家の独立を**センゲン**する。
主張や方針をはっきり公表すること
［宣言］
「宣」には「のべる」という意味がある

□ 19 父親に似て**ガンコ**な性格だ。
かたくなでいじっぱりなさま
［頑固］
「頑固な汚れ」は、「しつこい汚れ」

20 ヘレニズム様式の**テンケイ**といえる彫刻。
同類の中で最もよくその特徴を表すもの
［典型］
「形式《ケイシキ》」の「形」と混同しないように

□ 21 **ジョウキョウ**が一変する。
そのときそのときのようす
［状況］
「情況」とも書く

□ 22 **ソッチョク**な気持ちを伝える。
かざりけがなくありのままであるさま
［率直］
「卒業《ソツギョウ》」の「卒」と混同しないように

□ 23 **ワケ**のわからないことをいう。
物の道理
［訳］
「言い訳」は「弁解」のこと

□ 24 タックルを**タク**みにかわす。
てぎわのよいさま
［巧］
ここでは「巧妙《コウミョウ》」に似た意味

□ 25 胸を大きく**ソ**らし、深呼吸をする。
弓なりに曲げる
［反］
「反物」は「タンもの」と読む

2

書く③

□ 1 やってみるとアンガイ（思いのほか）うまくいった。

□ 2 社会には暗黙のリョウカイ（承知すること）が存在する。

□ 3 フイ（突然）の出来事にうろたえる。

□ 4 努力の末にすばらしいセイカ（なし得たよいけっか）を上げる。

□ 5 学問にシンケン（まじめなさま）に取り組む。

□ 6 ジョウダン（ふざけて言う話・ふざけてすること）を言い合う仲。

□ 7 電気ケイトウ（ある原理によってつながっているもの）のトラブルに見舞われる。

□ 8 地下水のゲンセン（水のわき出るみなもと）が枯れる。

□ 9 とっさにセイゴ（ただしいこととあやまっていること）を判別することは難しい。

□ 10 奇妙なゲンショウ（形をとってあらわれたもの）が次々に起こる。

□ 11 経験のウム（あることとないこと）は問わない。

□ 12 新しい環境にうまくジュンノウ（てきおうすること）する。

1	案外	「案ずる」は「心配する」
2	了解	「暗黙の了解」は「不文律」と同じ意味
3	不意	「不意を食う」は「思いがけないことをしかけられる」
4	成果	「果」―訓は(たす)
5	真剣	もともと木刀・竹刀にたいして本物の刀剣をさす
6	冗談	「冗長《ジョウチョウ》」は「むだが多く長いさま」
7	系統	「統」―訓す(べる)
8	源泉	「源」―訓みなもと
9	正誤	「誤」―訓あやま(る)
10	現象	「映像《エイゾウ》」の「像」と混同しないように
11	有無	「有無をいわせず」は「いやおうなしに」と同じ意味
12	順応	「ジュンオウ」とも読む

番号	問題	意味	答え	解説
□ 13	美しい**チョウド**で部屋を飾る。	身の回りの道具	調度	「調度品《ヒン》」という形でよく使う
□ 14	忠告を**スナオ**に聞く。	穏やかで逆らわないさま	素直	「直」―訓ただ(ちに)
□ 15	**ルイジ**した商品が出回る。	にかよっていること	類似	「似」―訓に(る)
□ 16	悪路には四輪**クドウ**の車が適している。	どうりょくを与えてうごかすこと	駆動	「駆」―訓か(ける)
□ 17	**メイジョウ**しがたい思いにとらわれる。	ひょうげんすること	名状	打ち消しの語を伴うことが多い
□ 18	ダヴィンチは**バンノウ**の天才である。	すべてに優れているさま	万能	「能」には「よく…できる」という意味がある
□ 19	フロイトは人間心理の**シンソウ**に着目した。	奥ふかく隠されたぶぶん	深層	対「表層《ヒョウソウ》」
□ 20	君の発言は**キジョウ**の空論にすぎない。	つくえのうえ	机上	「机上の空論」は「実際には役立たない意見」
□ 21	友人から欠点を**シテキ**される。	問題点などを取り出して示すこと	指摘	「摘」―訓つ(む)
□ 22	困っている人を放っておけない**ショウブン**。	生まれつきのせいしつ	性分	「生まれつきの性格《セイカク》」を「さが」という
□ 23	ハープを**カナ**でる。	かきなでてならす	奏	ここでは「演奏《エンソウ》」に似た意味
□ 24	お世話になった人を結婚式に**マネ**く。	呼びよせる	招	「紹介《ショウカイ》」の「紹」と混同しないように
□ 25	**キ**するところがあって職を辞した。	前もって決心する	期	「期せずして」は「思いがけず」

2 書く④

□ 1 勉強しやすい**カンキョウ**を整える。（あるものをとりまく外界のようす）

□ 2 古い洋館で**キカイ**な出来事が起きる。（不思議なさま）

□ 3 初孫の**タンジョウ**を祝う。（うまれること）

□ 4 新しいメディア産業に**サンニュウ**する。（加わること）

♛ 5 旅に出たいという**ショウドウ**にかられる。（発作的なこうどうを引き起こす心のうごき）

□ 6 控え室で**タイキ**する。（準備を整えてきかいが来るのをまつこと）

□ 7 **ダンペン**的な記憶をつなぐ。（きれぎれであること）

□ 8 平和の大事さを**セツジツ**に感じる。（身にしみて感じること）

□ 9 屋上から美しい**チョウボウ**を楽しむ。（見渡したながめ）

□ 10 聞かれたことに**ソクザ**に答える。（すぐその場）

♛ 11 科学技術は**ヒヤク**的な発展を遂げた。（大きく発展し、かつやくすること）

□ 12 「**ソシナ**ですが」と言って贈り物を渡す。（人に物を贈るときにへりくだっていう語）

1 【環境】「環」には「ぐるりとめぐらす」という意味がある

2 【奇怪】「怪」―訓あや(しい)

3 【誕生】「新しく物事が成立する」という意味でも使う

4 【参入】「高貴な所に参る」という意味もある

5 【衝動】「動じる」は「動揺《ドウヨウ》する」

6 【待機】「待」―訓ま(つ)

7 【断片】「片」には「きれはし」という意味がある

8 【切実】「切に」は「しきりに」「心を込めて」

9 【眺望】「眺」―訓なが(める)

10 【即座】類「即時《ソクジ》」「即刻《ソッコク》」

11 【飛躍】「論理の飛躍」は、「論理が正しい段階を経ずに進む」という意味

12 【粗品】「粗」―訓あら(い)

□ 13 小野小町《おののこまち》は**ヨウシ**の衰えを嘆いた。
すがた
容姿
「容姿端麗《タンレイ》」は「すがたが整って美しいさま」

□ 14 能率至上の**フウチョウ**に異を唱える。
時代とともに変わる世の中の傾向
風潮
「思潮《シチョウ》」は「ある時代の人々がいだく思想の傾向」

□ 15 **ゲンカク**な規律で知られる応援団。
規則などをきびしく守るさま
厳格
「荘厳」は「ソウゴン」と読む

□ 16 **ケンジョウ**の美徳を重んじる。
へりくだりゆずること
謙譲
類「謙遜《ケンソン》」

□ 17 過去の記憶が**センレツ**によみがえる。
はっきりしているさま
鮮烈
「鮮」―訓あざ(やか)

□ 18 新しい法律を**テキヨウ**する。
法律や規則などをあてはめてもちいること
適用
「摘出《テキシュツ》」の「摘」や「無敵《ムテキ》」の「敵」と混同しないように

□ 19 悪貨は良貨を**クチク**する。
追い払うこと
駆逐
「駆」―訓か(ける)

□ 20 夏休みの宿題に朝顔の**カンサツ**をする。
物事の現象を注意深く見ること
観察
「察する」は「おしはかって考える」「おもいやる」

□ 21 ガンジーの思想に**キョウメイ**する。
他人の考えや思想に同感すること
共鳴
「鳴」―訓な(る)

□ 22 問題解決の**シシン**を得る。
物事を進めるうえでの手引き
指針
「指」―訓ゆび・さ(す)

□ 23 他人を**セ**める前にまず自らを省みる。
非難する
責
「自責《ジセキ》」は「自分で自分を責めること」

□ 24 部屋を美しく**カザ**る。
美しく見えるように手を加える
飾
「うわべを飾る」は「表面をつくろう」

□ 25 **オサ**えることのできない怒りを感じる。
おしとどめる
抑
音ヨク 「抑制《ヨクセイ》」など

2

書く⑤

□ 1	国内**クッシ**(特に優れていること)の強豪チームと対戦する。	屈指	類「指《ゆび》折《お》り」
□ 2	子どもには詩人としての**シシツ**(生まれつきの才能)がある。	資質	類「素質《ソシツ》」「天性《テンセイ》」
□ 3	腕前に**カクダン**(だん違い)の違いがある。	格段	類「格別《カクベツ》」
□ 4	**タイコ**(おおむかし)の昔に思いをはせる。	太古	「太」には「はなはだ」「ひどく」という意味もある
♔ 5	現代アートの**ミリョク**(人の心をひきつけるちから)について熱く語る。	魅力	「魅惑《ミワク》」は「魅力で人をひきつけまどわすこと」
□ 6	五年の**サイゲツ**(としつき)を費やして完成した教会。	歳月	「歳月人を待たず」は漢詩に由来する表現
□ 7	**シュウシ**(はじめからおわりまで)落ち着いて行動する。	終始	「終始一貫《イッカン》」は「はじめからおわりまでかわらないこと」
□ 8	自分が**ミジュク**(経験が浅いこと)であることを痛感する。	未熟	「熟」―訓 う(れる)
□ 9	車どうしが**セッショク**(近づきふれること)する。	接触	「触」―訓 さわ(る) ふ(れる)
□ 10	高層ビルが**リンリツ**(多くのものが並びたつこと)する副都心。	林立	「林のように立つ」と覚えよう
□ 11	いつまでも親に依存する気は**モウトウ**(少しも)ない。	毛頭	下に打ち消しの語を伴うことが多い
□ 12	父の考えには自分と**コオウ**(通じ合うこと)するものがある。	呼応	「決して…ない」や「もし…なら」などを「呼応表現」という

番号	問題	意味	解答	解説
□ 13	**キョウキュウ**過多で物価が下落する。	販売などのために市場に商品を出すこと	供給	対「需要《ジュヨウ》」
□ 14	出題の**シュシ**を理解する。	ある事をする目的や理由	趣旨	「文章や話で言おうとしていること」という意味もある
□ 15	図書館で本を**エツラン**する。	書物を調べながら読むこと	閲覧	「閲」には「調べる」「読む」という意味がある
□ 16	人は**オウオウ**にして過ちを犯す存在だ。	しばしば	往往	「往往にして」という形でよく使う
□ 17	茶道を広く世界に**ショウカイ**する。	広く知らせること、ひきあわせること	紹介	「招待《ショウタイ》」の「招」と混同しないように
□ 18	**キュウシン**的な改革に人心が離れる。	理想などをいそいで実現しようとすること	急進	対「漸進《ゼンシン》」
□ 19	事件に**カンヨ**した疑いをかけられる。	かかわること	関与	「与」には「かかわる」「たずさわる」という意味がある
□ 20	**カイテキ**な住環境を求める。	心地よいこと	快適	「敵」「摘」「滴」と混同しないように
□ 21	**キンチョウ**のあまり言葉を失う。	はりつめてゆるみのないこと	緊張	「緊」には「ひきしまったさま」という意味がある
□ 22	円周率を**キオク**する。	覚えること	記憶	「一億人《イチオクニン》」の「億」と混同しないように
□ 23	敵の勢いに押されてじりじりと**シリゾ**く。	後ろへ下がる	退	ここでは「退却《タイキャク》」に似た意味
□ 24	**ナツ**かしい顔ぶれに再会する。	思い出されて慕わしい	懐	音カイ　「述懐《ジュッカイ》」など
□ 25	山登りで足腰を**キタ**える。	心身を強固にする	鍛	ここでは「鍛錬《タンレン》（練）」に似た意味

2 書く⑥

1 人名辞典の**サクイン**を利用する。（書物の中の語句や事項をさがし出すための目録）

2 目標に**トウタツ**できた喜びに浸る。（いきつくこと）

3 アールデコ様式で**ソウショク**された部屋。（美しく見えるようにかざること）

4 **ナットク**のいく説明を相手に求める。（なるほどと認めること）

5 小型マイクが**ナイゾウ**されたカメラ。（ないぶに持っていること）

6 道路の**カクチョウ**工事を行う。（範囲や規模を広げること）

7 事と**シダイ**によっては君を許さない。（なりゆき、事情）

8 自分の意見を**ダンコ**として曲げない。（きっぱりとしたさま）

9 地震を**ソウテイ**した避難訓練を行う。（ある状況を仮に思いえがくこと）

10 **イダイ**な業績を成し遂げる。（優れていて立派なさま）

11 細かい心理**ビョウシャ**で知られる作家。（情景やじょうたいをえがきだすこと）

12 試験の結果、**ショウカク**が決まる。（地位などがあがること）

1 ［索引］ 「索」には「中のものをひき出す」という意味がある

2 ［到達］ 「転倒《テントウ》」の「倒」と混同しないように

3 ［装飾］ 「装」―訓よそお(う) 「飾」―訓かざ(る)

4 ［納得］ 「納」―訓おさ(める)

5 ［内蔵］ 胃や腸などは「内臓《ナイゾウ》」

6 ［拡張］ 「張」―訓は(る)

7 ［次第］ 「次第に」は「だんだんと」

8 ［断固］ 「断じて」は「決して」「断固として」

9 ［想定］ 「定」―訓さだ(める)

10 ［偉大］ 「偉」―訓えら(い)

11 ［描写］ 「描」―訓えが(く) か(く)

12 ［昇格］ 対「降格《コウカク》」

番号	問題	意味	解答	解説
□ 13	**ホウテイ**を舞台とした演劇。	裁判がおこなわれる場	法廷	「廷」には「庭」という意味がある
□ 14	自分がやったことの**シマツ**をつける。	しめくくりをつけること	始末	「始末屋《や》」は「倹約家《ケンヤクカ》」のこと
□ 15	古い体制を**ヘンカク**する。	社会や制度を改めること	変革	類「改変《カイヘン》」
□ 16	失敗しないように**シンチョウ**に構える。	注意深くおもおもしいさま	慎重	対「軽率《ケイソツ》」
□ 17	わだかまりの**イッサイ**を水に流す。	すべて	一切	下に打ち消しの語を伴うと「まったく」という意味になる
□ 18	人から**サシズ**されることをきらう。	言いつけて仕事などをさせること	指図	「屈指《クッシ》」「指折《ゆびお》り」は「特に優れていること」
□ 19	**トツジョ**として風が起こった。	急に思わぬ事態が起こるさま	突如	類「突然《トツゼン》」
□ 20	平均**ジュミョウ**が伸びる。	いのちのながさ	寿命	「寿」―訓ことぶき
□ 21	花壇に球根を**イショク**する。	他の場所にうえかえること	移植	「文化を移植する」などとも使う
□ 22	人の**オウライ**が絶えない商店街。	行ったりきたりすること	往来	「道路」という意味もある
□ 23	新しい会社の立ち上げに**タズサ**わる。	かかわる	携	音ケイ　「連携《レンケイ》」など
□ 24	体操選手が難易度の高い技を**キソ**い合う。	はり合う	競	「ゴール前で競る」は「せ(る)」と読む
□ 25	初日の出を**オガ**む。	手のひらを合わせて祈る	拝	「見る」の謙譲語でもある

2 書く⑦

□ 1 医療体制の**ジュウソク**を図る。
満たすこと
充足
「充」—訓あ(てる)

□ 2 **アンイ**な考えを改める。
いい加減なさま
安易
「易」—音エキとも読む
「貿易《ボウエキ》」など

□ 3 **フモウ**な議論を続けても意味がない。
成果が得られないさま
不毛
対「肥沃《ヒヨク》」

□ 4 仕事を**イライ**する。
ようけんなどを人にたのむこと
依頼
「依頼心《シン》」は「他人にたよる気持ち」

□ 5 各地に伝わる民話を**サイシュウ**する。
特定の目的のためにあつめること
採集
「採」—訓と(る)

□ 6 **フクセイ**はオリジナルには及ばない。
元のものと同じものを作ること
複製
「修復《シュウフク》」の「復」や「制度《セイド》」の「制」と混同しないように

□ 7 この薬は植物の生長を**ソクシン**する。
物事がはかどるようにしむけること
促進
「促」—訓うなが(す)

□ 8 気分**テンカン**には散歩が有効だ。
傾向や方針などが変わること
転換
「換」—訓か(える)

□ 9 新しい知識を**キュウシュウ**する。
取り入れること
吸収
「吸」—訓す(う)
「収」—訓おさ(める)

□ 10 お手玉を**キヨウ**に操る。
細かなことを巧みに処理するさま
器用
「器」—訓うつわ

□ 11 要求をかたくなに**キョゼツ**する。
こばむこと
拒絶
「拒」—訓こば(む)
「絶」—訓た(える)

□ 12 **キフク**に富んだ山道を歩く。
高くなったり低くなったりすること
起伏
「起伏の多い人生」「感情の起伏が激しい」などとも使う

□13 長期の滞在に**カッコウ**のホテル。
ちょうど適しているさま
［格好］
「姿や身なり」という意味もある

□14 決議には各国の**ダサン**が働いている。
損得を勘定すること
［打算］
「打」―訓う(つ)

□15 月は地球の**エイセイ**である。
わくせいの周りを回る天体
［衛星］
「衛生《エイセイ》」は「清潔さや健康に努めること」

□16 社会から**ヒンコン**をなくす。
まずしく生活が苦しいこと
［貧困］
「貧」―訓まず(しい)
「困」―訓こま(る)

□17 **ホンゴシ**を入れて家業に取り組む。
ほんかくてきに取り組む姿勢
［本腰］
「腰を据える」は「どっしり構える」

□18 両者は**タイキョク**の立場にある。
まったく逆のきわみにあること
［対極］
「極」―訓きわ(める)

□19 部長に権限を**フヨ**する。
さずけること
［付与］
「附与」とも書く

□20 別れた人にいつまでも**ミレン**が残る。
思いきることができないこと
［未練］
「練」―訓ね(る)

□21 患者に対して献身的な**カンゴシ**。
病人の療養上の世話や診療の補助に従事する人
［看護師］
「看」には「見る」「見守る」という意味がある

□22 **ボクチク**が盛んな地方。
牛や馬などを飼育繁殖させること
［牧畜］
「蓄積《チクセキ》」の「蓄」と混同しないように

□23 毎日を**ホガ**らかに笑って過ごす。
心が晴れやかで快活なさま
［朗］
「明朗《メイロウ》」は「明るくほがらかなさま」「うそやごまかしがないさま」

□24 習うより**ナ**れるほうがよい。
たびたび経験してなじむ
［慣］
音カン　「慣習《カンシュウ》」など

□25 **アザ**やかな色づかいのドレスを着る。
はっきりしていて目立つさま
［鮮］
「鮮やかな腕前」などとも使う

2 書く⑧

1 会社の**ドウリョウ**と親しくつきあう。
ドウリョウ：職場または地位などがおなじ人
［同僚］
「明瞭《メイリョウ》」の「瞭」や「医療《イリョウ》」の「療」と混同しないように

2 **テキカク**なアドバイスを受ける。
テキカク：たしかでまちがいのないさま
［的確］
「適確」とも書く

3 科学の**オンケイ**を受ける。
オンケイ：めぐみ
［恩恵］
「神からの恩恵」を「恩寵《オンチョウ》」という

4 青春とは**モサク**の時期である。
モサク：手さぐりで探すこと
［模索］
「暗中《アンチュウ》模索」は「手がかりのないものを探し求めること」

5 荒れ地を**カイタク**し農地にする。
カイタク：切りひらくこと
［開拓］
「拓」には「未開の地をひらく」という意味がある

6 権威に対して**ジュウジュン**であることを拒む。
ジュウジュン：ものやわらかで素直なさま
［柔順］
類「温順《オンジュン》」「従順《ジュウジュン》」

7 西洋は科学技術の力で他を**アットウ**した。
アットウ：段違いの力で他をおさえつけること
［圧倒］
「到達《トウタツ》」の「到」と混同しないように

8 与えられた仕事を**ブナン**にこなす。
ブナン：あたりさわりがないこと
［無難］
「無事《ブジ》」の「無」と同じ読みをする

9 **シリョ**に欠けた行動で迷惑をかける。
シリョ：深く考えをめぐらすこと
［思慮］
「思慮に欠ける」の反対は「思慮深い」

10 大都市の風景はどこであれ**キンジ**している。
キンジ：よくにていること
［近似］
類「類似《ルイジ》」

11 政治家は金銭に**ケッペキ**であるべきだ。
ケッペキ：ふけつや不正を極度に嫌うこと
［潔癖］
「潔」―訓いさぎよ(い)

12 文章の**シュビ**を整える。
シュビ：始めと終わり
［首尾］
「不《フ》首尾」は「うまくいかず悪い結果が出ること」

No.	問題	意味	答え	解説
13	試合の出場を**ジタイ**する。	断ること	辞退	「辞する」は「職をやめる」「退出する」
14	過去の事例に**ゲンキュウ**する。	話がその事柄に触れること	言及	「及」―訓 およ(ぶ)
15	**ユイイツ**の真実を求める。	ただひとつ	唯一	「唯」には「ただ…だけ」という意味がある
16	**キョウフ**におののく人々。	おそろしく感じること	恐怖	「恐」―訓 おそ(れる)　「怖」―訓 こわ(い)
17	優勝できるとは**ムソウ**だにしなかった。	ゆめに見ること	夢想	類「空想《クウソウ》」
18	植物**ズカン**を全冊そろえる。	写真や絵を系統的に配列して、解説を加えた書物	図鑑	「鑑」には「手本」という意味がある
19	日本の文化に**コユウ**な現象。	そのものだけにあること	固有	「個人《コジン》」の「個」と混同しないように
20	友からの**ショウソク**が絶えて久しい。	連絡、たより	消息	「消息を絶つ」は「行方不明になる」
21	人類の**キゲン**についての新説。	物事のおこり	起源	「起原」とも書く
22	**シバイ**の練習に励む。	演劇	芝居	「人をだますためのつくりごと」という意味でも使う
23	夕日が**シズ**む。	地平線の下に隠れる	沈	音 チン　「沈下《チンカ》」など
24	**アタタ**かな日差しの中でまどろむ。	寒くなくちょうどよいさま	暖	「暖衣飽食《ダンイホウショク》」は「何の不足もない生活のこと」
25	暗がりでたいまつを**カカ**げる。	高くあげる	掲	音 ケイ　「掲揚《ケイヨウ》」など

2

書く⑨

- □ 1 政治の**ダラク**を鋭く非難する。
  （不健全になること）
- □ 2 人員の**サクゲン**が必要だ。
  （けずってへらすこと）
- □ 3 豊かな**カンジュセイ**の持ち主。
  （物事をかんじとること）
- □ 4 インターネットで**ケンサク**する。
  （調べさがすこと）
- □ 5 独裁者の**ムザン**な最期。
  （いたわしくふびんなさま）
- □ 6 **タイクツ**をまぎらすすべがない。
  （ひまであきあきすること）
- □ 7 **アンモク**の了解のうちに事が運ぶ。
  （意思を表に出さないこと）
- □ 8 開発計画への**ガンキョウ**な反対運動。
  （てごわいさま）
- □ 9 **ボウケン**を避けて安全策をとる。
  （きけんをおかすこと）
- □ 10 **ヒガイ**を最小限に抑える。
  （そんがいをうけること）
- □ 11 コンテストに**オウボ**する。
  （求めつのっていることに申し込むこと）
- □ 12 民主主義の**コンカン**を揺るがす事件。
  （物事の主要な部分、おおもと）

---

1 【堕落】 「堕」には「おちる」という意味がある

2 【削減】 「削」―訓けず(る) 「減」―訓へ(らす)

3 【感受性】 類「感性《カンセイ》」

4 【検索】 「捜索《ソウサク》」など。「索」には「さがす」という意味がある

5 【無残】 「無惨」とも書く

6 【退屈】 「退屈しのぎ」は「退屈をまぎらすこと」

7 【暗黙】 「暗に」は「それとなく」という意味

8 【頑強】 「頑」には「かたくな」という意味がある

9 【冒険】 「危険《キケン》」の「険」と同じ

10 【被害】 対「加害《カガイ》」

11 【応募】 「募」―訓つの(る)

12 【根幹】 「主要でない部分」が「枝葉《えだは》」である

□ 13 成田空港を**ケイユ**してハワイに行く。
目的地の途中にある地点を通ること
［経由］
「経」―訓へ(る)
「由」―訓よし
「徐行《ジョコウ》」は「ゆっくり行くこと」

□ 14 長雨のために**ジョジョ**に水位が上がる。
ゆっくりと変化するさま
［徐徐］

□ 15 会議に一時間**テイド**遅れる。
ほど
［程度］
「程」―訓ほど

□ 16 祖父の**イサン**を相続する。
死後にのこしたざいさん
［遺産］
「前代の人がのこした業績」という意味でも使う

□ 17 歌舞伎の**ショサ**は独特である。
振る舞い、身のこなし
［所作］
類「動作《ドウサ》」

□ 18 **メンドウ**な仕事を押しつけられる。
手数がかかるさま
［面倒］
「面倒をかける」は「世話をかける」

□ 19 周囲に**メイワク**をかけないようにする。
ある行為がもとで他人が不快をかんじること
［迷惑］
「迷」―訓まよ(う)
「惑」―訓まど(う)

□ 20 薪にする**ゾウキ**を集める。
良材にならないき
［雑木］
「雑木林《ばやし》」は「種々の樹木が混じっている林」

□ 21 大任を前にいっそうの**ジチョウ**を求める。
軽々しく振る舞わないこと
［自重］
「慎重《シンチョウ》」の「重」と同じ読みをする

□ 22 論理を**コウチク**する力を養う。
組み立ててつくりあげること
［構築］
「構」―訓かま(える)
「築」―訓きず(く)

□ 23 道で会った知人と会話を**カ**わす。
やりとりする
［交］
訓ま(じる)、まじ(わる)とも読む

□ 24 荷物に注意事項を書いた**フダ**をつける。
文字を書き記した紙など
［札］
「札つき」は「悪評が世の中に知れわたっていること」

□ 25 小さな子どもがおもちゃを**コワ**す。
ものをくだくなどしてだめにする
［壊］
「懐中《カイチュウ》」の「懐」と混同しないように

2 書く⑩

1. 固定**カンネン**にとらわれない。
   物事に対するかんがえ
2. 講演会のための**ゲンコウ**を書く。
   前もって書いた文章
3. 君主の横暴な態度を**ヒナン**する。
   欠点や過失を責めとがめる
4. 民間に**デンショウ**された話を集める。
   つたえ受け継ぐこと
5. 人生の**テンキ**となった出来事。
   ある状態から別の状態に移るきっかけ
6. 核兵器の**カクサン**を防ぐ。
   広がりちること
7. **コウフン**のあまり我を忘れる。
   感情が高ぶること
8. 世間に**ショウゲキ**を与えた事件。
   ショック
9. 研究論文を**シッピツ**する。
   文章などを書くこと
10. 『源氏物語《げんじものがたり》』に描かれた朝廷の**ギシキ**。
    一定の規則に従って行う作法
11. 諸外国と**コウエキ**する。
    品物をこうかんし、商いをすること
12. **チンモク**は金、雄弁は銀。
    だまって口をきかないこと

1. ［観念］ 「観念する」は「あきらめる」
2. ［原稿］ 「草稿《ソウコウ》」は「下書き」という意味
3. ［非難］ 「難」―訓 かた(い) むずか(しい)
4. ［伝承］ 「承」―訓 うけたまわ(る)
5. ［転機］ 「機会《キカイ》」の「機」と同じ意味
6. ［拡散］ 「散」―訓 ち(る)
7. ［興奮］ 「奮」―訓 ふる(う)
8. ［衝撃］ 「衝」には「つく」「つきあたる」という意味がある
9. ［執筆］ 「執」―訓 と(る)
10. ［儀式］ 「儀」には「手本とすべき規準」という意味がある
11. ［交易］ 「易」には「かえる」「やさしい」という意味がある
12. ［沈黙］ 「沈」―訓 しず(む)

□ 13 **ジュンスイ**（まじりけがないさま）な言語という考えは幻想だ。
［純粋］
「粋」には「いき」「気がきいて風流」という意味もある

□ 14 組織の改革に**シュワン**（うでまえ）を振るう。
［手腕］
類「技量《ギリョウ》」

□ 15 両者の意見が**ガッチ**（ぴったりあうこと）する。
［合致］
類「一致《イッチ》」

□ 16 吹く風に秋の**ケハイ**（なんとなく感じられるようす）を感じる。
［気配］
「配」—訓くば(る)

□ 17 人権を**シンガイ**（他人の権利などをおかすこと）される。
［侵害］
「侵」—訓おか(す) 「浸(ひた)す」と混同しないように

□ 18 地形を**セイミツ**（詳しく細かいこと）に測定する。
［精密］
「清潔《セイケツ》」の「清」と混同しないように

□ 19 師から**セイトウ**（同じもとから分かれたものの中で一番中心となるもの）な教えを受け継ぐ。
［正統］
対「異端《イタン》」

□ 20 年齢を**コウリョ**（判断する際、いろいろな要素をかんがえに入れること）した食事を用意する。
［考慮］
「慮」には「思いめぐらす」という意味がある

□ 21 勝利を喜ぶ**カンセイ**（よろこびのこえ）が上がった。
［歓声］
「喚声《カンセイ》」は「喜びを抑えきれずに出す大きな叫びごえ」

□ 22 混乱のあまり**シュウシュウ**（とりまとめること）がつかない。
［収拾］
「収集《シュウシュウ》」は「いろいろとり集めること」

□ 23 **アワ**（急いでいて落ち着かないさま）ただしい日々の中で心のゆとりを失う。
［慌］
音コウ 「恐慌《キョウコウ》」など

□ 24 内輪の話があるので席を**ハズ**（その場からしりぞく）してもらった。
［外］
訓ほか とも読む

□ 25 **キビ**（激しく容赦ないさま）しい訓練に耐える。
［厳］
音ゲン

2 書く⑪

□ 1 新しい環境に**イワカン**を覚える。（ちぐはぐなかんじ）
□ 2 **カゲキ**な発言を慎む。（度をこえてはげしいこと）
□ 3 大雨に対する**ケイカイ**を怠る。（万一に備え用心すること）
□ 4 たんぽぽの綿毛が空中に**フユウ**する。（水面や空中に漂うこと）
□ 5 **ヒョウリ**のある人は信用できない。（外面と内心が一致しないこと）
□ 6 **コンキョ**のない意見は説得力に欠ける。（よりどころとなるもの）
□ 7 事業の提携に関して**ケイヤク**を交わす。（売買などに関するやくそく）
□ 8 任務を**スイコウ**する。（なしとげること）
□ 9 ひよこの雌雄を**シキベツ**する。（見わけること）
□ 10 図書館の机を**センリョウ**する。（一定の場所をひとりじめすること）
□ 11 本社への**エイテン**が決まる。（いままでよりもよい地位にうつること）
□ 12 たとえ**ホウフク**してもむなしいだけだ。（仕返し）

1 ［違和感］ 「異様《イヨウ》」の「異」と混同しないように
2 ［過激］ 「過」—訓す(ぎる) あやま(つ)
3 ［警戒］ 「戒」—訓いまし(める)
4 ［浮遊］ 「浮」—訓う(く)
5 ［表裏］ 「表裏一体《イッタイ》」は「密接で切り離せない二つの関係」
6 ［根拠］ 「拠」には「よりどころ」という意味がある
7 ［契約］ 「契」—訓ちぎ(る)
8 ［遂行］ 「逐一《チクイチ》」の「逐」と混同しないように
9 ［識別］ 「織(お)る」と混同しないように
10 ［占領］ 「占」—訓し(める) うらな(う)
11 ［栄転］ 対「左遷《サセン》」
12 ［報復］ 「抱腹《ホウフク》」は「大笑いをすること」

- 13 □ **タクエツ**した技能を持つ名工。（タクエツ：他より抜きん出て優れていること）　［卓越］　「卓見《タッケン》」は「優れた意見」
- 14 □ 古い因習から**ダッキャク**する。（ダッキャク：抜け出ること）　［脱却］　「却」には「しりぞく」という意味がある
- 15 □ 前回の調査では大きな**シュウカク**があった。（シュウカク：成果）　［収穫］　狩りや釣りでは「収獲」と書くことが多い
- 16 □ 研究に**ボットウ**する。（ボットウ：一つのことに熱中すること）　［没頭］　類「没入《ボツニュウ》」
- 17 □ 前近代では社会的な**カイソウ**が明確だった。（カイソウ：序列化されているさま）　［階層］　「階段《カイダン》」や「地層《チソウ》」から連想しよう
- 18 □ 目撃した犯人の**トクチョウ**を伝える。（トクチョウ：目立つしるし）　［特徴］　「特長《トクチョウ》」は「優れた点」
- 19 □ 優れた小説は個々の**ソウワ**が印象的だ。（ソウワ：本筋に直接かかわらない短いはなし）　［挿話］　「挿」―訓さ(す)
- 20 □ トマトを**サイバイ**する。（サイバイ：植物を育てること）　［栽培］　「裁判《サイバン》」の「裁」と混同しないように
- 21 □ **テツヤ**で試験勉強をする。（テツヤ：一晩中寝ないでいること）　［徹夜］　「撤去《テッキョ》」の「撤」と混同しないように
- 22 □ お見舞いの品に手紙を**ソ**える。（ソえる：つけ加える）　［添］　音テン　「添付《テンプ》」など
- 23 □ 子どもの気持ちを**サッ**し、静かに見守る。（サッする：気持ちや状況を推し量り思いやる）　［察］　「察」には「細かくよく見る」という意味がある
- 24 □ 友人をドライブに**サソ**う。（サソう：あることをするようにすすめる）　［誘］　音ユウ　「勧誘《カンユウ》」など
- 25 □ 自らの不運を**ナゲ**く。（ナゲく：ひどく悲しむ）　［嘆］　「嘆息《タンソク》」は「なげいてため息をもらすこと」

2 書く⑫

1 □ **シレン**に耐えて栄光をつかむ。
決心や実力などをためすための苦難

2 □ 遠方から訪れた友人を**カンゲイ**する。
よろこびむかえること

3 □ 鳩《はと》は平和の**ショウチョウ**である。
観念的なことを具体的な事例で表すこと

4 □ 春の**トウライ**を喜ぶ。
こちらへやってくること

5 □ トラックが通るたびに**シンドウ**を感じる。
ゆれうごくこと

6 □ 自分の体験を**コチョウ**して話す。
おおげさに表現すること

7 □ 事態の**スイイ**を見守る。
うつり変わること

8 □ 新政権を**ジュリツ**する。
しっかりたてること

9 □ **カクチョウ**の高い文章で知られる作家。
全体の持つ気品

10 □ 考え方の**ソウイ**があらわになる。
互いにちがっていること

11 □ 領海**シンパン**が問題となる。
他の領土や権利などをおかすこと

12 □ **サイボウ**が分裂する様子を観察する。
生物体を構成する構造的単位

---

1 〔試練〕 「試」―訓こころ(みる) ため(す)

2 〔歓迎〕 「勧誘《カンユウ》」の「勧」と混同しないように

3 〔象徴〕 「象」には「かたち」という意味がある

4 〔到来〕 「到」には「いたる」という意味がある

5 〔振動〕 「振」―訓ふ(る)

6 〔誇張〕 「誇」―訓ほこ(る)

7 〔推移〕 「推」―訓お(す)

8 〔樹立〕 類「確立《カクリツ》」

9 〔格調〕 「調」―訓しら(べる) ととの(える)

10 〔相違〕 「相違ない」は「かくじつである」

11 〔侵犯〕 「侵」―訓おか(す) 「犯」―訓おか(す)

12 〔細胞〕 「同胞《ドウホウ》」は「兄弟姉妹」「同国人」のこと

□ 13 剣の**ゴクイ**を伝授される。
ゴクイ：武芸や学問の深い境地
【極意】 類「奥義《オウギ》」

□ 14 理想的な**ハイグウシャ**を得る。
ハイグウシャ：夫から見た妻、妻から見た夫
【配偶者】 類「伴侶《ハンリョ》」

□ 15 **キンベン**であることは美徳の一つだ。
キンベン：まじめに努力するさま
【勤勉】 対「怠惰《タイダ》」

□ 16 生物の中で人間は**トクシュ**である。
トクシュ：普通と異なること
【特殊】 対「一般《イッパン》」「普遍《フヘン》」

□ 17 気に入った絵を**ガクブチ**に入れる。
ガクブチ：書画などをはめて飾るための枠
【額縁】 「縁」には「物のへり」という意味がある

□ 18 青春の日々は**ボウキャク**の彼方だ。
ボウキャク：すっかりわすれること
【忘却】 「忘」—訓わす(れる)

□ 19 **ショウコ**がなければ罰せない。
ショウコ：あかし
【証拠】 「拠」の他の音読みは「キョ」である

□ 20 **ユウワク**に負け、禁断の果実を口にする。
ユウワク：心をまよわせてさそいこむこと
【誘惑】 「誘」—訓さそ(う)

□ 21 外国の資源に**イソン**せざるをえない。
イソン：たよりにすること
【依存】 「イゾン」とも読む

♛ 22 東京タワーからの**ナガ**めに見入る。
ナガめ：見渡すこと、またはその景色
【眺】 音チョウ 「眺望《チョウボウ》」など

□ 23 行く春を**オ**しむ気持ちが表現された俳句。
オしむ：残念に思う
【惜】 音セキ 「愛惜《アイセキ》」など

□ 24 親の言いつけに**ソム**く。
ソムく：逆らう
【背】 「背信《ハイシン》」は「信頼を裏切ること」

□ 25 美しい風景を豊かな色彩で**エガ**く。
エガく：絵や文章などで表現する
【描】 音ビョウ 「描写《ビョウシャ》」など

2 意味から考えるテスト①

くりかえし

※20〜43ページから出題しています。

1 優れていて立派なさま 〔いだい〕

2 一つの事柄にもっぱら従事すること 〔せんもん〕

3 おもいめぐらすこと 〔しあん〕

4 かざりけがなくありのままであるさま 〔そっちょく〕

5 社会や制度を改めること 〔へんかく〕

6 さしずすること 〔しき〕

7 予期しない出来事 〔ぐうぜん〕

8 共通の目標をもつ集合体 〔そしき〕

9 まじめなさま 〔しんけん〕

10 どうりょくを与えてうごかすこと 〔くどう〕

11 文章や談話のはじめ 〔ぼうとう〕

12 問題点などを取り出して示すこと 〔してき〕

13 経験が浅いこと 〔みじゅく〕

14 細かなことを巧みに処理するさま 〔きよう〕

15 発作的なこうどうを引き起こす心のうごき 〔しょうどう〕

16 追い払うこと 〔くちく〕

17 特に優れていること 〔くっし〕

18 ひょうげんすること 〔めいじょう〕

19 少しも 〔もうとう〕

20 思い出されて慕わしい 〔なつ〕かしい

21 なるほどと認めること 〔なっとく〕

22 大きく発展し、かつやくすること 〔ひやく〕

23 はっきりしていて目立つさま 〔あざ〕やか

24 急に思わぬ事態が起こるさま 〔とつじょ〕

25 ようけんなどを人にたのむこと 〔いらい〕

26 ひどく悲しむ 〔なげ〕く

27 損得を勘定すること 〔ださん〕

28 おしとどめる 〔おさ〕える

29 段違いの力で他をおさえつけること 〔あっとう〕

30 ふけつや不正を極度に嫌うこと 〔けっぺき〕

31 仕返し　［ほうふく］

32 はっきりしているさま　［せんれつ］

33 見わけること　［しきべつ］

34 高くあげる　かか［　］げる

35 武芸や学問の深い境地　［ごくい］

36 まじめに努力するさま　［きんべん］

37 ショック　［しょうげき］

38 よろこびのこえ　［かんせい］

39 ものをくだくなどしてだめにする　こわ［　］す

40 度をこえてはげしいこと　［かげき］

---

41 求めつのっていることに申し込むこと　［おうぼ］

42 目的地の途中にある地点を通ること　［けいゆ］

43 とりまとめること　［しゅうしゅう］

44 一晩中寝ないでいること　［てつや］

45 逆らう　そむ［　］く

46 おおげさに表現すること　［こちょう］

47 しっかりたてること　［じゅりつ］

48 一つのことに熱中すること　［ぼっとう］

49 そのものだけにあること　［こゆう］

50 調べさがすこと　［けんさく］

［解答］

1 偉大　2 専門　3 思案　4 率直　5 変革　6 指揮　7 偶然　8 組織　9 真剣　10 駆動　11 冒頭　12 指摘　13 未熟　14 器用　15 衝動　16 駆逐

17 屈指　18 名状　19 毛頭　20 懐　21 納得　22 飛躍　23 鮮　24 突如　25 依頼　26 嘆　27 打算　28 抑　29 圧倒　30 潔癖　31 報復　32 鮮烈　33 識別

34 掲　35 極意　36 勤勉　37 衝撃　38 歓声　39 壊　40 過激　41 応募　42 経由　43 収拾　44 徹夜　45 背　46 誇張　47 樹立　48 没頭　49 固有　50 検索

2

書く⑬

1. 言語は一つの**タイケイ**をなしている。
個々のものが統一された組織
［体系］
「系」には「つなぐ」という意味がある

2. 物事を**ソウタイテキ**にとらえる。
物事が他との比較において成り立つさま
［相対的］
対「絶対的《ゼッタイテキ》」

3. 事件の要因を**ブンセキ**する。
物事の成り立ちを明らかにすること
［分析］
対「総合《ソウゴウ》」

4. 緊張のあまり**ヨユウ**をなくす。
ゆとり
［余裕］
「余」—訓あま(る)

5. 婚約者の**ソボク**な人柄に引かれる。
かざりけがなくありのままなさま
［素朴］
「素朴な疑問」は「単純な疑問」

6. 楽譜に書かれた**フゴウ**を正確に理解する。
しるし
［符号］
「符合《フゴウ》」は「ぴったりと合うこと」

7. 考古学ですばらしい**ギョウセキ**をあげる。
仕事やそのできばえ
［業績］
「面積《メンセキ》」の「積」と混同しないように

8. 単純な人には**ヒニク**は通じない。
遠回しの非難
［皮肉］
「皮肉な運命」は「予想に反した運命」

9. 火はけがれを**ジョウカ**するとみなされた。
きよめること
［浄化］
「浄土《ジョウド》」は「きよらかなあの世」

10. 過去の事例から**ルイスイ**する。
似た点に基づき他のことをおしはかること
［類推］
「推」—訓お(す)

11. リゾートホテルに**タイザイ**する。
よそにいってそこにとどまること
［滞在］
類「滞留《タイリュウ》」「逗留《トウリュウ》」

12. 病人を**カイゴ**する仕事に情熱を注ぐ。
病人や高齢者などの世話をすること
［介護］
「介」には「助け守る」という意味がある

13 倫理観が**ケツジョ**（かけていること）した人間は信用できない。
欠如
「如実」は「ニョジツ」と読む

14 会期を**エンチョウ**（ながくのばすこと）する。
延長
「延」―訓 の(ばす)

15 朝焼けの中に**ソウゴン**（尊くおごそかなこと）な寺院が浮かび上がる。
荘厳
「厳」―訓 おごそ(か) きび(しい)

16 絹には独特の**コウタク**（つや）がある。
光沢
「沢」―訓 さわ

17 優勝の可能性が**ノウコウ**（可能性が顕著であるさま）である。
濃厚
「濃厚な味」は「こってりした味」

18 事件の**ケイイ**（いきさつ）を説明する。
経緯
「経」には「縦糸」、「緯」には「横糸」という意味がある

19 景気回復のための新しい政策を**シコウ**（実際におこなうこと）する。
施行
法律用語では「セコウ」ともいう

20 金銭に**シュウチャク**（強く心ひかれ、それにとらわれること）する。
執着
「シュウジャク」とも読む

21 彼女は**オンケン**（おだやかでしっかりしているさま）な思想の持ち主だ。
穏健
対「過激《カゲキ》」

22 突然の出来事に心が**ユ**（安定しない）れる。
揺
音 ヨウ 「童謡《ドウヨウ》」の「謡」と混同しないように

23 遠くに聞こえる潮騒《しおさい》に耳を**ス**（注意を一点に集中する）ます。
澄
音 チョウ 「清澄《セイチョウ》」など

24 子どもの笑顔が場の雰囲気を**ヤワ**（なごませる）らげた。
和
音 ワ 「和解《ワカイ》」など
オ 「和尚《オショウ》」

25 星が**マタタ**（星などがちかちかする）く夜にプロポーズをする。
瞬
「瞬く間」は「まばたきをするほどの短い間」

2 書く⑭

1. 憧れていた会社に**シュウショク**（しごとにつくこと）する。
2. **リンリ**（道徳）が欠落した無軌道な人物。
3. フランスの**コクセキ**（くにに所属する人間であるという資格）を取得する。
4. 弱点を**コクフク**（努力して困難に打ち勝つこと）するために練習を続ける。
5. 排気ガスは大気汚染の**ゲンキョウ**（悪事の張本人）とされた。
6. すぐれた**ギリョウ**（うでまえ）の持ち主。
7. 体内では**セイセイ**（物ができること）されない栄養素がある。
8. 必死の**ギョウソウ**（激しい感情が表れた顔つき）で犯人を追いかける。
9. 危険を**カイヒ**（さけること）する知恵を育む。
10. 一つの**メイダイ**（判断を言葉で表したもの）の真偽をめぐる討論。
11. 休日を**ユウイギ**（価値があるさま）に過ごす。
12. 他人よりも**ユウエツ**（他よりすぐれていること）していると錯覚する。

1. 【就職】 「就」―訓つ(く)
2. 【倫理】 「倫」には「人間どうしのきちんとした関係」という意味がある
3. 【国籍】 「書籍《ショセキ》」は「本」
4. 【克服】 「克明《コクメイ》」は「細かく丹念なさま」
5. 【元凶】 「諸悪の根源」という意味でも使う
6. 【技量】 類「手腕《シュワン》」
7. 【生成】 「生」―音ショウ・セイ　「成」―音ジョウ・セイ
8. 【形相】 この場合の「相」は「人相《ニンソウ》」という意味
9. 【回避】 「避」―訓さ(ける)
10. 【命題】 「人命《ジンメイ》が最も尊い」などが「命題」の例
11. 【有意義】 「会議《カイギ》」の「議」と混同しないように
12. 【優越】 「優」―訓すぐ(れる)　やさ(しい)　「越」―訓こ(える)

番号	問題	意味	解答	解説
□13	言いたいことを**カンケツ**に述べる。	むだがなく要点をとらえているさま	簡潔	「潔」—訓 いさぎよ(い)
□14	**チョウハツ**に乗ってはならない。	わざとそそのかすこと	挑発	「挑」—訓 いど(む)
□15	新しい万年筆を**コウニュウ**する。	買いいれること	購入	「構造《コウゾウ》」の「構」や「講釈《コウシャク》」の「講」と混同しないように
□16	新しいシステムが**カドウ**する。	機械をうごかすこと	稼働	「稼動」とも書く
□17	塩分を**カゲン**することで味をととのえる。	ほどよく調節すること	加減	「さじ加減」は「状況に応じた手加減のくわえ方」
□18	家柄を**ジマン**する軽薄な人物。	じぶんのことを誇ること	自慢	類「自画自賛《ジガジサン》」「手前味噌《てまえミソ》」
□19	**カッコ**たる信念を持つ。	たしかなさま	確固	「確固不抜《フバツ》」は「意志がしっかりして動揺しないさま」
□20	ジェットコースターで**ゼッキョウ**する。	声の限りにさけぶこと	絶叫	「絶句《ゼック》」は「言葉がつかえて出ないこと」
□21	種も**シカ**けもありません。	装置	仕掛	「仕掛ける」という動詞の形でも使う
□22	隠していたことが**オオヤケ**になる。	広く知れわたること	公	対「私《わたくし》」
□23	雁《かり》が**ツラ**なって飛ぶ。	一列に並び続く	連	音レン 「連続《レンゾク》」など
□24	美しい歌声が遠くまで**ヒビ**く。	音が広がって聞こえる	響	「心に響く」「胸に響く」などとも使う
□25	駅まで父を**ムカ**えに行く。	人が来るのを待つ	迎	音ゲイ 「送迎《ソウゲイ》」など

2 書く⑮

1. 農村における人口の減少がケンチョ（際立って目につくさま）である。
【顕著】「著」―訓 あらわ(す) いちじる(しい)

2. 事件のホッタン（始まり）となった出来事。
【発端】対「結末《ケツマツ》」「終局《シュウキョク》」

3. 誠実な人ほどクノウ（なやみくるしむこと）しやすい。
【苦悩】「頭脳《ズノウ》」の「脳」と混同しないように

4. 戦後日本の目覚ましいフッコウ（もとどおり盛んになること）。
【復興】「興」―訓 おこ(る)

5. 博覧会がカイサイ（会や行事をひらき行うこと）される。
【開催】「催」―訓 もよお(す)

6. 人生の経験がインエイ（深みがあること）に富んだ文章を生む。
【陰影】「陰」「影」―訓 かげ

7. エタイ（本性）が知れない人物。
【得体】「得手《えて》」「不得手《ふえて》」の「得」と同じ読みをする

8. 山腹をカンツウ（つらぬきとおす）するトンネルが完成した。
【貫通】「貫」―訓 つらぬ(く)

9. 食品の安全性に対してギネン（うたがう心）を抱く。
【疑念】類「疑心《ギシン》」

10. 言葉の意味をゲンミツ（すみずみまできびしく行うさま）に定義する。
【厳密】「厳」―訓 きび(しい) おごそ(か)

11. ヘイオン（何事もなくおだやかなこと）無事な生活。
【平穏】「穏」―訓 おだ(やか) 「隠(かく)す」と混同しないように

12. 成功するために大きなダイショウ（ある目標を達成するために払う犠牲）を払う。
【代償】「償」―訓 つぐな(う)

□13	栄えた文明もいつかは**スイタイ**する。	おとろえくずれること	衰退	「衰」―訓 おとろ(える)
□14	隣人が犯人だというカ**クショウ**を得る。	たしかなしょうこ	確証	類「実証《ジッショウ》」「明証《メイショウ》」
□15	薬を**ショホウ**する。	医師が病気に応じて薬の使用法を指示すること	処方	「処」には「刑罰を与える」という意味もある
□16	突然の出来事に**コンワク**する。	どうしていいかわからないこと	困惑	「困」―訓 こま(る) 「惑」―訓 まど(う)
□17	社会に**ホウシ**することを喜びとする。	献身的につくすこと	奉仕	「仕」―訓 つか(える)
□18	おしゃれな人は**ボウシ**にこだわる。	頭にかぶるもの	帽子	「脱帽《ダツボウ》」は「敬意を表すること」
□19	難民を**キュウサイ**する。	すくい助けること	救済	「済」―訓 す(ます)
□20	あまりのことに**ギョウテン**する。	ひどく驚くこと	仰天	「驚いて天を仰ぐ」ということから
□21	**シゲキ**のない生活を変えようとする。	気持ちをこうふんさせること	刺激	「刺」―訓 さ(す) 「激」―訓 はげ(しい)
□22	人目を**サ**けて会う。	のがれる	避	音 ヒ 「回避《カイヒ》」など
□23	平和の大切さを人々に**ウッタ**える。	共感を得ようとして主張などを他人に告げる	訴	「腕力に訴える」は「腕力によって解決を図る」
□24	孫の**スコ**やかな成長を願う。	じょうぶで元気なさま	健	音 ケン 「健全《ケンゼン》」など
□25	本心を**イツワ**る。	事実をゆがめる	偽	音 ギ 訓 にせ

2 書く⑯

□ 1 **コウゲキ**は最大の防御である。
相手をせめること

□ 2 新年の**ホウフ**を述べる。
こころの中にもっている計画や決意

□ 3 戦時下では物資が**ケツボウ**していた。
不足すること

□ 4 科学は自然を**ハカイ**する側面がある。
うちこわすこと

□ 5 自分の部屋を**セイケツ**に保つ。
よごれがなくきれいなこと

□ 6 **カンレイ**になっていることの妥当性を問う。
ならわし

□ 7 データを**カイセキ**する。
事物の構成要素をこまかく理論的に調べること

□ 8 開発計画に**サンヨ**する。
あることにかかわること

□ 9 物事を**ヒハン**的にとらえる。
よしあしや正当性などを評価すること

□ 10 幼児はしばしば自然を**ギジン**化する。
ひとではないものをひとに見立てること

□ 11 **シャテイ**圏内に敵はいない。
弾丸の届く距離

□ 12 名匠の**ジュクレン**した腕前。
よくなれていて上手なこと

---

1 【攻撃】 「攻」—訓せ(める)

2 【抱負】 「包装《ホウソウ》」「包囲《ホウイ》」の「包」と混同しないように

3 【欠乏】 「乏」—訓とぼ(しい) 「之」と混同しないように

4 【破壊】 「壊」—訓こわ(す)

5 【清潔】 対「不潔《フケツ》」

6 【慣例】 「慣」—訓な(れる)

7 【解析】 「析」を「屈折《クッセツ》」の「折」と混同しないように

8 【参与】 「相談役」という役職を指す場合もある

9 【批判】 「非難《ヒナン》」の「非」と混同しないように

10 【擬人】 「擬する」は「見立てる」「なぞらえる」

11 【射程】 「力の及ぶ範囲」という意味もある

12 【熟練】 「熟」—訓う(れる) 「練」—訓ね(る)

□ 13 近代社会は**コウリツ**を追求する。
（えられた成果に対して費やした労力や時間の割合）
［効率］
類「能率《ノウリツ》」

□ 14 クラスメイトの長所を**レッキョ**する。
（一つ一つならべあげること）
［列挙］
「挙」—訓 あ(げる)

□ 15 成功するために**シュウトウ**な準備をする。
（よく行き届き、手抜かりのないこと）
［周到］
類「綿密《メンミツ》」「丹念《タンネン》」

□ 16 友に言われたことに**トクシン**がいった。
（十分に承知すること）
［得心］
類「納得《ナットク》」

□ 17 **コドク**に負けない強さを養う。
（ひとりぼっち）
［孤独］
「孤」には「ひとりぼっち」という意味がある

□ 18 **フクシ**の充実を訴える。
（こうふくで安定した生活環境）
［福祉］
「祉」には「さいわい」という意味がある

□ 19 事件の真相を**キュウメイ**する。
（道理や真理を深くさぐってあきらかにすること）
［究明］
「究」—訓 きわ(める)

□ 20 相手の身勝手な振る舞いに**ケンオ**を感じる。
（憎みきらうこと）
［嫌悪］
「嫌」—訓 いや・きら(う)

□ 21 チェロの**エンソウ**を聴きに行く。
（音楽をかなでること）
［演奏］
「奏」—訓 かな(でる)

□ 22 迫害に**タ**えて信仰を守る。
（こらえる、我慢する）
［耐（堪）］
「感に堪えない」は「深く感動する」

□ 23 雲が十五夜の月を**カク**す。
（人目に触れないようにする）
［隠］
音 イン 「隠居《インキョ》」など

□ 24 食卓を季節の花で**イロド**る。
（かざる）
［彩］
音 サイ 「色彩《シキサイ》」など

□ 25 毎食同じものばかりで**ア**きる。
（いやけがさす）
［飽］
音 ホウ 「飽和《ホウワ》」など

2

書く⑰

□ 1	英語には日本語にはない**ガイネン**が存在する。	物事の共通した特徴や性質をまとめた考え	概念	「感慨《カンガイ》にふける」の「慨」と混同しないように
□ 2	業務拡大に伴い、新しい人を**コヨウ**する。	やとうこと	雇用	対「解雇《カイコ》」
□ 3	面接で志望の**ドウキ**を尋ねられる。	きっかけ	動機	「機」―訓はた
□ 4	西洋からの**エイキョウ**を強く受ける。	他からのさようによってへんかが生じること	影響	「響」―訓ひび(く)
□ 5	特定の集団に**キゾク**しない自由人。	つき従うこと	帰属	「帰す」は「…という結果になる」という意味
□ 6	老政治家の**キョシュウ**が注目される。	どう身を処するかという態度	去就	類「進退《シンタイ》」
□ 7	敵の**ヒョウテキ**になる。	ねらいとする相手や物	標的	「的」―訓まと
□ 8	我が身の**フグウ**をかこつ。	才能にふさわしい地位を得ていないこと	不遇	「遇」には「出会う」という意味がある
□ 9	チャンピオンがタイトルを**ボウエイ**する。	ふせぎ守ること	防衛	「衛」には「守る」という意味がある
□ 10	福祉は削減の対象とならぬ**セイイキ**だった。	ふれてはならないとされる事柄	聖域	「聖」には「徳の優れた人」という意味もある
□ 11	**ギコウ**をこらした工芸品に見入る。	テクニック	技巧	「巧」―訓たく(み)
□ 12	大統領**コウホ**にインタビューする。	ある地位に将来つく見込みのある人	候補	「立候補」は「選挙の候補者に名乗り出ること」

13 **カクイツカ**《いちように整えること》されることで多様性を失う。
〔画一化〕
「一線を画す」は「境界をはっきりつける」

14 突然の事に**ホウシン**《こころを奪われてぼんやりすること》して立ち尽くす。
〔放心〕
「どうぞご放心ください」は「気になさらないでください」という意味

15 開発途上国に対する**シエン**《ささえ助けること》。
〔支援〕
「支」—訓ささ(える)

16 空気が**カンソウ**《かわくこと》する。
〔乾燥〕
「無味《ムミ》乾燥」は「味わいやうるおいのないこと」

17 先駆者の**エイヨ**《ほまれ》を広くたたえる。
〔栄誉〕
「栄」—訓さか(える)
「誉」—訓ほま(れ)

18 大人は子どもとは異なり**チツジョ**《正しい筋道》を好む。
〔秩序〕
「秩」には「順序《ジュンジョ》」という意味がある

19 **リクツ**《物事の筋道》を並べるだけでは説得はできない。
〔理屈〕
「理屈抜き」とは「理屈を述べ立てる必要のないこと」

20 画家として**セイジュク**《最も適した時期に達すること》のときを迎える。
〔成熟〕
「熟」—訓う(れる)

21 モナリザは美術史上の**ケッサク**《優れたできばえのさくひん》である。
〔傑作〕
「傑物《ケツブツ》」は「特別に優れた人物」

22 相手の**スルド**《頭の働きや判断力が優れているさま》い指摘にたじろぐ。
〔鋭〕
「鋭《エイ》利な刃物」は「するどく切れる刃物」

23 **ウス**《厚みが少ないさま》い雲の晴れ間から光がさす。
〔薄〕
音ハク　「薄弱《ハクジャク》」など

24 **オダ**《静かで落ち着いているさま》やかな人柄に引かれる。
〔穏〕
音オン　「穏健《オンケン》」など

25 大きな問題を**カカ**《持つ》える。
〔抱〕
音ホウ
訓いだ(く)・だ(く)

2

書く⑱

1. **テイネイ**な言葉遣いを心がける。（注意深くゆきとどいているさま）
2. 罪を犯した者に**セイサイ**を加える。（罰を与えこらしめること）
3. 申し込みが**サットウ**する。（どっと一時に押し寄せること）
4. **ダッカイ**した領地を再び失う。（うばいかえすこと）
5. あの日のことは**センメイ**に覚えている。（はっきりしているさま）
6. 事業の**キボ**を縮小する。（物事の仕組みやこうぞうなどの大きさ）
7. つらい現実から**トウヒ**する。（さけてのがれようとすること）
8. 互いの意見が**ショウトツ**する。（主張や意見が対立し争うこと）
9. 店の**フンイキ**を壊す騒がしい客。（その場がつくり出しているきぶん）
10. 飛行機を**ソウジュウ**する。（思いのままにあやつり動かすこと）
11. **ジンイ**は自然と対立する概念である。（にんげんの手を加えること）
12. 最後の試合で**ユウシュウ**の美を飾った。（おわりをまっとうすること）

1. 〔丁寧〕 類「丁重《テイチョウ》」
2. 〔制裁〕 「栽培《サイバイ》」の「栽」と混同しないように
3. 〔殺到〕 「傾倒《ケイトウ》」の「倒」と混同しないように
4. 〔奪回〕 類「奪還《ダッカン》」
5. 〔鮮明〕 「鮮」―訓あざ（やか）
6. 〔規模〕 「曖昧《アイマイ》模《モ》糊《コ》」は「ぼんやりしてはっきりしないさま」
7. 〔逃避〕 「逃」―訓に（げる） 「避」―訓さ（ける）
8. 〔衝突〕 「突」―訓つ（く）
9. 〔雰囲気〕 「雰」には「霧」「もや」という意味がある
10. 〔操縦〕 「操」―訓あやつ（る）・みさお 「縦」―訓たて
11. 〔人為〕 類「人工《ジンコウ》」
12. 〔有終〕 「有終の美」は「最後までやり通し成果を上げること」

13 **テキギ**、休憩をとるように言われる。
各自の判断でおこなうさま
適宜
「宜」には「適当《テキトウ》」という意味がある

14 **ムゾウサ**に髪をまとめる。
手軽なさま
無造作
「造作ない」は「たやすい」

15 美しい夕焼けに**エイタン**の声をもらす。
声に出して感動の思いを表すこと
詠嘆
「詠」―訓よ(む)　「嘆」―訓なげ(く)

16 **キョウレツ**な個性の持ち主。
つよくはげしいさま
強烈
「烈」には「火がはげしく燃えさかるさま」という意味がある

17 **エイチ**を結集させて火星探査を行う。
深く優れたちえ
英知
「英」には「優れている」という意味がある　「英雄《エイユウ》」など

18 『大鏡《おおかがみ》』と『栄花物語《えいがものがたり》』とを**ヒカク**する。
くらべること
比較
「比」―訓くら(べる)

19 徹夜続きで**ヒロウ**の色が濃い。
くたびれること
疲労
「疲労困憊《コンパイ》」は「つかれはてること」

20 チームの**ジク**となって活躍する。
中心、かなめ
軸
「掛け軸」は「床の間などにかけるように表装したもの」

21 交通事故を**モクゲキ**する。
じっさいに見ること
目撃
「撃」―訓う(つ)

22 押しても反応が**ニブ**いスイッチ。
どうさなどが遅い
鈍
音ドン　「鈍器《ドンキ》」など

23 荒れた畑を**タガヤ**す。
田畑を掘り返し土を柔らかくする
耕
「田返す」が語源

24 今日における科学の進歩は**イチジル**しい。
はっきりとわかるさま
著
ここでは「顕著《ケンチョ》」に似た意味

25 古い時計が正確に時を**キザ**む。
細かく区切る
刻
音コク　「時刻《ジコク》」など

2

書く ⑲

□ 1 現状を**イジ**するだけでは向上は望めない。
そのままの状態を保つこと
［維持］
「身を持する」は「生活態度を厳しく守り続ける」

□ 2 **タンパク**な味を好む。
あっさりしているさま
［淡泊］
「淡白」とも書く

□ 3 **ソウシキ**がしめやかに行われる。
死者をとむらうぎしき
［葬式］
「葬」—訓ほうむ(る)

□ 4 **キョクタン**な考えは皆の賛同を得られない。
ひどくかたよっているさま
［極端］
「極」—訓きわ(める)
「端」—訓はし

□ 5 **センレン**された趣味をもつ。
みがきをかけてあかぬけたものにすること
［洗練］
「洗」—訓あら(う)

□ 6 敵に対して**カンダイ**に振る舞う。
心が広く思いやりがあるさま
［寛大］
「寛容《カンヨウ》」は「ゆるし受けいれること」

□ 7 希望がかなえられず**ラクタン**する。
がっかりすること
［落胆］
「胆」には「きも」という意味がある

□ 8 恩人の**リンジュウ**に立ち会う。
死に際
［臨終］
類「末期《マツゴ》」

□ 9 卑怯《ひきょう》な態度を**ツウレツ**に非難する。
非常にはげしいさま
［痛烈］
「烈」には「はげしい」という意味がある

□ 10 **ケンイ**におもねることで保身を図る。
人をおさえつけて従わせる力
［権威］
「法学の権威」は「法学という分野の第一人者」

□ 11 **イヒョウ**をつく行動。
思いもつかないこと
［意表］
類「意外《イガイ》」「予想外」

□ 12 秘密を打ち明けられて**トウワク**する。
とまどうこと
［当惑］
「惑」—訓まど(う)

13 □ **スジョウ**《生まれや育ち》を隠して活躍する謎の剣士。
［素性］
「素姓」「素生」とも書く

14 □ 考えていたことを**ジッセン**《自分でじっさいに行動すること》に移す。
［実践］
「践」には「踏み行う」という意味がある

15 □ 細菌に**カンセン**《病原体が体内に入ること》し高熱が出る。
［感染］
「染」―訓そ(まる)

16 □ 理由のない**ゾウオ**《ひどくにくむこと》を向けられる。
［憎悪］
「悪寒《オカン》」や「嫌悪《ケンオ》」も「悪」を「オ」と読む

17 ♛ 芸術家は社会の**キハン**《守るべき手本》にあらがう存在だ。
［規範］
「範」には「はみ出ないようにおさえる枠」という意味がある

18 □ 西欧の文化を**セッシュ**《とりいれて自分のものとすること》する。
［摂取］
「摂」には「とる」という意味がある

19 □ 海底に**マイボツ**《うもれること》した古代都市。
［埋没］
「埋」―訓う(まる)

20 □ **サイヤク**《わざわい》によって滅亡した都市。
［災厄］
類「災難《サイナン》」

21 □ 幼い子どももやがて**ガマン**《耐え忍ぶこと》することを学ぶ。
［我慢］
「慢心《マンシン》」は「思い上がった心」

22 □ **ノガ**《まぬかれる》れようのない運命。
［逃］
訓に(げる)

23 ♛ 金銭が**カラ**《関係する》むと問題がこじれやすくなる。
［絡］
「まといつく」という意味もある

24 □ 「恋、知り**ソ**《はじめて…する》めしころ」という題名の日記。
［初］
「書き初め」から連想しよう

25 □ 往生を願い、善行を**ホドコ**《恵みを広く与える》す。
［施］
「面目《メンボク》を施す」は「名誉を高める」

2 書く⑳

- □ 1 何があっても動じない**カクゴ**《心がまえ》を持つ。 〔覚悟〕
  「悟」—訓 さと(る)
- □ 2 事故を**ユウハツ**《さそい起こすこと》しかねない危険な運転。 〔誘発〕
  「誘」—訓 さそ(う)
- □ 3 辞任**カンコク**《ある事をするように説きすすめること》を受ける。 〔勧告〕
  「勧」—訓 すす(める)
- □ 4 努力の末に金メダルを**カクトク**《手に入れること》する。 〔獲得〕
  「獲」—訓 え(る) 「収穫《シュウカク》」の「穫」と混同しないように
- □ 5 過ぎ去ったことなどもう**ネントウ**《胸のうち》にない。 〔念頭〕
  「念頭に置く」は「おぼえていて心にかける」
- □ 6 危険を**サッチ**《おしはかってしること》する力は重要だ。 〔察知〕
  「察」には「細かく見る」という意味がある
- □ 7 **シュッタツ**《旅だち》の時刻が近づいている。 〔出立〕
  類「門出《かどで》」
- □ 8 児童福祉のための**シセツ**《建物などをつくること、またつくった建物など》をつくる。 〔施設〕
  「施」—訓 ほどこ(す)
  「設」—訓 もう(ける)
- □ 9 異民族によって**セイフク**《武力などを用いて相手を従わせること》される。 〔征服〕
  「冬山を征服する」などの使い方もある
- □ 10 友人間の金銭の**タイシャク**《かすこととかりること》は慎むべきだ。 〔貸借〕
  「貸」—訓 か(す)
  「借」—訓 か(りる)
- □ 11 **リンジョウカン**《げんばにのぞんでいるようなかんじ》あふれる映像。 〔臨場感〕
  「臨」—訓 のぞ(む)
- □ 12 剣の**オウギ**《学術や武芸の最も大事な事柄》をきわめた達人。 〔奥義〕
  類「極意《ゴクイ》」

□ 13 交通事故による**ジュウタイ**。（物事がとどこおって進まないこと）
［渋滞］
「滞」—訓 とどこお(る)　「携帯《ケイタイ》」の「帯」と混同しないように

□ 14 弱者が**ギセイ**にならない政治を実現する。（ある目的のためにそんしつをかえりみないこと）
［犠牲］
「儀式《ギシキ》」の「儀」と混同しないように

□ 15 **ムジュン**したことを平気で口にする。（つじつまが合わないこと）
［矛盾］
類「撞着《ドウチャク》」

□ 16 人間の欲望には**サイゲン**がない。（かぎり、はて）
［際限］
「際」—訓 きわ

□ 17 卒業論文の**ガイリャク**を説明する。（あらまし）
［概略］
「概」には「おおよそ」という意味がある

□ 18 **イッシュン**のすきをついて攻撃する。（きわめてわずかな間）
［一瞬］
「瞬」には「またたくほどの短い間」という意味がある

□ 19 毎日を**ユカイ**に過ごす。（楽しく心地よいこと）
［愉快］
「輸入《ユニュウ》」の「輸」や「教諭《キョウユ》」の「諭」と混同しないように

□ 20 人生を変える**ケイキ**となった旅行。（きっかけ）
［契機］
「契」—訓 ちぎ(る)　「ちぎる」は「約束する」という意味

□ 21 長年にわたる疲労が**チクセキ**する。（たくわえたまること）
［蓄積］
「蓄」—訓 たくわ(える)　「牧畜《ボクチク》」の「畜」と混同しないように

□ 22 決断力が**トボ**しい。（少ないさま）
［乏］
音 ボウ　「窮乏《キュウボウ》」など

□ 23 物陰に**ヒソ**む敵を見つける。（ひそかにかくれる）
［潜］
音 セン　訓 もぐ(る)

□ 24 むだなことに時間を**ツイ**やす。（使い減らす）
［費］
音 ヒ　「消費《ショウヒ》」など

□ 25 海岸に**ソ**って走る汽車に乗る。（長く続いているものに離れないように付き従う）
［沿］
音 エン　「沿岸《エンガン》」など

2

書く㉑

No.	問題	意味	解答	解説
1	掃除機の実演**ハンバイ**をする。	うること	販売	「販」には「うりかいをする」という意味がある
2	持ち前の明るさを**ハッキ**する。	持っている能力や実力を示すこと	発揮	「輝（かがや）く」の「輝」と混同しないように
3	科学技術に**イキョ**した現代人の生活。	よりどころとすること	依拠	「依」「拠」ともに「たよりにする」という意味がある
4	行方の知れなくなった人を**ソウサク**する。	さがし求めること	捜索	「捜」―訓さが（す）
5	**ケイシャ**した地面の上に小屋を建てる。	ななめにかたむくこと	傾斜	「心がある方向にかたむくこと」という意味でも使う
6	絶対的な権力者として**クンリン**する。	強大な力を持って他を支配すること	君臨	「臨」―訓のぞ（む）
7	**タンネン**な仕事ぶりが評価される。	細部まで心を込めるさま	丹念	類「入念《ニュウネン》」
8	弱者の切り捨ては**ゼニン**できない。	よいとみとめること	是認	「是が非でも」は「ぜひとも」という意味
9	封建的な体制が**ホウカイ**する。	くずれこわれること	崩壊	「崩」―訓くず（れる） 「壊」―訓こわ（れる）
10	十分な**スイミン**が明日の活力となる。	ねむること	睡眠	「眠」―訓ねむ（る）
11	記録を**コウシン**する。	あたらしいものにあらためること	更新	「更」―訓さら ふ（ける）
12	人間の**ソンゲン**は侵されてはならない。	とうとくおごそかなこと	尊厳	「尊」―訓たっと（ぶ） とうと（ぶ）

13 環境**オセン**の解決が急がれる。
よごれること
［汚染］
「汚」―訓 きたな(い)・よご(す)・けが(す)

14 権力による強制に**テイコウ**する。
逆らうこと
［抵抗］
「抵」「抗」ともに「扌(てへん)」を使うことに留意しよう

15 人類の限界に**チョウセン**する。
たたかいをいどむこと
［挑戦］
「挑」―訓 いど(む)

16 **コウレイ**により花束が贈呈される。
しきたりの行事や儀式
［恒例］
「恒」には「いつも変わらない」という意味がある

17 街頭演説を**ボウガイ**される。
邪魔をすること
［妨害］
「防止《ボウシ》」の「防」と混同しないように

18 高くそびえ立つ**トウ**を見上げる。
高さのある建造物
［塔］
「塔」を「トウ」と読むのは音読み

19 **ソザツ**な仕事ぶりが周りの顰蹙《ひんしゅく》を買った。
あらくてぞんざいなさま
［粗雑］
「粗」には「あらい」という意味がある

20 手術で病巣を**テキシュツ**する。
ぬきだすこと
［摘出］
「摘」―訓 つ(む)　「適当《テキトウ》」の「適」と混同しないように

21 **トウトツ**に話を切りだす。
だしぬけ
［唐突］
類「突然《トツゼン》」

22 長い歴史と文化を**ホコ**る城下町。
自慢する
［誇］
音 コ　「誇示《コジ》」など

23 ベンチの**ハシ**に座る。
へり
［端］
音 タン
訓 は・はた

24 **フ**れただけで花びらが散った。
軽くさわる
［触］
「法に触れる」は「法に反する」

25 「感激の**キワ**みだ」と頬を紅潮させて話す。
最高でそれ以上がないこと
［極］
「極」―音 キョク　ゴク

2 書く㉒

1 和平のための使者を**ハケン**する。（送りつかわすこと）
［派遣］
「遣」—訓つか(わす)

2 他人の領分を**シンショク**する。（しだいにおかしてくいこむこと）
［侵食］
「浸食《シンショク》」は「水や風が地表面をけずる作用」

3 **センタクシ**の内容を吟味する。（えらぶように用意された項目）
［選択肢］
「四肢《シシ》」は「両手と両足」

4 剣の奥義を**エトク**する。（意味を理解し自分のものにすること）
［会得］
類「体得《タイトク》」

5 恵まれた**キョウグウ**に育つ。（かんきょうや立場）
［境遇］
「偶然《グウゼン》」の「偶」や「一隅《イチグウ》」の「隅」と混同しないように

6 溶解したものが再び**ギョウコ**する。（液体や気体がこたいになること）
［凝固］
「凝」—訓こ(る)

7 ふと、昔のことを**ソウキ**する。（過去のことを思いおこすこと）
［想起］
「想」には「イメージをうかべる」という意味がある

8 古代の人々は**レイコン**の不滅を信じた。（たましい）
［霊魂］
「死霊」は「シリョウ」と読む

9 自らの責任を**ホウキ**する。（すてて行使しないこと）
［放棄］
「棄」には「すてる」という意味がある

10 自分の信念を**カイチン**する。（意見などを申し述べること）
［開陳］
「陳」には「述べる」という意味がある 「陳述《チンジュツ》」など

11 周囲を**カンシ**する兵士。（見張ること）
［監視］
「監」には「見る」という意味がある

12 記録的な寒波が**シュウライ**する。（おそいかかってくること）
［襲来］
「襲」には「うけつぐ」という意味もある 「襲名《シュウメイ》」など

□ 13 友人の言葉に**ショクハツ**される。
刺激して意欲を引きおこすこと

□ 14 **フンソウ**のない平和な世界をつくる。
もめごと

□ 15 教科書に**ジュンキョ**した出題。
よりどころとしてそれに従うこと

□ 16 器用な人は周りから**チョウホウ**がられる。
使って便利なこと

□ 17 未知の世界に対する**コウキシン**に駆られる。
珍しい物事や未知の事柄に対する興味

□ 18 人の痛みに**ドンカン**な人間になりたくない。
にぶいさま

□ 19 **セイキュウ**に事を運ぶと失敗しやすい。
せっかちなさま

□ 20 萩原朔太郎《はぎわらさくたろう》の詩を**ロウドク**する。
声を出してよみあげること

□ 21 **コウガイ**の住宅を購入する。
市街地に隣接した地域、まちはずれ

□ 22 個人の自由を**ウバ**う権力と闘う。
取りあげる

□ 23 工場の排煙が空気を**ヨゴ**す。
きたなくする

□ 24 不況のあおりを受け、予算を**ケズ**られる。
へらす

□ 25 就任の要請を**コバ**む。
承諾しない

---

13 触発
「触」―訓 ふ(れる) さわ(る)

14 紛争
「紛」―訓 まぎ(らす)

15 準拠
「準」には「なぞらえる」という意味がある

16 重宝
「調法」とも書く

17 好奇心
「奇」には「風変わりなさま」という意味がある

18 鈍感
対「敏感《ビンカン》」

19 性急
「性分」は「ショウブン」と読む

20 朗読
「新郎《シンロウ》」の「郎」と混同しないように

21 郊外
「効果《コウカ》」の「効」と混同しないように

22 奪
音 ダツ 「奪回《ダッカイ》」など

23 汚
訓 けが(す)・きたな(い)

24 削
音 サク 「削減《サクゲン》」など

25 拒
音 キョ 「拒絶《キョゼツ》」など

2

書く㉓

1. 平和な社会の実現に**コウケン**する。
力を尽くし役立つこと
［貢献］
類「寄与《キヨ》」

2. **キュウキョク**の真実に迫ろうとする哲学者。
物事の最後の到達点
［究極］
「窮極」とも書く

3. **ユウカン**に戦った古代の戦士。
いさましく立ち向かうこと
［勇敢］
「敢」には「思いきってやる」という意味がある

4. 間違った**カイシャク**を施す。
文章や物事をりかいし、説明すること
［解釈］
「釈然《シャクゼン》としない」は「疑いや恨みがとけない」

5. 第三者を**カイザイ**させずに直接話す。
両者の間にはさまってあること
［介在］
「介する」は「さしはさむ」

6. 資料の中から必要なものを**シュシャ**する。
選びとること
［取捨］
「取捨選択《センタク》」という形で使われることが多い

7. 科学を**セイギョ**する英知を養う。
思うがままに操ること
［制御］
「御《ギョ》する」は「自分の思いどおりに動かす」

8. 商品の**ケッカン**が明らかになる。
不備
［欠陥］
「陥」―訓おちい(る) おとしい(れる)

9. 人の恋路を**ジャマ**する。
妨害すること
［邪魔］
「邪」には「よこしま」「ねじけている」という意味がある

10. **レットウカン**を克服する。
自分が他よりおとっているというかんじょう
［劣等感］
対「優越感《ユウエツカン》」

11. 自信を**ソウシツ**する。
なくすこと
［喪失］
「喪」―訓も 「喪」の下部を「衣」にしないように

12. ごみの分別を**テッテイ**させる。
つらぬきとおすこと
［徹底］
「撤回《テッカイ》」の「撤」と混同しないように

13 ロケットの**キドウ**をわずかに修正する。
物体が移動する際の一定の経路
［軌道］
「軌道に乗る」は「物事が順調に進む」

14 長年にわたる**コウセキ**が認められた。
てがら
［功績］
「面積《メンセキ》」の「積」と混同しないように

15 食費を**ケンヤク**する。
むだのないように切り詰めること
［倹約］
「検査《ケンサ》」の「検」や「危険《キケン》」の「険」と混同しないように

16 災害に備え、食料を**チョゾウ**する。
たくわえておくこと
［貯蔵］
「蔵」―訓くら

17 エジソンは**カッキテキ**な発明をした。
新時代をひらくほど優れているさま
［画期的］
「画《カク》する」は「区切りをつける」「計画する」

18 国外の企業と業務の**テイケイ**をする。
互いに助け合いともに仕事をすること
［提携］
「携」―訓たずさ(わる)

19 英雄として**スウハイ**される。
あがめうやまうこと
［崇拝］
「拝」―訓おが(む)

20 苦労の中で**シンボウ**することを学ぶ。
がまんすること
［辛抱］
「辛」―訓から(い)　「辛酸《シンサン》」は「つらい苦しみ」

21 ピアノの美しい**センリツ**。
いろいろな音の組み合わせから生まれる音の流れ
［旋律］
「旋」には「めぐる」という意味がある

22 悪事を行った**ムク**いを受ける。
善行や悪業の結果が返ってくること
［報］
「因果応報《インガオウホウ》」は「善悪に応じた報い」

23 子どものための本を**アラワ**す。
書物を書く
［著］
訓いちじる(しい)

24 大学院に進学することを**スス**める。
そうするように誘う
［勧］
「勧」―音カン

25 軍勢を**ヒキ**いて戦う。
引き連れていく
［率］
「卒業《ソツギョウ》」の「卒」と混同しないように

2 書く ㉔

1. 状況を正確に**ハアク**する。（しっかり理解すること）
[把握]
「掌握《ショウアク》」は「手に入れること」

2. 言論に対する**ヨクアツ**と闘う。（おさえつけること）
[抑圧]
「抑」—訓 おさ(える)

3. 古都の**フゼイ**を楽しむ。（趣のある味わい）
[風情]
類「情趣《ジョウシュ》」

4. 小さな音に**エイビン**に反応する。（感覚がするどい）
[鋭敏]
「才知がするどくかしこいさま」という意味もある

5. 乗客を避難口に**ユウドウ**する。（いざないみちびくこと）
[誘導]
「導」—訓 みちび(く)

6. 亡き人をしのび、**ツイオク**に浸る。（過ぎ去ったことを思い出すこと）
[追憶]
類「追懐《ツイカイ》」「追想《ツイソウ》」

7. 野外で映画の**サツエイ**が行われる。（写真や映画をとること）
[撮影]
「撮」—訓 と(る)
「影」—訓 かげ

8. 聴衆を**ミリョウ**する美しい音楽。（人のこころをひきつけること）
[魅了]
「魑魅《チミ》」は「化け物」のこと

9. **ゼツメツ**のおそれのある貴重な昆虫。（生物などがほろびてなくなること）
[絶滅]
「絶」—訓 た(える)
「滅」—訓 ほろ(びる)

10. **バクゼン**とした不安をおぼえる。（ぼんやりしたさま）
[漠然]
「漠とした」は「漠然とした」と同じような意味

11. **サイシン**の注意を払う。（こまかいところまで注意が行き届くさま）
[細心]
「細」—訓 こま(かい)
ほそ(い)

12. 職場での**タイグウ**の改善を求める。（職場などでの地位や給与などの取り扱い）
[待遇]
「対遇」と書かないように

番号	問題	解答	解説
13	何者にも**ソクバク**《制限を加えること》されない自由を夢見る。	束縛	「束」—訓たば 「縛」—訓しば(る)
14	長年にわたり研究に**ジュウジ**《しごとに携わること》する。	従事	「従」—訓したが(う)
15	問題に対して**ジュウナン**《しなやかなこと》に対処する。	柔軟	「柔」「軟」—訓やわ(らかい)
16	本を返すように**サイソク**《早くするようにとうながすこと》される。	催促	「催」—訓もよお(す) 「促」—訓うなが(す)
17	**トクメイ**《なまえを隠すこと》で寄せられた善意の募金。	匿名	「匿」には「かくす」という意味がある
18	部長としての**キリョウ**《その地位にふさわしい才能》に欠ける。	器量	「顔立ち」という意味もある
19	法学を学ぶ友は法律に**セイツウ**《くわしくよく知っていること》している。	精通	「通じる」は「よく知っている」
20	先祖伝来の刀剣を**カンテイ**《真偽、良否を見さだめること》してもらう。	鑑定	「鑑」には「手本」という意味がある
21	**カンリョウ**《役人、特に行政の執行者》だけに政治を任せてはいけない。	官僚	「官僚的」は「形式的で力で押さえつけるさま」
22	頭に血がのぼり、選択を**アヤマ**《間違う》る。	誤	音ゴ 「誤解《ゴカイ》」など
23	緊張感を持って試合に**ノゾ**《その場に行く》む。	臨	「望む」は「希望する」という意味
24	未来の社会を**ニナ**《自らの責任として引き受ける》う子どもたち。	担	音タン 訓かつ(ぐ)
25	不用意な発言で相手の機嫌を**ソコ**《傷つける》ねる。	損	音ソン 「破損《ハソン》」など

2 書く㉕

1 **センザイ**的な能力が開花する。
外にはっきり現れず、内面にひそんでいること

2 思いがけない告白に**ドウヨウ**する。
落ち着きを失うこと

3 かすかな不安が**ノウリ**をかすめる。
頭の中

4 難問が**サンセキ**している。
たくさんたまること

5 異文化に対する**ヘンケン**を改める。
公平でないかたよったみかた

6 食物**レンサ**の仕組みを学ぶ。
つながっていること

7 戦争が悪であるのは**ジメイ**の理だ。
おのずとあきらかなこと

8 **ジュンカン**型社会を作る。
ひと回りしてもとに戻ることを繰り返すこと

9 幼い心に**コクイン**された鮮烈な体験。
きざみつけること

10 生活の**キバン**を整える。
物事を支えるよりどころ

11 悲願が**ジョウジュ**した喜びに浸る。
なし遂げること、かなうこと

12 **カクリ**病棟から一般の病棟に移る。
へだてはなすこと

---

1 [潜在]
対「顕在《ケンザイ》」

2 [動揺]
「揺」—訓ゆ(れる)

3 [脳裏]
「裏」には「中」という意味がある

4 [山積]
「積」—訓つ(む)

5 [偏見]
「偏」—訓かたよ(る)

6 [連鎖]
「鎖」—訓くさり

7 [自明]
「自」—訓みずか(ら)

8 [循環]
「悪《アク》循環」は「際限なく悪化すること」

9 [刻印]
「刻」—訓きざ(む)

10 [基盤]
「盤石《バンジャク》」は「きわめて堅固なさま」

11 [成就]
「就」—訓つ(く)

12 [隔離]
「隔」—訓へだ(てる)
「離」—訓はな(す)

13 海外に**フニン**している同僚が一時帰国する。
仕事などで命じられた土地に行くこと
［赴任］
「赴」—訓おもむ(く)

14 幼い子どもの**ムジャキ**な笑顔。
わるぎがなくあどけないさま
［無邪気］
「邪気《ジャキ》」は「悪意」のこと

15 **リャクダツ**された美術品が返還される。
力ずくでうばいとること
［略奪］
「奪」—訓うば(う)

16 **ケッタク**して悪事を働く。
互いに心を通じて事を行うこと
［結託］
「結」—訓むす(ぶ)　ゆ(う)

17 異質なものを許容しない**ハイタ**的な人物。
仲間以外を受け入れないこと
［排他］
「廃棄《ハイキ》」の「廃」と混同しないように

18 ささいなことで**マサツ**が生じる。
不一致や不和
［摩擦］
本来は「すれ合うこと」という意味

19 論文が大学の紀要に**ケイサイ**された。
新聞や雑誌などに文章や写真をのせること
［掲載］
「掲」—訓かか(げる)
「載」—訓の(る)

20 **センクシャ**の功績を称《たた》える。
人にさきがけて物事をなす人
［先駆者］
「駆」—訓か(ける)

21 **センサイ**な感受性の持ち主。
感性がこまやかで鋭いさま
［繊細］
「繊」には「ほっそりしている」「こまかい」という意味がある

22 運転手を**ヤト**う。
賃金を払って人を使う
［雇］
音コ　「雇用《コヨウ》」など

23 不用意な言葉で傷つけたことを**ク**やむ。
こうかいする
［悔］
「お悔やみ」は「人の死を弔う言葉」

24 平和を**オビヤ**かすテロ事件。
状態などを危うくする
［脅］
訓おど(す)・おど(かす)

25 甲子園での優勝を**ネラ**う。
めざす
［狙］
音ソ　「狙撃《ソゲキ》」など

2 意味から考えるテスト②

くりかえし

※46～71ページから出題しています。

1 いきさつ 〔けいい〕

2 おだやかでしっかりしているさま 〔おんけん〕

3 努力して困難に打ち勝つこと 〔こくふく〕

4 激しい感情が表れた顔つき 〔ぎょうそう〕

5 むだがなく要点をとらえているさま 〔かんけつ〕

6 人が来るのを待つ 〔むか〕える

7 始まり 〔ほったん〕

8 各自の判断でおこなうさま 〔てきぎ〕

9 かすこととかりること 〔たいしゃく〕

10 音楽をかなでること 〔えんそう〕

11 逆らうこと 〔ていこう〕

12 不足すること 〔けつぼう〕

13 優れたできばえのさくひん 〔けっさく〕

14 やとうこと 〔こよう〕

15 ふせぎ守ること 〔ぼうえい〕

16 よりどころとすること 〔いきょ〕

17 正しい筋道 〔ちつじょ〕

18 じょうぶで元気なさま 〔すこ〕やか

19 おとろえくずれること 〔すいたい〕

20 たくわえたまること 〔ちくせき〕

21 さがし求めること 〔そうさく〕

22 うもれること 〔まいぼつ〕

23 恵みを広く与える 〔ほどこ〕す

24 手に入れること 〔かくとく〕

25 主張や意見が対立し争うこと 〔しょうとつ〕

26 こまかいところまで注意が行き届くさま 〔さいしん〕

27 あがめうやまうこと 〔すうはい〕

28 きざみつけること 〔こくいん〕

29 力ずくでうばいとること 〔りゃくだつ〕

30 ならわし 〔かんれい〕

31 おさえつけること［よくあつ］

32 くたびれること［ひろう］

33 かんきょうや立場［きょうぐう］

34 過去のことを思いおこすこと［そうき］

35 そのままの状態を保つこと［いじ］

36 おそいかかってくること［しゅうらい］

37 使い減らす［つい］やす

38 すてて行使しないこと［ほうき］

39 なくすこと［そうしつ］

40 不備［けっかん］

---

41 がまんすること［しんぼう］

42 しっかり理解すること［はあく］

43 へだてはなすこと［かくり］

44 一つ一つならべあげること［れっきょ］

45 とりいれて自分のものとすること［せっしゅ］

46 なまえを隠すこと［とくめい］

47 きわめてわずかな間［いっしゅん］

48 強大な力を持って他を支配すること［くんりん］

49 不一致や不和［まさつ］

50 間違う［あやま］る

［解答］

1 経緯　2 穏健　3 克服　4 形相　5 簡潔　6 迎　7 発端　8 適宜　9 貸借　10 演奏　11 抵抗　12 欠乏　13 傑作　14 雇用　15 防衛　16 依拠

17 秩序　18 健　19 衰退　20 蓄積　21 捜索　22 埋没　23 施　24 獲得　25 衝突　26 細心　27 崇拝　28 刻印　29 略奪　30 慣例　31 抑圧　32 疲労　33 境遇

34 想起　35 維持　36 襲来　37 費　38 放棄　39 喪失　40 欠陥　41 辛抱　42 把握　43 隔離　44 列挙　45 摂取　46 匿名　47 一瞬　48 君臨　49 摩擦　50 誤

2

読む①

□ 1 半端な気持ちで取り組んでも成功しない。
どちらともつかないさま
［はんぱ］
類「中途《チュウト》半端」

□ 2 初対面の挨拶を交わす。
人に会ったときに礼儀として交わす動作や言葉
［あいさつ］
「挨」には「そばに近寄る」という意味がある

□ 3 オリンピックの発祥の地を訪れる。
起こり始めること
［はっしょう］
「祥」には「兆し」という意味がある

□ 4 江戸の情緒が残る下町。
味わいある雰囲気や気分
［じょうちょ（じょうしょ）］
「情緒纏綿《テンメン》」は「情緒がまとわりつくさま」

□ 5 擬人法は比喩の一種だといえる。
たとえ
［ひゆ］
「比喩」には「直喩《チョクユ》（明喩《メイユ》）」「隠喩《インユ》（暗喩《アンユ》）」などがある

□ 6 ようやく一矢を報いることができた。
一本の矢
［いっし］
「一矢を報いる」は「わずかであっても反撃を加える」

□ 7 父の言うことはいつも至極まっとうだ。
きわめて
［しごく］
「至」―訓いた（る）

□ 8 大企業の傘下に入ることで安定を得る。
大きな勢力のもとに寄り集まること
［さんか］
類「支配下《シハイカ》」

□ 9 休日は不精を決め込んで寝てばかりいる。
めんどうくさがること
［ぶしょう］
「無精」とも書く

□ 10 景気の急激な変動が社会不安を醸成する。
かもし出すこと
［じょうせい］
「醸」―訓かも（す）

□ 11 高原の清澄な空気の中で深呼吸をする。
清くすんでいること
［せいちょう］
「澄」―訓す（む）

□ 12 地震にびくともしない頑丈な建物。
しっかりしているさま
［がんじょう］
「頑固《ガンコ》」は「かたくなで意地っ張りなさま」

□ 13 好きな音楽を聴いて**憂鬱**な気持ちを晴らす。
気がふさいで晴れないさま
［ゆううつ］
「憂」―訓 うれ（える）

□ 14 あたりは**漆黒**の闇に包まれた。
まっ黒でつやのあること
［しっこく］
「漆」―訓 うるし

□ 15 恋が人を**愚**かにすることもある。
考えが足りないさま
［おろ］
音 グ 「愚劣《グレツ》」など

□ 16 マッチを**擦**ってろうそくに火をともす。
こする
［す］
音 サツ 「摩擦《マサツ》」など

□ 17 賛成か**否**かはっきり言ってほしい。
不承知、不同意
［いな］
音 ヒ 「否定《ヒテイ》」など

□ 18 光源氏《ひかるげんじ》は紫《むらさき》の上《うえ》に藤壺《ふじつぼ》の**面影**を見た。
心に浮かぶ顔つきや姿
［おもかげ］
「面」―訓 おもて・つら

□ 19 自分と**異**なる立場の人のことも尊重する。
違う
［こと］
「異を唱える」は「イ」、「意見を異にする」は「こと」と読む

□ 20 多くの手続きを**経**て完了する。
過程をたどる
［へ］
音 ケイ 「経過《ケイカ》」など

□ 21 老人に席を**譲**る。
自分のものを人に与える
［ゆず］
音 ジョウ 「譲歩《ジョウホ》」など

□ 22 源《みなもとの》義経《よしつね》は非業の死を**遂**げた。
最後にそういう結果になる
［と］
「思いを遂げる」は「思いを成就させる」

□ 23 **矛先**を鈍らせることなく攻撃し続ける。
攻撃の鋭い勢い
［ほこさき］
「矛」―音 ム 「矛盾《ムジュン》」など
「矛」は「剣」のこと

□ 24 ようやく子を**授**かった。
神仏や目上の人から貴重なものを与えられる
［さず］
音 ジュ 「教授《キョウジュ》」など

□ 25 多くの人が座れるように間隔を**狭**める。
せまくする
［せば］
対 「広げる」

2 読む②

□ 1 武道を通じて克己心を養う。
自身の欲望などに打ち勝つ心
［こっきしん］
「克」には「打ち勝つ」という意味がある

□ 2 生半可な知識を振りかざす。
中途半端なさま
［なまはんか］
「生卵《なまたまご》」の「生」と同じ読みをする

□ 3 『水滸伝《すいこでん》』には百八人の豪傑が登場する。
大胆で力が強く、武勇に優れた人
［ごうけつ］
「傑物《ケツブツ》」は「特別に優れた人物」

□ 4 五重塔を建立する人々を描いた小説。
寺院などを建設すること
［こんりゅう］
「建」―訓た（てる）

□ 5 神社の境内に多くの屋台が並ぶ。
神社や寺の敷地内
［けいだい］
「境」―訓さかい

6 原子力利用の安全性に懸念を抱く。
気にかかって不安に思うこと
［けねん］
「懸」―訓か（かる）

□ 7 平生の心がけが重要だ。
普段
［へいぜい］
類「平素《ヘイソ》」「日常」

□ 8 幼子が乳母の姿をさがして泣く。
母に代わって子を養育する女性
［うば］
「乳母車《うばぐるま》」は「乳幼児を乗せて運ぶ手押し車」

□ 9 詩歌や管弦を楽しむ平安期の貴族。
詩と歌、または韻文一般
［しいか（しか）］
「詩歌」以外の普通の文章を「散文《サンブン》」という

□ 10 チケットを譲ることで借金を相殺した。
帳消しにすること
［そうさい］
「殺」には「そぐ」「へらす」という意味がある

□ 11 難事業を無事に完遂する。
やり遂げること
［かんすい］
「未遂《ミスイ》」は「まだ成し遂げないこと」

□ 12 幼稚で拙劣な文章を添削してもらう。
へたなさま
［せつれつ］
対「巧妙《コウミョウ》」

番号	問題	意味	答え	解説
□ 13	この決定はあくまでも暫定的なものだ。	仮の取り決め	ざんてい	「暫」には「しばらく」という意味がある
□ 14	ピエロの大仰なしぐさに笑いが起こる。	おおげさなさま	おおぎょう	「大形」「大業」とも書く
□ 15	暑さ寒さも彼岸まで。	春分・秋分の日を中日とした七日間	ひがん	「あの世」という意味もある
□ 16	宮沢賢治《みやざわけんじ》はチェロを弾くことを楽しんだ。	楽器をかきならす	ひ	訓 はず(む)・たま
□ 17	趣のある宿に泊まる。	しみじみとした味わい	おもむき	音 シュ 「情趣《ジョウシュ》」など
□ 18	志半ばにして突然の病に倒れる。	途中	なか	「折半《セッパン》」は「二等分」
□ 19	是非にと請われて参謀となる。	願い求める	こ	訓 う(ける) 音 シン・セイ 「請求《セイキュウ》」など
□ 20	悪事を暴く。	他人の秘密などを発表する	あば	「墓を暴く」は「墓を掘り返す」
□ 21	懐に小さな金時計をしまう。	着ている衣服と胸の間	ふところ	「懐が暖かい」は「所持金が多い」
□ 22	切れ味の鈍った包丁を研ぐ。	刃先を鋭くする	と	「研」には「みがく」という意味がある
□ 23	滑らかな肌触りのタオルを使う。	すべすべしているさま	なめ	訓 すべ(る)
□ 24	ケーキを土産に友人の家を訪問する。	他家を訪問するときなどに持っていく贈り物	みやげ	「土産話《みやげばなし》」は「旅先で見聞きし、持ち帰った話」
□ 25	家業を継ぐ決意を固める。	後を受けて続ける	つ	ここでは「継承《ケイショウ》」に似た意味

2 読む③

1. 寺山修司《てらやましゅうじ》の映画に異形の存在は欠かせない。
   異形：普通とは違った怪しい姿
   ［いぎょう］
   「人形」「形相」などの場合も「形」を「ギョウ」と読む

2. 圧政を敷けば国が乱れるのは必定だ。
   必定：必ずそうなると決まっていること
   ［ひつじょう］
   類「必至《ヒッシ》」

3. 万物は流転するという思想。
   流転：移り変わること
   ［るてん］
   「流罪《ルザイ》」の「流」と同じ読みをする

4. 理念を持った政治家の登場を渇望する。
   渇望：切実に願い望むこと
   ［かつぼう］
   類「切望《セツボウ》」「熱望《ネツボウ》」

5. 税金の控除を受ける。
   控除：差し引くこと
   ［こうじょ］
   「控」―訓 ひか(える)
   「除」―訓 のぞ(く)

6. 喜劇役者が生来のお調子者だとは限らない。
   生来：生まれつき
   ［せいらい（しょうらい）］
   「性来」とも書く

7. 社会の安寧を願う。
   安寧：世の中が穏やかなこと
   ［あんねい］
   類「安泰《アンタイ》」

8. 悪の権化と戦う正義の味方。
   権化：化身
   ［ごんげ］
   本来は「仏が人々を救うために姿を変えて現れること」

9. 神仏の加護が顕現する。
   顕現：はっきりと形に現れること
   ［けんげん］
   「顕」には「あきらか」という意味がある

10. 祖国を追われ、辛酸をなめる。
    辛酸：つらい苦しみ
    ［しんさん］
    「辛」―訓 から(い)
    「酸」―訓 す(い)

11. しばらくの間、活動を自粛する。
    自粛：自ら行動を慎むこと
    ［じしゅく］
    「粛」には「身をひきしめる」という意味がある

12. 徹夜続きで体力を消耗する。
    消耗：体力や気力を使い果たすこと
    ［しょうもう（しょうこう）］
    「消耗品《ショウモウヒン》」は「使うたびになくなる物」

- 13 事の本質を喝破する禅僧。（正しい道理を説き明かすこと）
  【かっぱ】 「一喝《イッカツ》する」は「大きな声でしかりつける」
- 14 相手の一方的な話を途中で遮る。（妨げる）
  【さえぎ】 音シャ 「遮断《シャダン》」など
- 15 朽ちたまま放置された橋。（腐って壊れる）
  【く】 「不朽《フキュウ》」は「いつまでも残ること」
- 16 惨めな暮らしから抜け出すことを心に誓う。（あわれなさま）
  【みじ】 ここでは「悲惨《ヒサン》」に似た意味
- 17 今は亡き人を慕う。（恋しく思う）
  【した】 ここでは「思慕《シボ》」と似た意味
- 18 厳かな雰囲気の中で式が行われた。（いかめしく近づきがたいさま）
  【おごそ】 訓きび(しい)
- 19 桐壺《きりつぼ》帝は更衣の里に使者を遣わした。（行かせる）
  【つか】 ここでは「派遣《ハケン》」に似た意味
- 20 新入生の初初しい姿。（純真で若若しい）
  【ういうい】 「初陣」も「初」を「うい」と読む
- 21 死を忌む風習は時代を問わない。（けがれとして避ける）
  【い】 音キ 「禁忌《キンキ》」など
- 22 行楽地では車の流れも滞りがちだ。（順調にいかない）
  【とどこお】 ここでは「渋滞《ジュウタイ》」に似た意味
- 23 うなぎの肝が好物だ。（肝臓）
  【きも】 「肝が据《す》わる」など多くの慣用表現がある
- 24 何度断られても懲りずに申し込む。（ひどい目にあって二度とすまいと思う）
  【こ】 音チョウ 「懲罰《チョウバツ》」など
- 25 戦争が絶えない世界を憂える。（心を痛め悲しむ）
  【うれ】 音ユウ 「憂慮《ユウリョ》」など

2 読む④

1. □ 昔日の面影を残す東京の下町。
   昔日：むかし
   ［せきじつ］
   「今昔」は「コンジャク」と読む

2. □ 旧習を墨守することを信条とする。
   墨守：固く守り続けること
   ［ぼくしゅ］
   墨子が城を守り通したという故事からできた語

3. ♛ さまざまなうわさが流布する。
   流布：世に広まること
   ［るふ］
   「布《フ》教《キョウ》」は「宗教を広めること」

4. □ 非業の死を遂げた戦国時代の武将。
   非業：思いがけない災難
   ［ひごう］
   「業が深い」の場合も「業」を「ゴウ」と読む

5. ♛ 党首が全国を遊説する。
   遊説：自分の意見や主張を各地を回って説くこと
   ［ゆうぜい］
   特に「政治家が各地を演説してまわること」をいう

6. □ 柔和な微笑をたたえた仏像。
   柔和：性質や態度が優しくおとなしいさま
   ［にゅうわ］
   「柔」―訓 やわ(らかい)

7. □ 新しい貨幣を鋳造する。
   鋳造：溶かした金属を鋳型に入れて形をつくること
   ［ちゅうぞう］
   「鋳《い》型《がた》」は「形をつくるための型」

8. □ 殺伐とした雰囲気のまま会議が進行する。
   殺伐：すさんで荒々しいさま
   ［さつばつ］
   「殺《サッ》風《プウ》景《ケイ》」は「趣がなくつまらないさま」

9. □ 怒りに任せて相手を厳しく詰問する。
   詰問：問いつめること
   ［きつもん］
   「詰」には「責めなじる」という意味がある

10. □ 失敗してもその都度立ち直ればよい。
    都度：そのたびごとに
    ［つど］
    「都」―訓 みやこ

11. □ 子どものしたことだからと穏便にすます。
    穏便：かどがたたないように扱う
    ［おんびん］
    「便乗する」の場合も「便」を「ビン」と読む

12. □ 先祖の供養をする。
    供養：霊前に物をそなえること
    ［くよう］
    「供」―訓 そな(える)とも

13	外来語の排斥運動が起こる。	押しのけ退けること	はいせき	「斥」には「しりぞける」という意味がある
14	何も知らない人を陥れようとする。	だまして苦しい立場に追い込む	おとしい	音カン 「陥没《カンボツ》」など
15	工事を安値で請け負う。	引き受ける	う・お	「請」―音セイ・シン 訓こ(う)
16	各地で起こった暴動がようやく鎮まった。	落ち着く	しず	音チン ここでは「鎮静《チンセイ》」に似た意味
17	裕福だが心根が卑しい人物。	下劣である	いや	「身分が低い」「いじきたない」という意味もある
18	傍らに人がいないかのような振る舞い。	そば	かたわ	「仕事の傍ら」は「仕事をするその一方で」という意味
19	現金を避けて、為替で送る。	手形や小切手で送金する方法	かわせ	「為替相場《ソウば》」は「自国通貨と外国通貨との交換比率」
20	熱帯魚を見ていると心が和む。	おだやかになる	なご	訓やわ(らぐ)
21	先輩から得難い人材だと言われる。	手に入れにくい	えがた	「難い」の対義語は「易しい」
22	詳しい説明を省いて大筋だけを話す。	簡略にする	はぶ	訓かえり(みる)
23	改革のために大きな犠牲を強いられる。	強制する	し	「強いて」は「無理をおして」という意味
24	機織りの音が絶えない、紡績で有名な町。	織物を作る手動の機械	はた	音キ 「危機《キキ》」など
25	時間だけが心の傷を癒やしてくれる。	病気や傷をなおす	い	音ユ 「治癒《チユ》」など

2

分かる①

「分かる」では、例文中に熟語の意味を入れています。

1 □ 友人やしりあいを**チキ**という。
［知己］
「己」は「おのれ」と読み、「自分」という意味

2 □ 仏道に励むことや懸命に努力することを**ショウジン**という。
［精進］
「無精」は「ブショウ」と読み、「なまけがち」という意味

3 □ 気ままで勝手なさまを**ノホウズ**という。
［野放図］
「際限がなく、しまりのないさま」という意味もある

4 □ 世間に対する名誉を**メンボク**という。
［面目］
「メンモク」とも読む
「面目を施す」などと用いる

5 □ 死んだあとの世を**ゴショウ**という。
［後生］
類「後世《ゴセ》」「来世《ライセ》」

6 □ 物事の経過してきた次第、いわれを**ユイショ**という。
［由緒］
類「来歴《ライレキ》」

7 □ 物事を求める心が起こることを「**ショクシ**が動く」という。
［食指］
「食指」は「ひとさしゆび」のこと。「食指が動く」は故事成語の一つ

8 □ 少しも欠点のないことを**ジュウゼン**という。
［十全］
類「万全《バンゼン》」「十全を期す」などと用いる

9 □ ひとかたまりを**イチガン**という。
［一丸］
「一丸となる」は「団結する」という意味

10 □ 非常にさし迫っていることを**カキュウ**という。
［火急］
類「緊急《キンキュウ》」「火急の用事」などと用いる

11 □ くよくよすることを**クッタク**という。
［屈託］
「屈託がない」は「悩みなどがなく生き生きしている」という意味

12 □ じぶんの才能や仕事に誇りを持つことを**ジフ**という。
［自負］
類「自恃《ジジ》」

□ 13 事実を誇張しおもしろくすることを**キャクショク**という。
［脚色］
類「潤色《ジュンショク》」

□ 14 わざと手を加えることを**サクイ**という。
［作為］
偶然に任せることを「無《ム》作為」という

□ 15 じぶんの考えを曲げ、相手にあわせることを**ゲイゴウ**という。
［迎合］
「迎合する」ことを「意を迎える」ともいう

□ 16 いい終わってすぐを**ゲンカ**という。
［言下］
「言下に否定する」などと用いる

□ 17 人をよく受けいれる性質を**ドリョウ**という。
［度量］
「度量が大きい」などと用いる

□ 18 ある事についての考えを**ショケン**という。
［所見］
「医師の所見」の場合は「見た結果の判断や考え」という意味

□ 19 こころにかない、満足することを**カイシン**という。
［会心］
「会心のできばえ」などと用いる

□ 20 物事の移り変わりを**エンカク**という。
［沿革］
類「変遷《ヘンセン》」「歴史《レキシ》」

□ 21 めったによにでないほど優れていることを**フセイシュツ**という。
［不世出］
「不世出の天才」などと用いる

□ 22 悪事などが盛んにおこなわれることを**オウコウ**という。
［横行］
「横」には「道理に従わない」という意味もある

□ 23 ふだんのことを**ヘイソ**という。
［平素］
類「平常《ヘイジョウ》」

□ 24 無駄な骨折りを**トロウ**という。
［徒労］
「徒」には「いたずらに」「むだに」といった意味もある

□ 25 ごくありふれたことを**サハンジ**という。
［茶飯事］
「日常《ニチジョウ》茶飯事」の形で用いることが多い

2 分かる②

□ 1 つまらないものを**イッカイ**という。
【一介】
「一介の町人を主人公とした時代劇」などと用いる

□ 2 手順を踏まえずに物事を簡単に結びつけることを**タンラク**という。
【短絡】
「短絡的な思考」などと用いる

□ 3 文案を作ることを**キソウ**という。
【起草】
「草」には「下書き」という意味がある

□ 4 おだやかで無理のないことを**オントウ**という。
【穏当】
「不適切で理屈にかなっていない」ことを「穏当を欠く」という

□ 5 思いをのべることを**ジュッカイ**という。
【述懐】
「陳述《チンジュツ》」は「意見などを口頭で述べること」

□ 6 ひどくまずしいことを**セキヒン**という。
【赤貧】
「赤恥《あかはじ》」は「人前で受けるひどい恥」という意味

□ 7 こびへつらうことを**ツイショウ**という。
【追従】
「ツイジュウ」と読むときは「人のあとにつき従うこと」

□ 8 多くの中から探すことを**ブッショク**という。
【物色】
「手ごろな贈り物を物色する」などと用いる

□ 9 せけんの事情を**セコ**という。
【世故】
「世故に長《た》ける」は「世間の事情によく通じている」という意味

□ 10 こころから信頼できる人を**フクシン**という。
【腹心】
「腹心の部下」などと用いる

□ 11 多くの人々の注意・ちゅうもくを**ジモク**という。
【耳目】
「耳目を集める」などと用いる

□ 12 最もすぐれた部分を**アッカン**という。
【圧巻】
「圧巻の演技」などと用いる

□ 13 頭を働かせることを**サイカク**という。 [才覚]
類「機転《キテン》」

□ 14 ずるくなまけることを**オウチャク**という。 [横着]
「横着を決め込む」などと用いる

□ 15 風流なことをこのむ人を**コウズカ**という。 [好事家]
「好事魔多し」の場合は「コウジ」と読む

□ 16 経験を積み、なれて巧みなことを**ロウレン**という。 [老練]
「老獪《ロウカイ》」は「経験を積み、悪賢いこと」

□ 17 優劣のつけにくいことを**ハクチュウ**という。 [伯仲]
「伯」には「長兄」、「仲」には「次兄」という意味がある

□ 18 すぐれたけしきを**ケイショウ**という。 [景勝]
類「名勝《メイショウ》」

□ 19 世間の評判を**ガイブン**という。 [外聞]
「外聞が悪い」などと用いる

□ 20 金銭を集めるための算段を**クメン**という。 [工面]
「工」を「ク」と読むものには「工夫《クフウ》」「細工《サイク》」などがある

□ 21 物事が移り変わる途中のときを**カトキ**という。 [過渡期]
「黎明期《レイメイキ》」は「新しい文化や時代が始まる時期」という意味

□ 22 それぞれの道のせんぱいを**センダツ**という。 [先達]
「センダチ」とも読む
「先人《センジン》」は「昔の人」という意味

□ 23 他からあたえられることを**ショヨ**という。 [所与]
「所」には受け身の意味を表すという働きもある

□ 24 かたわらを**ザユウ**という。 [座右]
「座右の銘」は「常に身近に備えて戒めとする格言」という意味

□ 25 信念を通し、屈しない性質を**キコツ**という。 [気骨]
類「気概《キガイ》」

2

分かる③

1	みぢかなことを**ヒキン**という。	卑近	「卑近な例」などと用いる
2	自分の地位などを守ることを**ホシン**という。	保身	「保身に走る」は「自分の地位などをまっ先に守ろうとする」という意味
3	いい加減に扱うことを**トウカンシ**という。	等閑視	「等閑に付す」は「いいかげんにして放っておく」という意味
4	そのじだいの風潮や傾向を**ジリュウ**という。	時流	「時流に乗る」は「時代の風潮を利用して物事をうまく進める」という意味
5	物好きなことを**スイキョウ**という。	酔(粋)狂	「酔狂にも程がある」などと用いる
6	親子などの関係を絶つことを**カンドウ**という。	勘当	類語に「離縁《リエン》」があるが、一般に「勘当」は夫婦関係については用いない
7	基本的な部分できょうつうせいを持つことを**ツウテイ**という。	通底	「神道と仏教において通底する人間観を探る」などと用いる
8	未来に善悪の報いをもたらす行為を**ゴウ**という。	業	「業を煮やす」は「事が思うように運ばず、腹を立てる」という意味
9	ある物事の最も重要な点を**ガンモク**という。	眼目	類「主眼《シュガン》」
10	表面的であさはかなことを**ヒソウ**という。	皮相	類「上辺《うわべ》」「表面《ヒョウメン》」
11	こころから尊敬し従うことを**シンプク**という。	心服	「師に心服する」などと用いる
12	心がせまいことを**キョウリョウ**という。	狭量	対「広量《コウリョウ》」

13 からいばりすることを**キョセイ**という。
［虚勢］
「虚勢を張る」は「弱い部分を隠して威勢《イセイ》のあるふりをする」という意味

14 表面に表れないびみょうな趣を**キビ**という。
［機微］
「機微に触れる」などと用いる

15 歳月のことを**コウイン**という。
［光陰］
「光陰矢のごとし」は、「月日の早く過ぎることのたとえ」

16 利害の反する者との話し合いを**セッショウ**という。
［折衝］
「折衝を重ねる」などと用いる

17 言動が荒々しく下品なことを**ソヤ**という。
［粗野］
対「優雅《ユウガ》」

18 並外れて風変わりなことを**トッピ**という。
［突飛］
類「奇抜《キバツ》」

19 手なずけてしたがわせることを**カイジュウ**という。
［懐柔］
対「威圧《イアツ》」　「言葉巧みに懐柔する」などと用いる

20 個々の具体的事例から原理・法則などを導き出すことを**キノウ**という。
［帰納］
対「演繹《エンエキ》」

21 ひとつの役割や任務を**イチヨク**という。
［一翼］
「一翼を担う」などと用いる

22 物の見え方や解釈の仕方に心の内面が表現されることを**トウエイ**という。
［投影］
「自己投影」は「自己の中の認めたくない性質や感情を他者にあるかのように感じてしまうこと」

23 絶えることのないことを**フダン**という。
［不断］
「普段」は「つねひごろ」「平《ヘイ》生《ゼイ》」という意味

24 責任を負うもののたとえを**ソウケン**という。
［双肩］
「双肩に担う」は「責任を背負う」という意味

25 本質を的確に表したことばを**シゲン**という。
［至言］
類「名言《メイゲン》」

2 分かる④

□ 1 正統から外れていることを**イタン**という。

「異端」

対「正統《セイトウ》」「正統」は「正しく受け継いでいること」

□ 2 互いに意見を譲らず、仲が悪くなることを**カクシツ**という。

「確執」

類「不和《フワ》」

□ 3 むほんを起こし立てるはたを**ハンキ**という。

「反旗」

「反旗を翻す」は「謀反を起こす」という意味

□ 4 詳しく細かいことを**イキョク**という。

「委曲」

「委曲を尽くして説明する」などと用いる

□ 5 優劣を**コウオツ**という。

「甲乙」

「甲乙つけがたい」は「優劣をつけることが難しい」という意味

□ 6 外見やせけんていを**テイサイ**という。

「体裁」

類「世間体《セケンテイ》」「体裁を取り繕う」などと用いる

□ 7 将来の活躍のために機会をじっと待つことを**シフク**という。

「雌伏」

対「雄飛《ユウヒ》」「雌伏十年」などと用いる

□ 8 決まりきった形式を**モンキ**り型という。

「紋切」

「紋切り型」は「ステレオタイプ」と同じような意味

□ 9 ある傾向をより著しくすることを**ジョチョウ**という。

「助長」

「不安を助長する」などと用いる

□ 10 すぐ近くまでせまることを**ニクハク**という。

「肉薄」

「首位に肉薄する」などと用いる

□ 11 姿や形を持っていることを**グショウ**という。

「具象」

対「抽象《チュウショウ》」

□ 12 能力などが同程度であることを**ヒッテキ**という。

「匹敵」

類「比肩《ヒケン》」

□13	洗練されていないことをヤボという。	野暮	対「粋《いき》」
□14	とどめがたい勢いをハチクの勢いという。	破竹	「破竹の快進撃」などと用いる
□15	あやまりや間違いをサクゴという。	錯誤	「時代錯誤《ジダイ》」は「時代の流れに逆行していて合わない」という意味
□16	よい方法を考え出すことをサンダンという。	算段	「金銭を工面する」という意味でも用いられる
□17	美しいすぐれたものをシュギョクという。	珠玉	「珠玉の名作」のように特に詩や文章に対して用いる
□18	ぼんやりしているさまをマンゼンという。	漫然	「漫然と日を過ごす」などと用いる
□19	はかりごとをめぐらすことをカクサクという。	画策	「陰《かげ》で画策する」など悪い意味で用いることが多い
□20	見逃すことをカシャクという。	仮借	「仮借なく糾弾する」のように、打ち消しの語を伴って用いられることが多い
□21	好き勝手にふるまうことをセンオウという。	専横	類「横暴《オウボウ》」
□22	いかにもそのものらしいことをハクシンという。	迫真	「迫真の演技」などと用いる。「真に迫る」と覚えよう
□23	非常によい場面をカキョウという。	佳境	「話が佳境に入る」などと用いる
□24	ひとつのものに偏ることをイッペントウという。	一辺倒	「英語一辺倒の外国語教育を改革する」などと用いる
□25	前後の思慮のないことをヤミクモという。	闇雲	「闇雲に突っ走る」などと用いる

長文

2 分かる 長文問題

くりかえし

※82～89ページの「分かる」から出題しています。

傍線部のカタカナを漢字にせよ。

●[1]**コウズカ**とは風流なことを好む者である。彼らの浮世離れした生き方は、[2]**スイキョウ**だと否定されることもあるが、彼らは世間に[3]**ゲイゴウ**したり権力者に[4]**ツイショウ**したりすることなく、また、[5]**ガイブン**を気にしたり[6]**テイサイ**を取り繕ったりすることもなかった。同好の士たる[7]**センダツ**や[8]**チキ**とともに自らの道を進む彼らの生き方から学ぶことは決して少なくないはずだ。

●例えば「抜けるような青空」などのような決まりきった表現を「[9]**モンキリ**型」という。そうした言葉は、型通りで新鮮味に欠けるために人情の[10]**キビ**に触れることなく、奥行きに欠けた[11]**ヒソウ**な言葉として扱われがちである。しかし、そうした言葉も初めは新鮮な驚きや発見の喜びとともに使われたはずだ。今までにはなかった新しい表現を作り出すための[12]**ショウジン**も必要だが、日常[13]**サハンジ**として注目を引くこともなくなったありふれた言葉の歴史や[14]**エンカク**に目を凝らし、それらの言葉の意味を再発見していくことも、新しい言葉の創造に[15]**ヒッテキ**する大切な営みであるだろう。

●我々はただ[16]**マンゼン**と[17]**オントウ**な生活を望む生き方から決別しなければならない。世間では不条理なことが[18]**オウコウ**している。力ある者は[19]**ノホウズ**に振る舞い、巧みな言葉で相手を[20]**カイジュウ**しようと姑息《こそく》な知恵を巡らせている。しかしだからと

［解答］

●1 好事家
2 酔(粋)狂
3 迎合
4 追従
5 外聞
6 体裁
7 先達
8 知己

●9 紋切
10 機微
11 皮相
12 精進
13 茶飯事
14 沿革
15 匹敵

●16 漫然
17 穏当
18 横行

いって生きることは**トロウ**[21]にすぎないとうそぶいたり、ただ**ホシン**[22]を図ったりするだけの生はむなしい。自らの正義を信じ、それを実践するという**キコツ**[23]ある生き方を貫くことができた者だけが、自らの生を閉じるとき**カイシン**[24]の笑みをもらすことができるのだ。

● 幼い子どもは、現実に体験したことと聞いただけのことを明確に区別できない。しかし、そうした子どものあり方を愚かさがもたらす**サクゴ**[25]だと決めつけてしまうのは、**トウカンシ**[26]できない**タンラク**[27]的な思考である。子どもは**サクイ**[28]的に話を**キャクショク**[29]しているわけではない。大人に比べ自我が希薄な子どもは、自己と外界とが明確に分けられていないのだ。そうした子どもに比べ、大人こそ「私」という牢獄《ろうごく》に閉じ込められ、合理という鎖に縛られた存在だと言えるかもしれない。大人が子どもの**クッタク**[30]のなさに引かれるのはむしろ当然なのである。

● 本人は目利きであることを**ジフ**[31]していたものの、周囲からは、さほど**ユイショ**[32]があるとも見えない書画骨董《こっとう》を**ゴショウ**[33]大事にしている変わり者だと見なされていた。しかし、当人はそうした周囲の目を気にすることなく、金を**クメン**[34]し、**ショクシ**[35]の動いた物を貪欲に購入し続けた。それは自らの目を信じていたからだ。やがてそうした態度は家人の目に余るようになり、**カクシツ**[36]が生じたが、事態が変わることはなかった。**ゴウ**[37]を煮やした家人は書画骨董をひそかに道具屋に持って行き処分しようとした。しかし、それがきっかけで集めた物の中にすばらしい文化財が含まれていることが明らかになり、大いに**メンボク**[38]を施した。

19 野放図
20 懐柔
21 徒労
22 保身
23 気骨
24 会心

● 25 錯誤
26 等閑視
27 短絡
28 作為
29 脚色
30 屈託

● 31 自負
32 由緒
33 後生
34 工面
35 食指
36 確執
37 業
38 面目

2 意味から考えるテスト③

くりかえし

※74～89ページから出題しています。

1	むかし	［　　］	昔日	［　　］
2	すさんで荒々しいさま	［　　］	殺伐	［　　］
3	刃先を鋭くする	［　　］	研［　　］ぐ	
4	清くすんでいること	［　　］	清澄	［　　］
5	仮の取り決め	［　　］	暫定	［　　］
6	寺院などを建設すること	［　　］	建立	［　　］
7	どちらともつかないさま	［　　］	半端	［　　］
8	過程をたどる	［　　］	経［　　］る	
9	起こり始めること	［　　］	発祥	［　　］
10	妨げる	［　　］	遮［　　］る	

11	まっ黒でつやのあること	［　　］	漆黒	［　　］
12	世の中が穏やかなこと	［　　］	安寧	［　　］
13	しみじみとした味わい	［　　］	趣	［　　］
14	普段	［　　］	平生	［　　］
15	だまして苦しい立場に追い込む	［　　］	陥［　　］れる	
16	普通とは違った怪しい姿	［　　］	異形	［　　］
17	めんどうくさがること	［　　］	不精	［　　］
18	けがれとして避ける	［　　］	忌［　　］む	
19	後を受けて続ける	［　　］	継［　　］ぐ	
20	世に広まること	［　　］	流布	［　　］

21	移り変わること	［　　］	流転	［　　］
22	神社や寺の敷地内	［　　］	境内	［　　］
23	必ずそうなると決まっていること	［　　］	必定	［　　］
24	問いつめること	［　　］	詰問	［　　］
25	気にかかって不安に思うこと	［　　］	懸念	［　　］
26	強制する	［　　］	強［　　］いる	
27	こする	［　　］	擦［　　］る	
28	帳消しにすること	［　　］	相殺	［　　］
29	たとえ	［　　］	比喩	［　　］
30	押しのけ退けること	［　　］	排斥	［　　］

31 友人やしりあい 〔ちき〕

32 わざと手を加えること 〔さくい〕

33 思いをのべること 〔じゅっかい〕

34 能力などが同程度であること 〔ひってき〕

35 こころにかない、満足すること 〔かいしん〕

36 表面的であさはかなこと 〔ひそう〕

37 外見やせけんてい 〔ていさい〕

38 信念を通し、屈しない性質 〔きこつ〕

39 くよくよすること 〔くったく〕

40 あやまりや間違い 〔さくご〕

41 無駄な骨折り 〔とろう〕

42 人をよく受けいれる性質 〔どりょう〕

43 みぢかなこと 〔ひきん〕

44 世間に対する名誉 〔めんぼく〕

45 ひとつの役割や任務 〔いちよく〕

46 利害の反する者との話し合い 〔せっしょう〕

47 せけんの事情 〔せこ〕

48 手なずけてしたがわせること 〔かいじゅう〕

49 ぼんやりしているさま 〔まんぜん〕

50 気ままで勝手なさま 〔のほうず〕

［解答］

1 せきじつ　2 さつばつ　3 と　4 せいちょう　5 ざんてい　6 こんりゅう　7 はんぱ　8 へ　9 はっしょう　10 さえぎ　11 しっこく　12 あんねい　13 おもむき　14 へいぜい　15 おとしい　16 いぎょう

17 ぶしょう　18 い　19 つ　20 るふ　21 るてん　22 けいだい　23 ひつじょう　24 きつもん　25 けねん　26 し　27 す　28 そうさい　29 ひゆ　30 はいせき　31 知己　32 作為　33 述懐

34 匹敵　35 会心　36 皮相　37 体裁　38 気骨　39 屈託　40 錯誤　41 徒労　42 度量　43 卑近　44 面目　45 一翼　46 折衝　47 世故　48 懐柔　49 漫然　50 野放図

2 入試問題① 共通テスト型

くりかえし 2章で学習した漢字を、実際の入試問題で確認します。

傍線部の漢字と同じ漢字を含むものを、次の各群の①～④もしくは①～⑤のうちから、それぞれ一つずつ選べ。

□植物**センイ**や革紐で網を編んで

① 現状を**イジ**する
② **アンイ**な道を選ぶ
③ **キョウイ**的な回復力
④ 条約に**イキョ**する

共通テスト
①・纖維
維持
安易
驚異
依拠

□レジリエンスは、ある種の**ガンケン**さを意味し、

① **タイガン**まで泳ぐ
② 環境保全に**シュガン**を置く
③ **ドリル**で**ガンバン**を掘る
④ 勝利を**キガン**する
⑤ **ガンキョウ**に主張する

⑤・頑健
対岸
主眼
岩盤
祈願
頑強

□発展成長する動的過程を**ソクシン**する

① 組織の**ケッソク**を固める
② 距離の**モクソク**を誤る
③ 消費の動向を**ホソク**する
④ 自給**ジソク**の生活を送る
⑤ 返事を**サイソク**する

⑤・促進
結束
目測
捕捉
自足
催促

□具体的な事情もなくごく**バクゼン**と

① **バクガ**からビールが作られる
② **サバク**の景色を見る
③ **ジュバク**から解き放たれる
④ 観客が**バクショウ**する
⑤ **バクマツ**の歴史を学ぶ

②・漠然
麦芽
砂漠
呪縛
爆笑
幕末

□炎天下の浜辺の**カワ**いた砂の温度

① 渋滞を**カンワ**する
② 新入生を**カンゲイ**する
③ 難題に**カカン**に挑む
④ 浅瀬を**カンタク**する
⑤ **カンデンチ**を買う

⑤・乾
緩和
歓迎
果敢
干拓
乾電池

□複雑化した人間関係の破綻を**カイヒ**し、

① 海外の**タイカイ**に出場する
② **タイカイ**に飛び込み泳ぐ
③ 方針を一八〇度**テンカイ**する
④ 天使が**ゲカイ**に舞い降りる
⑤ 個人の考えを**カイチン**する

③・回避
大会
大海
転回
下界
開陳

2 入試問題② 国公立大

傍線部のカタカナを漢字に改めよ。

□自らの経験によって**キタ**えあげられた一元的価値観。［　　］ 青森公立大　鍛

□急いで治療され、事故の**ボウキャク**が促される。［　　］ 鹿児島大　忘却

□撮影の**ドウキ**なら推測できるかもしれません。［　　］ 滋賀県立大　動機

□パンを得るためには嫌いでもつらくとも**ガマン**できる。［　　］ 九州大　我慢

□人間の欲求を追求するための**コウリツ**的な手段と道具。［　　］ 東京大　効率

□言葉の意味がよく分からず、会話が**トドコオ**る。［　　］ 奈良教育大　滞(る)

□首長に**ホウシ**した集団に食べ物を分配する。［　　］ 静岡大　奉仕

くりかえし

2章で学習した漢字を、実際の入試問題で確認します。

□**ソボク**な強力は、弁慶に打ち据えられた義経を…［　　］ 県立広島大　素朴

□はじめて儀式は正当に**カンスイ**される。［　　］ 名古屋大　完遂

□意表を突く驚きも、まったく**ケツジョ**している。［　　］ 神戸大　欠如

□社会的存在、歴史的存在として自分を**ジョウジュ**するということを目標にする。［　　］ 熊本大　成就

□ことばは現在の民主主義においても有効な**シシン**だということができるだろうか。［　　］ 大阪市立大　指針

傍線部の漢字の読み仮名を平仮名で書きなさい。 富山大

□**性分**というものはどうにもならない。［　　］　しょうぶん

2 入試問題③ 私立大

傍線部を漢字に改めよ。（ただし、楷書《かいしょ》で記すこと） 立教大

□諸都市が既に圧倒的な数と質の公共建築を有していたのに対し、江戸では**タクエツ**したものとしては精々江戸城と、社寺位であった。

［　］ 卓越

傍線部のカタカナに用いられるのと同じ漢字をカタカナ部分に含むものを次の中から一つ選べ。 早稲田大

□その創作性に溢れていた時代感覚は、二〇世紀の終りへと向かう時間の推移と共に次第に衰退し、核となる中心的思考が失われた今、私たちはポスト・モダンと呼ばれる弛**カン**した状況の渦中に置かれている。［　］ イ・緩

イ **カン**急をつける 緩
ロ 対象そのものを**カン**照する 観
ハ **カン**大な処置で済ます 寛
ニ 超過分を**カン**付する 還
ホ **カン**満の差が大きい 干

傍線部「モサク」を漢字で記したものとして最適なものを次の①～⑤から選べ。 青山学院大

□映画が都市に関わってゆく関わり方を**モサク**するという点でも…

［　］ ①

① 模索 ② 模作 ③ 模策
④ 摸作 ⑤ 摸策

くりかえし

2章で学習した漢字を、実際の入試問題で確認します。

傍線部のカタカナを漢字に直して記せ。 法政大

□この年を一つの**テンキ**として、新しさの追求をいったん停止し、以前からあったものを尊重したり保存したりする気運が各方面で高まっていったことは重要です。

［　］ 転機

傍線部の片仮名を漢字に直しなさい。 学習院大

□私たちに関して親友が知っている以上の情報が、ネットワーク上を**オウライ**するようになるのも、時間の問題かもしれません。

［　］ 往来

傍線部のカタカナを字画正しい漢字に直せ。 上智大

□いささか支払う**ダイショウ**が大きすぎるのではないかという疑問も湧き…

［　］ 代償

3章

入試頻出　常用漢字
発展

書く ①〜㉙ —— 98
読む ①〜⑥ —— 162
分かる ①〜④ —— 174
長文問題 —— 182 くりかえし
意味から考えるテスト —— ④…118 ⑤…140 ⑥…160 ⑦…184 くりかえし
入試問題 ①〜③ —— 186 くりかえし

この章では、入試頻出の漢字のうち、発展レベルの常用漢字を掲載しています。入試評論文で使われやすい、意味が難しい漢字を集めています。

2章と同様に、1章の語が再度出題されている箇所にはをつけ、繰り返し学習できるようにしています。意味もあわせて覚え、漢字を定着させましょう。

3

書く①

□ 1 相手のわがままを**キョヨウ**する。（ゆるすこと）
□ 2 何が言いたいのかか**ハンゼン**としない。（はっきりよくわかるさま）
□ 3 ワインの**ビミョウ**な味わいを楽しむ。（複雑で言い表しようのないさま）
□ 4 生活の**ムダ**を省く。（役に立たないこと）
□ 5 **トウテイ**承知することはできない。（どうしても）
□ 6 上司に**チクイチ**報告する。（ひとつひとつ詳しく）
□ 7 **セイジョウ**な空気に心が洗われる。（きよらかでけがれがないこと）
□ 8 **ホンリョウ**を発揮する。（持ち前の優れた性質）
□ 9 秘密が**バクロ**される。（秘密や悪事などがあらわになること）
□ 10 我が家に伝わる兜《かぶと》の**ユライ**を尋ねる。（伝わったいきさつ）
□ 11 優秀な学生に奨学金が**タイヨ**される。（かしあたえること）
□ 12 不適切な発言が記録から**サクジョ**される。（とりさること）

1 ［許容］ 類「容認《ヨウニン》」「容赦《ヨウシャ》」
2 ［判然］ 類「歴然《レキゼン》」「明瞭《メイリョウ》」
3 ［微妙］ 「妙」には「きめ細かくて美しい」という意味がある
4 ［無駄］ 「無駄口《ぐち》」は「つまらないおしゃべり」
5 ［到底］ 否定の語を伴ってつかわれることが多い
6 ［逐一］ 「遂行《スイコウ》」の「遂」と混同しないように
7 ［清浄］ 「ショウジョウ」とも読む
8 ［本領］ 「もとからの領地」という意味もある
9 ［暴露］ 類「露見《ロケン》」
10 ［由来］ 類「由緒《ユイショ》」「来歴《ライレキ》」
11 ［貸与］ 「貸」―訓か(す) 「与」―訓あた(える)
12 ［削除］ 「削」―訓けず(る) 「除」―訓のぞ(く)

□ 13 コウギに捉えればあながち誤りではない。
範囲をひろげて解釈した場合の意味
［広義］
対「狭義《キョウギ》」

□ 14 慢心にキインする事故。
げんいん
［起因］
「因」—訓よ(る)

□ 15 会議がフンキュウし、収拾がつかなくなる。
意見などがまとまらず混乱すること
［紛糾］
「紛」—訓まぎ(らす)

□ 16 物質的な欲望はヒダイ化しやすい。
こえ太ること
［肥大］
「肥」—訓こえ・こ(える)

□ 17 センパクな知識を振りかざす。
あさはかなさま
［浅薄］
「博識《ハクシキ》」は「ひろく物事を知っていること」

□ 18 相手に好かれているとサッカクする。
思い違い
［錯覚］
「覚」—訓おぼ(える) さ(ます)

□ 19 人物のクッセツした心理が描かれた小説。
人の気持ちや考えがゆがむこと
［屈折］
「折」—訓お(る)

♔ 20 道に迷い、トホウに暮れる。
とるべき手だて
［途方］
「途方に暮れる」は「どうしたらよいかわからなくなる」

□ 21 自らの権利をコウシする。
権利や力などを実際につかうこと
［行使］
「実力《ジツリョク》行使」は「武力などに訴えること」

♔ 22 早く帰宅するようにウナガす。
せきたてる
［促］
ここでは「催促《サイソク》」に似た意味

□ 23 試験に合格した喜びにヒタる。
心境に入りきる
［浸］
「酒に浸る」は「酒におぼれる」

□ 24 久しぶりの再会に話がハズむ。
調子づく
［弾］
音ダン 訓たま・ひ(く)

□ 25 転職後、よりいっそう仕事にハゲむ。
精を出す
［励］
音レイ 「勉励《ベンレイ》」など

3

書く②

□ 1 真理の**タンキュウ**に余念がない。
ものごとの本質を見きわめること
【探究】
「探求《タンキュウ》」は「さがし求めること」

□ 2 ダイヤモンドの**ヒルイ**なき輝き。
くらべるもの
【比類】
「比類ない」は「たぐいない」と同じ意味

□ 3 修学旅行は学校教育の**イッカン**だ。
全体のいちぶぶん
【一環】
「一貫《イッカン》」は「一つの考えややり方で貫き通すこと」

□ 4 独裁者は悲惨な**サイゴ**を遂げた。
死に際
【最期】
類「臨終《リンジュウ》」「最後《サイゴ》」と混同しないように

□ 5 上司の**キゲン**を損ねる。
気分
【機嫌】
「機嫌を取る」は「人の気に入るようにする」

□ 6 **ケンシン**的な看護を受ける。
いっしんに尽くすこと
【献身】
「献心」と書かないように

□ 7 天下の名医といっても**カゴン**ではない。
いいすぎ
【過言】
「過」―訓 す(ぎる) あやま(ち)

□ 8 **セソウ**を鋭く風刺した川柳に膝を打つ。
よのなかのありさま
【世相】
「相」には「すがた」「かたち」という意味がある

□ 9 がむしゃらに進むことで**カツロ**を見いだす。
追いつめられた状態から脱出する方法
【活路】
「死活《シカツ》問題」は「死ぬか生きるかに関わる重大な問題」

□ 10 業務に**シショウ**をきたす。
さしつかえ、さしさわり
【支障】
「支」―訓 ささ(える)
「障」―訓 さわ(る)

□ 11 「急がば回れ」は**ギャクセツ**の典型だ。
いっけん真理に反するようで実は真理をいい得ていることば
【逆説】
「逆接《ギャクセツ》」と混同しないように

□ 12 会員どうしの**シンワ**を図る。
互いに仲良くすること
【親和】
類「親睦《シンボク》」

□ 13 村人が団結して**ブライ**の徒を追い払う。（むほうな行いをする者やその行為）
［無頼］
「無頼漢《カン》」は「ならずもの」

□ 14 年金制度の破綻は**ヒッシ**の情勢だ。（かならずそうなること）
［必至］
「必《ヒッ》死《シ》」は「死ぬ覚悟で全力を尽くすこと」

□ 15 計画の実現には**ジャッカン**の問題がある。（いくらか）
［若干］
「弱冠《ジャッカン》」は「男子二十歳のこと」「年がわかいこと」

□ 16 褒められるとすぐ**ゾウチョウ**する性格だ。（つけあがって高慢になること）
［増長］
「増」―訓ふ(える)・ま(す)

□ 17 戦時中は厳しい**ケンエツ**が行われた。（出版物などを取り締まること）
［検閲］
「検」「閲」ともに「調べる」という意味がある

□ 18 突然の悲報に接し、**ゴウキュウ**する。（大声を上げてなくこと）
［号泣］
「嗚咽《オエツ》」は「むせびなくこと」

□ 19 川沿いの小道を**サンサク**する。（ぶらぶら歩くこと）
［散策］
類「散歩《サンポ》」

□ 20 助けてもらった恩を忘れない**リチギ**な男。（ぎり堅いさま）
［律義］
「律儀」とも書く

□ 21 日本の前途を**ユウリョ**する。（心配して気づかうこと）
［憂慮］
「憂」―訓う(い)　うれ(える)

□ 22 タイムカプセルを土の中に**ウ**める。（穴にものを入れてふさぐ）
［埋］
音マイ　「埋蔵《マイゾウ》」など

□ 23 不可能に**イド**むことが人間の証《あか》しだ。（立ち向かう）
［挑］
ここでは「挑戦《チョウセン》」に似た意味

□ 24 鉛筆を**タバ**で買う。（まとめてくくったもの）
［束］
「束になってかかる」は「大勢がいっしょになって立ち向かう」

□ 25 科学は**エソラゴト**を現実のものにした。（ありもしないこと）
［絵空事］
絵には美化や誇張など(画家の)作意が加わることから

3 書く③

No.	問題	解答	解説
1	コペルニクスは地動説を**テイショウ**（意見などを他人に説き示すこと）した。	提唱	「提」―訓さ(げる) 「唱」―訓とな(える)
2	心からの行為が**ギゼン**（うわべだけのよいおこない）だと誤解される。	偽善	対「偽悪《ギアク》」
3	**ヤッカイ**（めんどうで手間のかかるさま）な仕事を引き受ける。	厄介	「厄」には「災難」という意味がある
4	試合中は**シンパン**（運動競技などで勝敗や反則の有無などをはんていする人）の裁定に従うべきだ。	審判	「事件を調べて裁決をすること」という意味もある
5	作文を**テンサク**（文章などを改め直すこと）してもらう。	添削	「添」―訓そ(える) 「削」―訓けず(る)
6	減税の**ハキュウ**（しだいに影響がおよぶこと）効果があらわれる。	波及	「及」―訓およ(ぶ)
7	襲いかかってきた熊と**カクトウ**（とっくみあい）する。	格闘	「懸命に取り組む」という意味もある
8	過分なお祝いを頂き**キョウシュク**（おそれいること）する。	恐縮	「縮」―訓ちぢ(まる)
9	社長の**エイダン**（優れたけつだん）が会社の危機を救った。	英断	「英」には「優れている」という意味がある
10	日本車は**タイキュウセイ**（長く持ちこたえること）に優れている。	耐久性	「耐」―訓た(える)
11	**カソウ**（かりにそう思うこと）敵国に対して警戒を強める。	仮想	「仮」―訓かり
12	グラウンドの中を**ジュウオウ**（思いのまま）に走り回る。	縦横	「縦横無尽《ムジン》」は「自由自在《ジユウジザイ》」と同じ意味

13	合理的な考え方が**シントウ**する。（考えなどがゆきわたること）	浸透	「侵《シン》入《ニュウ》」の「侵」と混同しないように
14	**ショミン**の生活の悲哀を描いた映画。（一般の人々）	庶民	類「大《タイ》衆《シュウ》」 「庶」には「多くの」という意味がある
15	ピアノの**バンソウ**を依頼する。（歌などにあわせて補助的にえんそうすること）	伴奏	「伴」―訓とも な(う)
16	保たれていた**キンコウ**が崩れる。（つり合いがとれていること）	均衡	「衝《ショウ》突《トツ》」の「衝」と混同しないように
17	**ヨウセイ**に応えて援軍を派遣する。（強く求めること）	要請	「請」―訓こ(う) う(ける)
18	さまざまに異なる意見を**トウカツ**する。（ひとつにまとめること）	統括	「統《トウ》轄《カツ》」は「組織など全体を管理すること」
19	みるみる**トウカク**を現す。（あたまの先）	頭角	「頭角を現す」は「学識や才能が人よりめだって優れる」
20	**ヨウチ**なやり口が周囲の失笑を招いた。（おさなく未熟なさま）	幼稚	「稚」には「おさない」という意味がある
21	水辺に葦《あし》が**ハンモ**している。（草木が生いしげること）	繁茂	「茂」―訓しげ(る)
22	衆生《しゅじょう》を助け**ミチビ**く仏。（教え示す）	導	音ドウ 「指《シ》導《ドウ》」など
23	平静を**ヨソオ**う。（見せかける）	装	音ショウ・ソウ 「衣《イ》装《ショウ》」など
24	休日は**モッパ**ら家にいる。（それを主として）	専	音セン 「専《セン》門《モン》」など
25	アンティークのグラスを大切に**アツカ**う。（用いる）	扱	「会員として扱う」は「会員とみなす」

3 書く④

1	決戦を前に士気が**コウヨウ**（気分などがたかまること）する。	高揚	「揚」—訓 あ(げる)
2	過去を**ナイセイ**（深く自らをかえりみること）することが成長につながる。	内省	類「反省《ハンセイ》」「自省《ジセイ》」
3	百貨店の**コキャク**（ひいきにしてくれるきゃく）情報が漏れる。	顧客	「コカク」とも読む
4	見返りを求めない**ムショウ**（報酬のないこと）の愛。	無償	「償」—訓 つぐな(う)
5	増税に対する不満が**フンシュツ**（ふきだすこと）する。	噴出	「噴」—訓 ふ(く)
6	仲間に**ゼンプク**（ありったけ）の信頼を置く。	全幅	「幅」—訓 はば
7	一部の業務を外部に**イタク**（まかせたのむこと）する。	委託	「委」—訓 ゆだ(ねる)
8	権力の**チュウスウ**（ちゅうしん）をのぞき見る。	中枢	「枢」には「かなめ」という意味がある
9	**リュウセイ**（栄えること）を極めた平家も滅亡を迎えた。	隆盛	「隆」には「たかくもりあがる」という意味がある
10	**マンセイ**（望ましくない状態が長引くこと）的なデフレが続く。	慢性	対「急性《キュウセイ》」
11	科学は人類の進歩に**キヨ**（役立つこと）してきた。	寄与	類「貢献《コウケン》」
12	原稿の締めきりが**セッパク**（非常にさしせまること）してきた。	切迫	「切」には「さしせまる」という意味がある

No.	問題	意味	答え	解説
13	問題の本質を**ドウサツ**する。	すぐれたかんさつ力で見抜くこと	洞察	「洞」―訓ほら
14	他国からの**シンリャク**に備える。	他国に攻め入って領土や財物を奪い取ること	侵略	「侵」―訓おか(す)
15	**ギンミ**した素材を使った料理。	物事のよしあしをよく調べること	吟味	「吟じる」は「詩歌などをうたう」
16	**ハイリョ**に欠けた言動を戒める。	心づかい	配慮	「慮」には「あれこれ考える」という意味がある
17	幼い子が**ギョウギ**よく振る舞う。	立ち居振る舞いの作法	行儀	「儀」には「手本とすべき規準」という意味がある
18	お世話になった人のために**ベンギ**を図る。	特別な取りはからい	便宜	「宣伝《センデン》」の「宣」と「宜」とを混同しないように
19	会った**トタン**、喧嘩《けんか》が始まった。	ちょうどそのとき	途端	「端」―訓は・はし・はた
20	遠征試合に赴く選手を**ゲキレイ**する。	はげまし元気づけること	激励	「励」―訓はげ(ます)
21	弱者軽視の風潮は**ガイタン**にたえない。	うれいなげくこと	慨嘆	「慨」には「なげく」という意味がある
22	安らかな眠りを**サマタ**げる電車の轟音《ごうおん》。	邪魔をする	妨	「兼任を妨げない」は「兼任してもかまわない」
23	志を**ツラヌ**き、指揮者になる。	続けとおす	貫	音カン 「貫徹《カンテツ》」など
24	夕暮れ時の金閣寺《きんかくじ》を写真に**ト**る。	写真や映画などをさつえいする	撮	音サツ 「撮影《サツエイ》」など
25	**イサギヨ**く自らの非を認める。	思いきりがよい	潔	「潔しとせず」は「自分の良心が許さない」

3 書く⑤

1 人脈を**クシ**《自由につかいこなすこと》して解決を図る。　［駆使］
「駆」―訓 か(ける)

2 事件は意外な**ヨウソウ**《ありさま》を呈してきた。　［様相］
類「状態《ジョウタイ》」「様子《ヨウス》」

3 生還を喜び、**カンルイ**《かんげきして流すなみだ》にむせぶ。　［感涙］
「涙」―訓 なみだ

4 江戸の風俗を調べようと**ブンケン**《書物》にあたる。　［文献］
「献」―音 コン　「献立《こんだて》」など

5 **カイリツ**《宗教において守るべき規則》を破り、破門される。　［戒律］
「戒」―訓 いまし(める)

6 **グウゾウ**《神仏をかたどってつくられた信仰の対象》を崇拝することを禁じる宗教。　［偶像］
広く「崇拝の対象」という意味でつかわれることがある

7 科学が善であるとは**イチガイ**《総じて》には言えない。　［一概］
「概して」は「おおむね」という意味

8 独裁者に異を唱える者は**カイム**《まったくないこと》だった。　［皆無］
「皆」―訓 みな

9 旅は幼い子どもの**チケン**《みてしること》を広める。　［知見］
類「見識《ケンシキ》」

10 我が家を建てることができて**ホンモウ**《のぞみがかなって満足であること》だ。　［本望］
「かねてからののぞみ」という意味もある

11 始めと終わりが**ショウオウ**《二つのものがたいおうしあっていること》している小説。　［照応］
「照」―訓 て(る)

12 攻め落とすことが難しい**ケンゴ**《守りがかたく容易には破られないさま》な城。　［堅固］
「志操《シソウ》堅固」は「志をかたく守って変えないこと」

□ 13 悪事に**カタン**することはできない。（味方すること）
〔荷担〕
「加担」とも書く

□ 14 剣の達人と**ゴカク**に渡り合う。（たがいの力量に優劣のないこと）
〔互角〕
「互」―訓たが(い)

□ 15 委員会からの報告は**ショウサイ**をきわめた。（くわしくこまかいこと）
〔詳細〕
「詳」―訓くわ(しい)

□ 16 弁慶《べんけい》は**ソウゼツ**な最期を遂げた。（このうえなく勇ましくはげしいさま）
〔壮絶〕
「壮」には「勇ましいさま」という意味がある

□ 17 敵から受けた**ヒジョウ**な仕打ち。（人間味や思いやりのないさま）
〔非情〕
「非常《ヒジョウ》」と混同しないように

□ 18 **キバツ**な服装が注目を集める。（とっぴなさま）
〔奇抜〕
「抜」には「ぬきんでる」という意味がある

□ 19 日曜日の小学校は**カンサン**としている。（しずかでひっそりとしているさま）
〔閑散〕
「閑」には「ひま」「のんびり」という意味がある

□ 20 **チカク**変動の観測データを収集する。（ちきゅうの表層部）
〔地殻〕
「殻」―訓から

□ 21 現状に合わせて規制を**カンワ**する。（ゆるめること）
〔緩和〕
「緩」―訓ゆる(む)

□ 22 **タクワ**えていたお金が底をつく。（ためておく）
〔蓄〕
音チク　「貯蓄《チョチク》」など

□ 23 杉の木の**ミキ**を切る。（枝が生じる植物の太い部分）
〔幹〕
音カン　「根幹《コンカン》」など

□ 24 気を**マギ**らすための娯楽も必要だ。（ほかのことにこころを移して気をそらす）
〔紛〕
「紛れもない事実」は「確かな事実」

□ 25 祖父の代からクリーニング店を**イトナ**む。（仕事としておこなう）
〔営〕
ここでは「経営《ケイエイ》」に似た意味

3

書く⑥

□ 1 さまざまな**バイタイ**を使って宣伝する。
伝達の仲立ちをするもの
［媒体］
類「メディア」

□ 2 サッカー選手の**シュンビン**な動き。
頭がよく、行動がすばやいさま
［俊敏］
「俊」には「優れる」という意味がある

□ 3 オリンピックの**ユウチ**運動が起きる。
招き寄せること
［誘致］
「誘」—訓 さそ(う)

□ 4 **カン**、髪《はっ》をいれずに返答する。
すきま
［間］
「間、髪をいれず」は「とっさに」という意味

□ 5 試験の**カントク**は気の抜けない仕事だ。
目を配り取り締まること
［監督］
「監」には「みさだめる」という意味がある

□ 6 大自然のすばらしさを**マンキツ**する。
十分に味わうこと
［満喫］
類「堪能《タンノウ》」

□ 7 信号機が**テンメツ**する。
あかりがついたり消えたりすること
［点滅］
「点ずる」には「火をともす」という意味がある

□ 8 ナポレオンの**イツワ**を聞く。
あまり知られていない興味あるはなし
［逸話］
「逸材《イツザイ》」は「優れた才能やその持ち主」

□ 9 **チンミョウ**な格好で踊る祭り。
かわっていておかしいさま
［珍妙］
ここでは「奇妙《キミョウ》」と似た意味

□ 10 読書家だけあって驚くほど**ハクシキ**だ。
広く物事を知っているさま
［博識］
類「博学《ハクガク》」

□ 11 **イッキョ**に劣勢を覆した。
いちどに事をなすこと
［一挙］
「一挙両得《リョウトク》」は「一石二鳥《イッセキニチョウ》」と同じ意味

□ 12 安倍晴明《あべのせいめい》には**トクイ**な能力があった。
ほかととくに違っているさま
［特異］
「得意《トクイ》」と混同しないように

□ 13 **シンク**（つらくくるしいこと）に耐え、幸福をつかむ。
［辛苦］
「艱難《カンナン》辛苦」は「困難にであいくるしみ悩むこと」

□ 14 **タイダ**（だらしないさま）な生活を改める。
［怠惰］
「堕落《ダラク》」の「堕」と混同しないように

□ 15 失敗しても**ヒクツ**（いじけて必要以上に自分をいやしめるさま）になってはいけない。
［卑屈］
「卑」—訓 いや(しい)

□ 16 **キソン**（以前からあること）の権利に安住しないようにする。
［既存］
「キゾン」とも読む
「既」—訓 すで(に)

□ 17 **フソク**（よそくできないこと）の事態に備える。
［不測］
「測」—訓 はか(る)

□ 18 解決すべき問題は**タキ**（物事がおおくの方面に分かれていること）にわたっている。
［多岐］
「岐《キ》路《ロ》」は「わかれ道」のこと

□ 19 大声で敵を**イアツ**（おどしておさえつけること）する。
［威圧］
「威」には「おどす」という意味がある

□ 20 聴衆を前に**ユウベン**（力強く巧みに話すこと）を振るう。
［雄弁］
「事実が雄弁に物語る」の場合は「はっきりと」という意味

□ 21 敵の策略をいちはやく**カンパ**（みやぶること）する。
［看破］
「看」には「見る」「見守る」という意味がある

□ 22 空を**アオ**（顔を上に向ける）いで雲の流れに見入る。
［仰］
「師と仰ぐ」は「師として尊敬する」

□ 23 演奏会で**サワ**（やかましくする）ぐ人はいない。
［騒］
「胸が騒ぐ」は「落ちつかない」

□ 24 危険を**トモナ**（つきまとう）う作業に従事する。
［伴］
音 ハン・バン 「随伴《ズイハン》」など

□ 25 巧みに外国語を**アヤツ**（上手につかう）る。
［操］
音 ソウ
訓 みさお

3 書く⑦

□1 **フクセン**《あらかじめほのめかしておくもの》に気づかずに小説を読む。
［伏線］
「伏」―訓ふ(せる)

□2 新しい商売が成功し、**キャッコウ**《俳優などを照らすひかり》を浴びる。
［脚光］
「脚光を浴びる」は「注目の的となる」

□3 優れた**ケンシキ**《物事の本質をみとおす、優れた判断力》を備えた人物。
［見識］
「不見識」は「見識のないこと」

□4 **ビサイ**《きわめてこまかいさま》に事件の報告をする。
［微細］
「微小《ビショウ》」は「きわめて小さいさま」

□5 インフレを**ヨクセイ**《おさえとどめること》するための政策。
［抑制］
「抑」―訓おさ(える)

□6 意中の人に告白され**ウチョウテン**《喜びで夢中になること》になる。
［有頂天］
本来は「形ある世界の中で最高の世界」という意味

□7 安全を確認するために**ジョコウ**《ゆっくりと進むこと》する。
［徐行］
「除去《ジョキョ》」の「除」と混同しないように

□8 お土産品は**キョウギ**《範囲をせばめて考えた意味》の民芸には含まれない。
［狭義］
対「広義《コウギ》」

□9 **ケイハク**《あさはかでうわついていること》な現代の風潮に失望を覚える。
［軽薄］
対「重厚《ジュウコウ》」

□10 昔を思い起こし**カンガイ**《身にしみてかんじること》にふける。
［感慨］
「感慨無量《ムリョウ》」は「感慨がきわめて深いこと」

□11 小林一茶《こばやしいっさ》の**シュウイツ**《抜きんでて優れていること》な句に引かれる。
［秀逸］
「逸」には「ひときわ優れる」という意味がある

□12 **ヒサン**《ひどくあわれでみじめなさま》な生活から脱却する。
［悲惨］
「悲酸」とも書く
「惨」―訓みじ(め)

番号	問題	解答	解説
□ 13	**カコク**（ひどくきびしいさま）な試練を乗り越える。	過酷	「苛酷《カコク》」は「むごくきびしいさま」
□ 14	緊張のあまり全身が**コウチョク**（こわばること）する。	硬直	「硬」―訓かた(い)
□ 15	大都市の人口はすでに**ホウワ**（最大限度までみたされていること）状態だ。	飽和	「飽」―訓あ(きる)
□ 16	司令官には**チンチャク**（おちついているさま）な判断が求められる。	沈着	「沈」―訓しず(む) 「着」―訓き(る)・つ(く)
□ 17	容疑者が語ったことは事実と**フゴウ**（二つの物事がぴったりとあうこと）する。	符合	「符号《フゴウ》」は「記号」という意味
□ 18	長年にわたって**ジゼン**（困っている人などを援助すること）活動を続ける。	慈善	「慈」―訓いつく(しむ)
□ 19	両国の関係が**ケンアク**（状況がわるくなること）になる。	険悪	「険」―訓けわ(しい)
□ 20	人はえてして自らの**セイヘキ**（せいしつのかたより）に無自覚だ。	性癖	「癖」―訓くせ
□ 21	法王を**サンビ**（ほめたたえること）する信者たちの声。	賛美	「賛」には「ほめたたえる」という意味がある
♔ 22	衝撃的な映像に思わず目を**オオ**（ふさぐ）う。	覆	訓くつがえ(す)
□ 23	健康のために塩分を**ヒカ**（少なめにする）える。	控	音コウ　「控除《コウジョ》」など
□ 24	夕日が空を赤く**ソ**（ほかの色に変える）める。	染	音セン　「染色《センショク》」など
□ 25	円空《えんくう》が**ホ**（きざむ）った仏像を拝む。	彫	音チョウ　「彫像《チョウゾウ》」など

3 書く⑧

□ 1 **キュウケイ**することで能率が上がる。
（ひとやすみすること）
［休憩］
類「休息《キュウソク》」「憩」—訓 いこ(う)

□ 2 中止の判断は**ダトウ**なものだった。
（適切であること）
［妥当］
「妥協《ダキョウ》」は「折り合いをつけること」

□ 3 何事もはじめが**カンジン**だ。
（この上なく大切なこと）
［肝心］
「肝腎」とも書く　類「肝要《カンヨウ》」

□ 4 **チメイテキ**な失敗を犯してしまう。
（取り返しがつかないほど重大なさま）
［致命的］
「致命傷《ショウ》」は「死の原因となる傷」

□ 5 さまざまな思惑が**コウサク**する。
（複雑にいりまじること）
［交錯］
「錯」には「まじる」という意味がある

□ 6 資本主義は**リジュン**の追求を第一とする。
（もうけ）
［利潤］
類「利益《リエキ》」

□ 7 差別をなくすために**ジンリョク**する。
（ある目的のためにちからをつくすこと）
［尽力］
「尽」—訓 つ(くす)

□ 8 **ザンコク**な描写に目をそむける。
（むごたらしいさま）
［残酷］
「惨酷」「残刻」とも書く

□ 9 旅立ちの**シタク**が調う。
（準備）
［支度］
「仕度」とも書く

□ 10 **キョドウ**不審な人物を見かける。
（振る舞い）
［挙動］
類「挙止《キョシ》」

□ 11 味わいに欠けた**ヘイバン**な文章。
（変化に乏しくおもしろみのないさま）
［平板］
類「単調《タンチョウ》」

□ 12 師の学説を**シンポウ**する。
（ある思想や教理などをしんじ尊ぶこと）
［信奉］
「奉」—訓 たてまつ(る)

13 生物の**カイボウ**を行う。
生物の内部を切り開くこと
解剖
「分析《ブンセキ》」という意味で使うこともある

14 規則に違反した人物の**ショグウ**が決まる。
あつかい
処遇
「一隅《イチグウ》」の「隅」や「偶然《グウゼン》」の「偶」と混同しないように

15 巨額の**フサイ**を抱える。
他から借金をすること
負債
類「債務《サイム》」

16 科学者は単なる知の**ボウカンシャ**ではない。
何もしないでそばで見るだけの人
傍観者
「傍」―訓かたわ(ら)

17 熱帯雨林の**バッサイ**が問題になる。
木などをきりとること
伐採
「伐」には「きる」という意味がある

18 コックである父は**ヨギ**に絵を描く。
専門以外に身につけたぎげい
余技
「余《ヨ》儀《ギ》ない(＝やむを得ない)」の「余儀」と混同しないように

19 懐かしい記憶が胸中に**キョライ**する。
ゆききすること
去来
「去」には「コ」という音読みもある

20 その宣伝は薬事法に**テイショク**している。
法律などにふれること
抵触
「抵」には「ふれる」という意味がある

21 鳶《とんび》が大空を**センカイ**する。
円を描いてまわること
旋回
「航空機などが進路を変えること」という意味もある

22 夏場は食物が**クサ**りやすい。
いたんでだめになる
腐
音フ 「腐敗《フハイ》」など

23 砂漠に井戸を**ホ**る。
地に穴をあける
掘
「掘り出し物」は「思いがけず手に入れた珍しい物」

24 喜多川《きたがわ》歌麿《うたまろ》の描く**ホソオモテ**の美しい女性。
ほっそりとした顔
細面
「面長《おもなが》」など「面」には「顔」という意味がある

25 暗闇から**アヤ**しい物音が響いてくる。
ぶきみな感じがする
怪
音カイ 「奇怪《キカイ》」など

3 書く⑨

1 **キビン**な対応を心がける。
状況に応じた動作がすばやいさま

2 成功するには**ニンタイ**が必要だ。
我慢すること

3 **アンカン**としていられない気持ちになる。
のんきにしているさま

4 **カクウ**の国を舞台としたファンタジー。
想像で作り出すもの

5 初志**カンテツ**し、役者になった。
つらぬくこと

6 夏合宿が水泳部の**カンコウ**となっている。
ならわしとしておこなわれていること

7 道が左右に**ブンキ**する。
わかれること

8 新商品が全国**イッセイ**に発売される。
同時

9 大臣の不用意な発言が**ブツギ**を醸した。
世間のとりざた

10 力が支配する世の中に**カイギ**を抱く。
うたがうこと

11 『海潮音《かいちょうおん》』から好きな詩を**バッスイ**する。
必要な部分をぬきだすこと

12 重い**ソゼイ**に苦しむ人民。
ぜいきん

---

1 ［機敏］
2 ［忍耐］
3 ［安閑］
4 ［架空］
5 ［貫徹］
6 ［慣行］
7 ［分岐］
8 ［一斉］
9 ［物議］
10 ［懐疑］
11 ［抜粋］
12 ［租税］

「機」には「（ある事をするのに）ちょうどよいおり」という意味がある

「忍」―訓しの（ぶ）
「耐」―訓た（える）

「閑」には「ひま」「のんびりしている」という意味がある

「架」―訓か（ける）

「撤去《テッキョ》」の「撤」と混同しないように

「敢行《カンコウ》」は「無理を押し切っておこなうこと」

「岐路《キロ》」は「わかれ道」

「斉」には「ととのう」という意味がある

「議論《ギロン》」の「議」と同じ

「懐旧《カイキュウ》」は「昔あったことをなつかしく思いだすこと」

「粋」には「まじりけがない」という意味がある

「租」には「税金」という意味がある

番号	問題	意味	答え	解説
□ 13	病気の**チリョウ**に専念する。	病気やけがをなおすこと	治療	「療」には「いやす」という意味がある
□ 14	衣食足りて**レイセツ**を知る。	れいぎとせつど	礼節	「節」―訓ふし
□ 15	志望者の**サイヒ**を決定する。	さいようするかどうか	採否	「採」―訓と(る) 「否」―訓いな
👑 16	**ケンキョ**な人柄に引かれる。	ひかえめで素直なさま	謙虚	対「傲慢《ゴウマン》」
□ 17	インフルエンザが**モウイ**を振るう。	すさまじい勢い	猛威	「猛」には「たけだけしい」という意味がある
👑 18	名簿から該当する人物を**チュウシュツ**する。	ぬきだすこと	抽出	「抽選《チュウセン》」は「くじ引き」のこと
👑 19	異文化を受けいれる**ドジョウ**が必要だ。	環境や条件	土壌	「壌」には「すきかえしてまぜたつち」という意味がある
👑 20	学生の本分を**イツダツ**した振る舞い。	本筋からはずれること	逸脱	「逸」には「はずれる」という意味がある
□ 21	ルーブル美術館で**シフク**の時を過ごす。	この上ない幸せ	至福	「至」―訓いた(る)
□ 22	ピカソの画才は幼い頃から**キワダ**っていた。	著しくめだつ	際立	「窓際《まどぎわ》」は「窓のそば」のこと
□ 23	急に天気が**クズ**れる。	状態が悪くなる	崩	音ホウ 「崩壊《ホウカイ》」など
□ 24	相手が承知してくれるまで**ネバ**る。	根気強くがんばる	粘	音ネン 「粘着《ネンチャク》」など
□ 25	将棋に**コ**る人が増えている。	熱中する	凝	「凝った料理」は「工夫をほどこした料理」

3 書く⑩

1. 成長するにつれて顔の**リンカク**《物の外形を表す線》が変わる。
　［輪郭］
　「話の輪郭」は「話のおおよその内容」

2. かつては映画が**ゴラク**《心をたのしませること》の主役だった。
　［娯楽］
　「誤解《ゴカイ》」の「誤」と混同しないように

3. 学問や芸術の**シンコウ**《物事をさかんにすること》を図る。
　［振興］
　「振」―訓ふ(るう)　「興」―訓おこ(す)

4. 敵を陥れるための**ボウリャク**《はかりごと》を巡らす。
　［謀略］
　類「陰謀《インボウ》」「策略《サクリャク》」

5. 発言の**ガンイ**《ふくまれたいみ》するところをよく理解する。
　［含意］
　「含」―訓ふく(む)

6. **カソ**《人口が少なすぎること》の村で医療にあたる医師。
　［過疎］
　対「過密《カミツ》」

7. **カレイ**《美しくはなやかなようす》に着飾って出かける。
　［華麗］
　「麗」―訓うるわ(しい)

8. 科学の恩恵を**キョウジュ**《うけいれて自分のものにすること》する。
　［享受］
　「享年《キョウネン》」は「死んだときの年齢」

9. 相手の申し出を**ショウダク**《聞き入れること》する。
　［承諾］
　「承」―訓うけたまわ(る)

10. 多忙のせいか**セイサイ**《いきいきしたようす》に欠けている。
　［精彩］
　「生彩」とも書く

11. 選挙に行かず**キケン**《けんりをすてること》する人が増えている。
　［棄権］
　「棄」には「すてる」という意味がある

12. 景気回復の**チョウコウ**《前ぶれ》が見られる。
　［兆候］
　「徴候」とも書く

□ 13 **インシツ**ないじめを見逃してはならない。（暗くてじめじめしているさま）
［陰湿］
「湿」―訓しめ(る)

□ 14 科学技術の**コウザイ**を論じる。（よい点と悪い点）
［功罪］
「功罪半《なかば》す」は、「功と罪が半々で、よいとも悪いともいえない」

□ 15 工事が予定日を超えて**チエン**する。（長引くこと）
［遅延］
「延」―訓の(びる)

□ 16 かつての敵と**ドウメイ**を結ぶ。（共通の目的のためにおなじ行動をとることを約束すること）
［同盟］
「盟友《メイユウ》」は「かたく誓い合った友、同志」

□ 17 自説にかたくなに**コシュウ**する。（自分の考えを曲げないこと）
［固執］
「コシツ」とも読む

□ 18 不作続きで**ヨジョウ**の米はない。（あまり）
［余剰］
「余」―訓あま(る)

□ 19 **コウケイシャ**としてふさわしい人物だ。（あとつぎ）
［後継者］
「継」―訓つ(ぐ)

□ 20 **ガンメイ**な父に強く反発する。（かたくなで道理がわからないさま）
［頑迷］
「頑」には「融通が利かない」という意味がある

□ 21 **ムショウ**に寂しい時がある。（むやみに）
［無性］
「無性に」という形で使う

□ 22 コミカルな演技で大いに観客を**ワ**かせた。（熱狂させる）
［沸］
音フツ　「沸騰《フットウ》」など

□ 23 争いの**ウズ**に巻き込まれる。（目まぐるしい動きのある状態）
［渦］
ここでは「渦中《カチュウ》」に似た意味

□ 24 放置自転車の対策を**コウ**じる。（方法、手段を考える）
［講］
「わがままが高じる」の「高じる」は「ひどくなる」という意味

□ 25 にわか雨に**ア**い、ずぶぬれになる。（思いがけないことに偶然出くわす）
［遭］
「遭難《ソウナン》」は「災いにあうこと」

3

意味から考えるテスト④

くりかえし

※98～117ページから出題しています。

1 思い違い ［さっかく］

2 自由につかいこなすこと ［くし］

3 書物 ［ぶんけん］

4 よのなかのありさま ［せそう］

5 気分 ［きげん］

6 おそれいること ［きょうしゅく］

7 望ましくない状態が長引くこと ［まんせい］

8 とっぴなさま ［きばつ］

9 ひとつひとつ詳しく ［ちくいち］

10 ぎり堅いさま ［りちぎ］

11 ありもしないこと ［えそらごと］

12 邪魔をする さまた［ ］げる

13 思いのまま ［じゅうおう］

14 強く求めること ［ようせい］

15 ゆるめること ［かんわ］

16 特別な取りはからい ［べんぎ］

17 役立つこと ［きよ］

18 立ち向かう いど［ ］む

19 優れたけつだん ［えいだん］

20 はげまし元気づけること ［げきれい］

21 草木が生いしげること ［はんも］

22 あさはかなさま ［せんぱく］

23 はっきりよくわかるさま ［はんぜん］

24 かしあたえること ［たいよ］

25 くわしくこまかいこと ［しょうさい］

26 招き寄せること ［ゆうち］

27 熱中する こ［ ］る

28 喜びで夢中になること ［うちょうてん］

29 我慢すること ［にんたい］

30 こわばること ［こうちょく］

31 法律などにふれること　［ていしょく　］
32 物事をさかんにすること　［しんこう　］
33 頭がよく、行動がすばやいさま　［しゅんびん　］
34 想像で作り出すもの　［かくう　］
35 俳優などを照らすひかり　［きゃっこう　］
36 複雑にいりまじること　［こうさく　］
37 みやぶること　［かんぱ　］
38 ふさぐ　［おお　］う
39 適切であること　［だとう　］
40 準備　［したく　］

41 だらしないさま　［たいだ　］
42 物の外形を表す線　［りんかく　］
43 うたがうこと　［かいぎ　］
44 よい点と悪い点　［こうざい　］
45 木などをきりとること　［ばっさい　］
46 さいようするかどうか　［さいひ　］
47 おさえとどめること　［よくせい　］
48 聞き入れること　［しょうだく　］
49 十分に味わうこと　［まんきつ　］
50 あまり　［よじょう　］

［解答］

1 錯覚　2 駆使　3 文献　4 世相　5 機嫌　6 恐縮　7 慢性　8 奇抜　9 逐一　10 律義　11 絵空事　12 妨　13 縦横　14 要請　15 緩和　16 便宜

17 寄与　18 挑　19 英断　20 激励　21 繁茂　22 浅薄　23 判然　24 貸与　25 詳細　26 誘致　27 凝　28 有頂天　29 忍耐　30 硬直　31 抵触　32 振興　33 俊敏

34 架空　35 脚光　36 交錯　37 看破　38 覆　39 妥当　40 支度　41 怠惰　42 輪郭　43 懐疑　44 功罪　45 伐採　46 採否　47 抑制　48 承諾　49 満喫　50 余剰

3 書く⑪

□ 1 ストライキは**フカヒ**（さけられないこと）の情勢だ。
□ 2 財産を福祉団体に**ジョウト**（ゆずりわたすこと）する。
□ 3 新入社員が会社の**リョウ**（共同宿舎）に入る。
□ 4 バッハの**ソウチョウ**（厳かでおもおもしいさま）な調べに聴き入る。
□ 5 長年の疑問が**ヒョウカイ**（疑いがすっかりなくなること）した。
□ 6 感情の**シンプク**（ふりはば）が激しい。
□ 7 二人が**レンケイ**（互いにれんらくをとり協力して物事を行うこと）して事を進める。
□ 8 現実から**ユウリ**（かけはなれること）した学問。
□ 9 体温をほぼ**コウジョウ**（定まっていて変わらないこと）的に保つシステム。
□ 10 **サイダン**（供物をささげるために聖化された場所）に花束をささげる。
□ 11 過去の歴史を**フウイン**（閉じること）してはならない。
□ 12 **カイチュウ**（ふところやポケットのなか）に財布をしまう。

1 ［不可避］　「避」—訓さ(ける)
2 ［譲渡］　「譲」—訓ゆず(る)
3 ［寮］　「僚」は「仲間」、「療」は「いやす」という意味
4 ［荘重］　「荘」には「厳かなさま」という意味がある
5 ［氷解］　「氷」—訓こおり・ひ
6 ［振幅］　「振」—訓ふ(る)
7 ［連携］　「携」—訓たずさ(わる)
8 ［遊離］　「離合集散《リゴウシュウサン》」は「離れたり集まったりすること」
9 ［恒常］　「恒」には「つね」という意味がある
10 ［祭壇］　「文壇《ブンダン》」は「作家や文芸批評家たちの社会」
11 ［封印］　「印」—訓しるし
12 ［懐中］　「懐」—訓なつ(かしい)　ふところ

13 □ 前世からの**インネン**によって結ばれる。（定められた運命）
［因縁］
「因縁をつける」は「言いがかりをつける」

14 □ 人間社会を**フウシ**した芥川龍之介《あくたがわりゅうのすけ》の作品。（遠まわしに批判すること）
［風刺］
「刺」—訓さ(す)

15 □ 議論の**ショウテン**をしぼる。（人々の注意や興味の集まるところ）
［焦点］
「レンズの焦点」は「レンズのピント」

16 □ 知人にお金を**ユウズウ**してもらう。（金銭などの都合をつけること）
［融通］
「融通が利く」は「その場に応じてうまく処理できる」

17 □ **ジギ**を得た処置をする。（折にかなうこと）
［時宜］
「宜」には「ほどよい」という意味がある

18 □ とっさの機転で**キュウチ**を脱する。（くるしい立場）
［窮地］
「窮」—訓きわ(まる)

19 ♔ 思いつめた表情で**コクウ**を見つめる。（何もないくうかん）
［虚空］
「空虚」は「クウキョ」と読む

20 □ 作者の思いが**ギョウシュク**された表現。（密度が高いこと）
［凝縮］
「凝」—訓こ(る)

21 □ 国家の**アンタイ**を願う。（やすらかなさま）
［安泰］
「泰然自若《タイゼンジジャク》」は「落ち着いていて物事に動じないさま」

22 □ 場数を**フ**むことで慣れていくものだ。（経験する）
［踏］
音トウ　「踏破《トウハ》」など

23 □ 計画の**ワクグ**みをみんなに話す。（構想）
［枠組］
「枠」には「範囲」という意味がある

24 □ 使者としての使命を**マット**うする。（かんぜんに果たす）
［全］
音ゼン　「万全《バンゼン》」など

25 □ 積年の**ウラ**みを水に流す。（憎いと思うこと）
［恨］
ここでは「怨恨《エンコン》」に似た意味

3 書く⑫

1. さまざまな**ヒョウショウ**を分析する学問。
   ヒョウショウ：イメージ
   【表象】
   「象」には「かたち」「すがた」という意味がある

2. **キョギ**の申告を行う。
   キョギ：うそいつわり
   【虚偽】
   対「真実《シンジツ》」

3. **クウソ**な議論の応酬。
   クウソ：中身がないこと
   【空疎】
   「疎外《ソガイ》」は「よそよそしくすること」

4. **キンパク**した国際情勢が続く。
   キンパク：さしせまって今にも事が起こりそうなこと
   【緊迫】
   「迫」―訓 せま(る)

5. この道を行くべきだという**カン**が働く。
   カン：直感
   【勘】
   「感情《カンジョウ》」の「感」と混同しないように

6. **グウハツ**する事件を阻止しようとする。
   グウハツ：思いがけず起こること
   【偶発】
   「偶然《グウゼン》に発生《ハッセイ》する」と覚えよう

7. 優勝候補の**ヒットウ**に挙げられる。
   ヒットウ：ある範囲の中で一番に挙げられるもの
   【筆頭】
   「筆頭人《ニン》」は「連名・連署の、第一番目の人」

8. 必要経費を**チョウボ**につける。
   チョウボ：会計などを記入する冊子
   【帳簿】
   「簿」は「⺮（たけかんむり）」を使う

9. 急な計画変更を**キイ**に思う。
   キイ：変なさま
   【奇異】
   「異」―訓 こと

10. 複数の会社を**ヘイゴウ**する。
    ヘイゴウ：二つ以上のものをひとつにあわせること
    【併合】
    類「合併《ガッペイ》」「統合《トウゴウ》」

11. 伝統芸能の家元を**セシュウ**する。
    セシュウ：代々受け継ぐこと
    【世襲】
    「襲名《シュウメイ》」は「名を継ぐこと」

12. 人生を**タッカン**したようなことを言う。
    タッカン：ささいな事にこだわらず、物事の道理を見通すこと
    【達観】
    「大きな見通しを持っていること」という意味もある

13 近代芸術は**モホウ**を否定する。（まねること）
【模倣】 対「創造《ソウゾウ》」

14 芸術には**シンビ**的要素がつきまとう。（うつくしいものと醜いものを識別すること）
【審美】 「美の審判《シンパン》」という形で覚えよう

15 伝統への**カイキ**が流行になっている。（ひと巡りして元へ戻ること）
【回帰】 「永劫《エイゴウ》回帰」は「永遠に同じことを繰り返すこと」

16 偉人の別な一面を知り、**ゲンメツ**する。（思い描いていたことと現実の差を知って落胆すること）
【幻滅】 「滅」―訓ほろ(びる)

17 独裁者の**ジョウキ**を逸した行動。（普通のやり方）
【常軌】 「常軌を逸する」は「普通と違った常識はずれの言動をとる」

18 勇敢な行動が**ショウサン**を浴びる。（ほめたたえること）
【賞賛】 「称賛」とも書く

19 逆境にあっても**イゲン**を失わない。（いかめしいこと）
【威厳】 「威」「厳」ともに「おごそか」という意味がある

20 **リュウイ**すべき点をノートに記す。（気をつけること）
【留意】 類「注意《チュウイ》」

21 記憶力は年齢とともに**オトロ**えやすい。（弱くなる）
【衰】 音スイ 「衰退《スイタイ》」など

22 両者の言い分には大きな**ヘダ**たりがある。（距離）
【隔】 音カク 「隔絶《カクゼツ》」など

23 時間に**シバ**られた生活を送る。（自由をうばう）
【縛】 音バク 「束縛《ソクバク》」など

24 人間は死を**マヌカ**れることはできない。（のがれる）
【免】 音メン 「免除《メンジョ》」など 「まぬが(れる)」とも読む

25 詩人として名声を**ハク**する。（自分のものとする）
【博】 「好評を博する」「喝采を博する」などと用いられる

3 書く ⑬

1 マクベスは**モウソウ**（根拠のない思い込み）に取りつかれていた。
［妄想］
「妄」には「でたらめ」という意味がある

2 土地の売買を**チュウカイ**（なかだち）する。
［仲介］
「仲人」は「なこうど」と読む

3 海外進出に向けて**フセキ**（将来に備えた準備）を打つ。
［布石］
「布置《フチ》」は「ものを適当な所に配置すること」

4 松《まつ》尾《お》芭蕉《ばしょう》は**ヒョウハク**（さまようこと）の中で生を終えた。
［漂泊］
「漂」―訓ただよ(う)

5 新しい仕事に**ケンメイ**（力いっぱいがんばるさま）に打ち込む。
［懸命］
「一所《イッショ》懸命」の略

6 先生から**シサ**（それとなく教えしめすこと）に富む話をうかがう。
［示唆］
「唆」―訓そそのか(す)

7 バレエダンサーのすばらしい**チョウヤク**（とびはねること）。
［跳躍］
「跳」―訓と(ぶ)・は(ねる)
「躍」―訓おど(る)

8 睡眠には**ルイセキ**（かさなりつもること）した疲労をとる力がある。
［累積］
「累」には「かさなる」という意味がある

9 反対意見を**ロンパ**（言い負かすこと）する。
［論破］
「破」―訓やぶ(る)

10 十代で**イギョウ**（優れた仕事）を成し遂げる。
［偉業］
「遺業《イギョウ》」は「故人が残した生前の仕事や事業」

11 郷里の友人とも**ソエン**（とおざかって関係がうすれるさま）になった。
［疎遠］
「疎縁」と書かないように注意

12 危険を伴うだけに**ホウシュウ**（労働などの対価として給付される金品）も大きい。
［報酬］
「報」―訓むく(いる)

番号	問題	解答	解説
13	前後の**カンカク**（へだたり）をとって体操をする。	間隔	「隔」—訓 へだ（てる）
14	生に限りがあることは**ゲンゼン**（おごそかで動かしがたいさま）たる事実だ。	厳然	「厳」—訓 おごそ（か） きび（しい）
15	功利性を追求する社会の矛盾が**ロテイ**（さらけだすこと）する。	露呈	「贈呈《ソウテイ》」の「呈」と同じ
16	**エンカツ**（スムーズに進むさま）に事が運ぶ。	円滑	「円」には「欠けたところがないさま」という意味がある
17	大統領の演説に深い**カンメイ**（深くかんどうすること）を受ける。	感銘	「肝に銘じる」は「心に深く刻みつける」
18	**ボンサイ**（庭や室内で観賞する鉢植えの草木）を通じて日本の美意識に触れる。	盆栽	「裁判《サイバン》」の「裁」と混同しないように
19	自らの思いをありのままに**ジョジュツ**（のべること）する。	叙述	「叙」には「のべる」という意味がある
20	クローン技術の危険性が**ケンザイカ**（はっきりとあらわれること）した。	顕在化	対「潜在化《センザイカ》」
21	**エモノ**（漁や狩猟でしとめるもの）を狙う猟師の鋭いまなざし。	獲物	「獲」—音カク 「捕獲《ホカク》」など
22	新聞に随筆を**ノ**（紙面に書き記す）せる。	載	音サイ 「記載《キサイ》」など
23	大雨で川の水が**ニゴ**（不透明になる）る。	濁	対「澄む」
24	腰を**ス**（さだめる）えて仕事に取り組む。	据	「腰を据える」は「どっしり構える」
25	モーツァルトは神童の**ホマ**（名声）れが高かった。	誉	「出藍《シュツラン》の誉れ」は「師を超えたという名声」

3 書く⑭

□ 1 世の**フジョウリ**を嘆く。
筋道が通らないこと
［不条理］
類「不合理《フゴウリ》」「背理《ハイリ》」

□ 2 火山の噴火によって**カイメツ**した都市。
くずれてほろびること
［壊滅］
「潰滅」とも書く

♕ 3 クレームに対して**ジンソク**に対応する。
きわめてはやいさま
［迅速］
「速」―訓はや(い)
すみ(やか)

□ 4 十年に一人の**イツザイ**だと評判の投手。
優れた才能を持つ人物
［逸材］
「逸品《イッピン》」は「絶品」と同じ意味

□ 5 台風が**ジンダイ**な被害をもたらした。
程度が極めておおきいさま
［甚大］
「甚」―訓はなは(だしい)

□ 6 才能の**コカツ**に悩む小説家。
尽き果ててなくなること
［枯渇］
「枯」―訓か(れる)
「渇」―訓かわ(く)

□ 7 入試に出される**ヒンド**の高い漢字。
同じことが繰り返しておこるどあい
［頻度］
「頻発《ヒンパツ》」は「しきりにおこること」

□ 8 証人を議会に**カンモン**する。
呼び出してといただすこと
［喚問］
「喚」には「呼ぶ」という意味がある

□ 9 被害者に**バイショウ**金を払う。
損害をつぐなうこと
［賠償］
「賠」には「欠損部を補う」という意味がある

□ 10 会社の設立に**サンカク**する。
けいかくに加わること
［参画］
「参」―訓まい(る)

□ 11 こんなところで会うとは**キグウ**だ。
思いがけず出会うこと
［奇遇］
「遇」には「偶然出会う」という意味がある

□ 12 他人の**リョウブン**を侵してはならない。
力の及ぶ範囲
［領分］
「領」には「物事のだいじなところ」という意味がある

□ 13 駄目だと決めつけるのは**ソウケイ**に過ぎる。（軽率な考え）
［早計］
「尚早《ショウソウ》」は「時機を得ずはやすぎること」

□ 14 企業に**リレキショ**を送る。（けいれきを記したぶんしょ）
［履歴書］
類「経歴書《ケイレキショ》」

□ 15 各地に**サンケン**する風習を調査する。（ちらほらとみえること）
［散見］
「四散《シサン》」は「ちりぢりになること」

♛ 16 立《た》ち退《の》きに伴い、**ダイタイ**地を提示される。（ほかのものでかえること）
［代替］
「代」―訓か(える)
「替」―訓か(える)

□ 17 茶柱がたつと**エンギ**がいいといわれる。（吉凶の前兆）
［縁起］
「縁起を担ぐ」は「縁起のよしあしを気にする」

□ 18 考えた**アゲク**、挑戦を諦める。（結局）
［挙句］
「挙句の果て」は、「最後の最後には」という意味

♛ 19 外部の情報を**シャダン**する。（さえぎりとめること）
［遮断］
「遮」―訓さえぎ(る)

□ 20 一方的な抑圧は人心の**リハン**を招く。（はなれそむくこと）
［離反］
「離」―訓はな(れる)
「反」―訓そ(る)

□ 21 あえて苦言を**テイ**する。（さしだす）
［呈］
「活況を呈する」は「活気を示す」

□ 22 旧市街は昔の**ナゴリ**をとどめている。（過ぎ去った物事の気配がのこっていること）
［名残］
「名残惜しい」は「別れがつらい」

□ 23 椰子《やし》の実が波間に**タダヨ**う。（浮かんでゆらぐ）
［漂］
音ヒョウ 「漂流《ヒョウリュウ》」など

□ 24 **ユル**い坂道を自転車でのぼる。（なだらかだ）
［緩］
音カン 「緩急《カンキュウ》」など

□ 25 かつては**モ**に服す期間が定められていた。（人の死後、その近親者が一定期間身を慎むこと）
［喪］
「喪《も》服《フク》」は「喪中の人や弔問者が着る服」

3 書く⑮

□ 1	喫煙によって健康上のヘイガイ《悪いこと》が生じる。	弊害	「貨幣《カヘイ》」の「幣」と混同しないように
□ 2	ケッシュツ《とびぬけて優れていること》した才能の持ち主。	傑出	「傑」には「ひときわ優れている」という意味がある
□ 3	注意がサンマン《とりとめのないさま》になる。	散漫	「自慢《ジマン》」の「慢」と混同しないように
□ 4	町内会の会費をチョウシュウ《金銭などを集めること》する。	徴収	「徴」には「要求する」という意味がある
□ 5	農作物を荒らす動物をホカク《いけどりにすること》する。	捕獲	「捕」―訓 つか(まえる) と(らえる)
□ 6	ネンチャク《ねばりつくこと》力の強いテープで梱包《こんぽう》する。	粘着	「粘」―訓 ねば(る)
□ 7	貨物船で物資を大量にウンパン《人や物をはこぶこと》する。	運搬	「搬」には「はこぶ」という意味がある
□ 8	遠方からの客をカンタイ《手厚いもてなし》する。	歓待	「款待」とも書く
□ 9	セイジャク《しずかでひっそりしていること》に満ちた寺院の境内。	静寂	「寂」―訓 さび(しい) さび(れる)
□ 10	同種の事例はマイキョ《一つ一つ数え上げること》にいとまがない。	枚挙	「枚挙にいとまがない」は「一つ一つ数えきれないほど多い」
□ 11	大臣の発言をめぐってハモン《影響》が広がる。	波紋	「波がある」は「起伏がある」
□ 12	体を動かすとタイシャ《古いものと新しいものとが入れ替わること》がよくなる。	代謝	「新陳《シンチン》代謝」という形でよく使う

13 鳥羽僧正《とばそうじょう》の筆と伝えられる『鳥獣《ちょうじゅう》**ギガ**』。（こっけいな絵）

14 科学の功罪を**ソウカツ**する。（全体を検討・評価すること）

15 **イゼン**として容態は予断を許さない。（あいかわらずであるさま）

16 **ケショウ**を施された祭りの稚児《ちご》たち。（べにやおしろいなどで顔を装うこと）

17 誰が犯人か**カイモク**見当がつかない。（まったく）

18 亡き人を**シボ**する心を抑えがたい。（恋しくなつかしくおもうこと）

19 親友に真情を**トロ**する。（包み隠さず述べること）

20 環境破壊に**ハクシャ**をかけるような政策。（馬の腹を刺激し速力をださせるもの）

21 宗教上の**イマシ**めを破る。（あやまちのないように前もって与える注意）

22 セーターを編むための毛糸を**ク**る。（巻き取る）

23 **タタミ**替えをして新年を迎える。（わらといぐさで作った厚い敷物）

24 春の**イブキ**を感じる。（活動の気配）

25 人ごみの中を**ヌ**って走る。（すきまを曲折しながら通る）

13	戯画	「戯」―訓 たわむ(れる)
14	総括	「括」には「くくる」という意味がある
15	依然	「旧態《キュウタイ》依然」は「昔のままで、進歩や発展のないさま」
16	化粧	「粧」には「よそおう」という意味がある
17	皆目	多くの場合、下に打ち消しの語を伴う
18	思慕	「慕」―訓 した(う)
19	吐露	「暴露《バクロ》」は「秘密があらわになること」
20	拍車	「拍車をかける」は「物事の進行を一段と進める」
21	戒	ここでは「戒律《カイリツ》」に似た意味
22	繰	「繰り言」は「愚痴」のこと
23	畳	「畳みかける」は「物事を続けざまにする」
24	息吹	本来は「いきをふく」という意味
25	縫	音 ホウ 「裁縫《サイホウ》」など

3 書く⑯

1 努力の成果が**ニョジツ**《じじつそのままであるさま》にあらわれる。
2 長時間にわたって**コウソク**《自由を制限すること》された。
3 **シンエン**《おくぶかいこと》な思想が込められた哲学書。
4 話に何の**ミャクラク**《すじみち》もない。
5 **ミトウ**《まだ誰も足をふみいれていないこと》の大陸に挑んだ冒険家。
6 ゴヤはものうげな女性の**シタイ**《すがた》を描いた。
7 大国どうしの**コウソウ**《さからいあらそうこと》が絶えない。
8 あらゆる本を**モウラ**《残らずとりいれること》した理想の図書館。
9 些細《ささい》なミスで計画が**スイホウ**《みずのあわ》に帰した。
10 **フクメン**《布などで顔をおおいつつむこと、またその布》をかぶった劇中の人物。
11 ドラマの中の**チンプ**《ありふれて古くさいさま》なせりふ。
12 安全運転を**レイコウ**《決まったことをその通りにじっこうすること》する。

1 [如実] 「欠如《ケツジョ》」は「欠けて足りないこと」
2 [拘束] 「拘」には「とらえる」という意味がある
3 [深遠] 類「深奥《シンオウ》」
4 [脈絡] 「脈がある」は「見込みがある」
5 [未踏] 「人跡《ジンセキ》未踏」などと用いられる
6 [姿態] 「肢体《シタイ》」は「手足」もしくは「全身」のこと
7 [抗争] 「抗」には「張り合う」という意味がある
8 [網羅] 「網」―訓あみ
9 [水泡] 「水泡に帰す」は「努力したことがむだに終わる」
10 [覆面] 「匿名」という意味もある
11 [陳腐] 「珍妙《チンミョウ》」の「珍」と混同しないように
12 [励行] 「励」―訓はげ(ます)

13 死をけがれとみなし、**キヒ**する。（嫌いさけること）
忌避
「忌」—訓 い(む)

14 個人の**サイリョウ**に任せる。（判断し処置すること）
裁量
「裁」—訓 さば(く) た(つ)

15 詩歌において**インリツ**は欠かせない要素だ。（詩の音声的な形式、リズム）
韻律
「韻文《インブン》」は「詩、短歌、俳句」などを指す

16 **イセイシャ**は国民の信任を得る必要がある。（せいじを行うもの）
為政者
「為」には「…をなす」という意味がある

17 剣道の**シンズイ**を究める。（物事の最もだいじなところ）
真髄
「神髄」とも書く

18 どのような体制もやがては**スイビ**する。（おとろえてかすかになること）
衰微
対「興隆《コウリュウ》」

19 科学技術を**トウギョ**することは難しい。（まとめ支配すること）
統御
「御《ギョ》する」は、「自分の思い通りに動かす」

20 中世の宗教音楽に**シンスイ**する。（物事にふけって、こころを奪われること）
心酔
「漱石《そうせき》に心酔する」は「漱石に傾倒する」と同じような意味

21 春は眠気を**モヨオ**しやすい季節だ。（ひきおこす）
催
「挙行する」という意味もある

22 謀反を**クワダ**てる。（計画する）
企
音 キ 「企図《キト》」など

23 **ワズラ**わしい手続きの簡略化を目指す。（こみいっていてめんどうである）
煩
音 ハン・ボン 「煩雑《ハンザツ》」「煩《ボン》悩《ノウ》」など

24 何のためらいもなく前説を**ヒルガエ**す。（態度や説を急に変える）
翻
「翻意《ホンイ》」は「一旦決心したことを変えること」

25 幼いころから計算力を**ツチカ**う。（養い育てる）
培
音 バイ 「培養《バイヨウ》」など

3 書く⑰

1. 奇跡が**ゲンゼン**する瞬間を目撃する。（目のまえにあらわれること）
2. 勝つには、**キセン**を制することが大切だ。（事の起ころうとする直前）
3. **インケン**なやり方で人を陥れる。（表面はよく見せかけて内心では悪意をもっているさま）
4. 恩師が急逝し、**アイセキ**の念に堪えない。（悲しみおしむこと）
5. **ダキョウ**することなく自らの理想を貫く。（折り合いをつけること）
6. 新たな問題が**ハセイ**する。（もとのものから分かれて出てくること）
7. 講師の話に大いに**ケイハツ**された。（知識をひらき理解を深めること）
8. 虫が伝染病を**バイカイ**する。（間をとりもつこと）
9. **チンツウ**剤を服用して仕事を続ける。（いたみをしずめること）
10. **エンリョ**ばかりしていては関係は深まらない。（言動を控えめにすること）
11. 損得の**カンジョウ**ばかりする計算高い人間。（前もって計算すること）
12. 五穀豊穣《ほうじょう》を**キガン**する。（神仏にいのりねがうこと）

1. ［現前］「現」—訓 あらわ（れる）
2. ［機先］「機先を制する」は「相手より先に事を行い気勢をくじく」
3. ［陰険］「陰険な目つき」は「意地悪そうな目つき」
4. ［哀惜］「愛惜《アイセキ》」は「大切にして手離すことをおしむこと」
5. ［妥協］「妥」には「穏やか」という意味がある
6. ［派生］「派」には「分かれる」という意味がある
7. ［啓発］類「啓蒙《ケイモウ》」
8. ［媒介］「意に介さない」は「気にかけない」
9. ［鎮痛］「鎮」—訓 しず（める）
10. ［遠慮］「慮」には「考えをめぐらす」という意味がある
11. ［勘定］「勘定ずく」「勘定高い」は「打算的」という意味
12. ［祈願］「祈」—訓 いの（る）「願」—訓 ねが（う）

- □ 13 被疑者には**モクヒケン**がある。（自分に不利益な供述を強要されないけんり）
  【黙秘権】 「黙」―訓だま(る)
- □ 14 偉人の**ショウゾウ**画を飾る。（人物の姿を写したもの）
  【肖像】 「不肖《フショウ》」は「不出来なこと」
- □ 15 人間の言動は矛盾を**ホウガン**している。（つつみふくむこと）
  【包含】 「包」―訓つつ(む) 「含」―訓ふく(む)
- □ 16 一族の**セイスイ**を描いた物語。（さかんになることとおとろえること）
  【盛衰】 「栄枯《エイコ》盛衰」という形でよく使う
- □ 17 **ムイ**に日を過ごしてはいけない。（何もしないでいるさま）
  【無為】 「自然のまま」という意味もある
- □ 18 海外で活躍する**ドウホウ**の報に接する。（おなじ国民や民族）
  【同胞】 「兄弟姉妹」という意味もある
- □ 19 **キョウシュウ**に満ちた北原白秋《きたはらはくしゅう》の童謡。（こきょうや過去をなつかしく思う気持ち）
  【郷愁】 「愁」―訓うれ(える)
- □ 20 **スイソウ**の中で金魚が泳ぐ。（みずをためておく入れ物）
  【水槽】 「浴槽《ヨクソウ》」は「湯ぶね」
- □ 21 人を**イガタ**にはめるような戦時中の教育。（溶かした金属を注入するかた）
  【鋳型】 「鋳型にはめる」は「個性のない人間を作りあげる」
- □ 22 開校記念日に校旗を**ア**げる。（空に高くかかげる）
  【揚】 ここでは「掲揚《ケイヨウ》」の意味
- □ 23 都市に人口が著しく**カタヨ**る。（つりあいを欠く）
  【偏】 「偏見《ヘンケン》」は「かたよった見方」
- □ 24 民主主義が衆愚政治に**ダ**する。（よくない状態におちいる）
  【堕】 「怠惰《タイダ》」の「惰」や「墜落《ツイラク》」の「墜」と混同しないように
- □ 25 度重なる不祥事に**イキドオ**る。（怒る）
  【憤】 ここでは「憤慨《フンガイ》」の意味

3 書く⑱

1 **ジンジョウ**（普通であるさま）な手段では解決がつかない。
［尋常］
「尋」―[訓]たず(ねる)

2 戦後の風俗の**ヘンセン**（移りかわり）をたどる。
［変遷］
「左遷《サセン》」は「低い地位・官職に降格すること」

3 **コウケツ**（精神がけだかくいさぎよいさま）な人柄で知られる政治家。
［高潔］
「潔」―[訓]いさぎよ(い)

4 かろうじて**ツイラク**（たかいところからおちること）を免れる。
［墜落］
「堕落《ダラク》」の「堕」と混同しないように

5 東西の文化が**ユウゴウ**（一つにとけあうこと）する。
［融合］
「融」には「とける」という意味がある

6 鮭《さけ》は**セイショク**（うみふやすこと）のために川を遡る。
［生殖］
「殖」―[訓]ふ(やす)
「植」と混同しないように

7 我が子への**ギャクタイ**（むごい扱いをすること）が社会問題になる。
［虐待］
「敵対《テキタイ》」の「対」と混同しないように

8 外界から**カクゼツ**（かけはなれていること）された土地に入植する。
［隔絶］
「隔」―[訓]へだ(たる)
「絶」―[訓]た(える)

9 坂道を全力で**シッソウ**（ひじょうに速くはしること）する。
［疾走］
「疾病」は「シッペイ」と読む

10 学歴**ヘンチョウ**（物事の一面だけをおもんじること）を改める。
［偏重］
「偏」―[訓]かたよ(る)

11 **ハンザツ**（こみいってわずらわしいさま）な手続きに嫌気がさす。
［煩雑］
「繁雑《ハンザツ》」は「物事が多くごたごたしていること」

12 教授から**スイショウ**（優れた点をほめて人にすすめること）された本を購入する。
［推奨］
「推」―[訓]お(す)

□ 13 日本では**カモク**であることが美徳とされた。
口数が少ないさま

□ 14 芸術には人々を**トウスイ**させる力がある。
うっとりすること

□ 15 失意のあまり**クウキョ**な毎日を送る。
内容や価値がないさま

□ 16 沸騰した海水から結晶が**セキシュツ**する。
溶液から結晶が分離してでてくること

□ 17 人事を**サッシン**して巻き返しを図る。
わるい点を取り除いてあたらしくすること

□ 18 運動によって体の**シボウ**をおとす。
動植物に含まれるあぶら

□ 19 **シュウアク**な姿をさらす。
みにくいさま

□ 20 寄付を**ツノ**る。
広く求める

□ 21 日々の鍛錬を**オコタ**ることがない。
なまける

□ 22 全軍の指揮を**ト**る。
おこなう

□ 23 夢を**アキラ**めることができない。
断念する

□ 24 子どもは**ホ**められることで伸びる。
たかく評価する

□ 25 夢が大きく**フク**らむ。
ふくれて大きくなる

13 [寡黙] 類「寡言《カゲン》」

14 [陶酔] 類「陶然《トウゼン》」

15 [空虚] 「空」「虚」ともに「むなしい」という意味がある

16 [析出] 「析」には「細かく切りわける」という意味がある

17 [刷新] 「刷」―訓す(る)

18 [脂肪] 「脂」「肪」ともに「あぶら」という意味がある

19 [醜悪] 「醜」―訓みにく(い)

20 [募] 「寂しさが募る」は「ますます寂しくなる」

21 [怠] 音タイ 訓なま(ける)

22 [執] 音シツ・シュウ 「執行《シッコウ》」「執念《シュウネン》」など

23 [諦] 音テイ 「諦念《テイネン》」など

24 [褒] 「毀誉褒貶《キヨホウヘン》」は「けなすこととほめること」

25 [膨] 音ボウ 「膨張《ボウチョウ》」など

3 書く⑲

	問題	解答	解説
1	**ザットウ**(ひとごみ)のなかで我が子を見失う。	雑踏	「踏」―訓ふ(む)
2	ミロのビーナスを美の**キョクチ**(この上ないこと、きわみ)と見なす。	極致	「極《キョク》地《チ》」は「はての土地」、「局《キョク》地《チ》」は「限られた範囲の土地」
3	故人を慕う人の**チョウモン**(死者の遺族を訪ねてくやみを言うこと)が絶えない。	弔問	「弔」―訓とむら(う)
4	寒波の到来で、路面が**トウケツ**(こおりつくこと)する。	凍結	「資産の凍結」は「資産の移動や使用を一定期間禁止すること」
5	**ヒンパン**(たびたび繰り返されるさま)に病室を訪れ、勇気づける。	頻繁	「頻発《ヒンパツ》」は「しきりに事が起こること」
6	敵の内情を**テイサツ**(ひそかに敵の様子をさぐること)する。	偵察	「偵」には「様子をさぐる」という意味がある
7	自信**カジョウ**(多すぎるさま)が身を滅ぼす。	過剰	「剰」には「あまる」という意味がある
8	植物の生育に適した**シツジュン**(しつけの多いさま)な気候。	湿潤	「湿」―訓しめ(る) 「潤」―訓うるお(す)
9	全集が**チクジ**(順を追って)刊行される。	逐次	類「順次《ジュンジ》」
10	騒動の**カチュウ**(もめごとのただなか)にいる人物。	渦中	「渦」―訓うず
11	自然主義文学の**ケイフ**(物や人のつながり)について調べる。	系譜	「系図《ケイズ》」という意味もある
12	**ゾウリ**(わらなどで編んだはきもの)の鼻緒が切れる。	草履	「履」―訓は(く)

13 桃太郎《ももたろう》が鬼を**セイバイ**（こらしめること）する。

14 かつて**ボウセキ**（糸をつむぐこと、織物産業）でにぎわった町。

15 **ブジョク**（あなどりはずかしめること）された若者が決闘を申し込む。

16 **ジョウチョウ**（くどくどとながいさま）なだけの話に閉口する。

17 悪の**オンショウ**（よくない物事の発生しやすい環境）を根絶やしにする。

18 思いがけない困難に**ソウグウ**（不意に出会うこと）する。

19 仕事に**ボウサツ**（きわめていそがしいこと）される。

20 見事に紅葉した**ケイコク**（たに）を歩く。

21 疲れのために動作が**カンマン**（ゆるやかなさま）になる。

22 一刻の**ユウヨ**（実行の期日を延ばすこと）もならない。

23 資格を有することが**ヒッス**（なくてはならないこと）の条件だ。

24 法の**アミ**（人や物をとらえるためにはりめぐらしたもの）をかいくぐって不正が行われる。

25 モーツァルトは天才と**ショウ**（ほめたたえる）された。

---

13 成敗
「喧嘩両《ケンカリョウ》成敗」は「けんかした者双方を処罰すること」

14 紡績
「紡積」と書かないようにしよう

15 侮辱
「侮」―訓あなど(る)

16 冗長
「冗漫《ジョウマン》」は「表現がだらだらとしてしまりのないこと」

17 温床
「床」―訓とこ・ゆか

18 遭遇
「一隅《イチグウ》」の「隅」や「偶然《グウゼン》」の「偶」と混同しないように

19 忙殺
「相殺」は「ソウサイ」と読む

20 渓谷
「渓」には「谷川」という意味がある

21 緩慢
「緩」―訓ゆる(い)

22 猶予
「猶」には「延ばす」という意味がある

23 必須
「ヒッシュ」とも読む

24 網
音モウ 「網羅《モウラ》」など

25 称
「対称《タイショウ》」は「ものとものとが釣り合っている状態」

3

書く ⑳

1. □ **ヒフ**の色の違いで差別してはならない。
   （体の表面をおおっているかわ）
   〔皮膚〕
   「膚」には「肌」「表面」という意味がある

2. □ 『嵐《あらし》が丘《おか》』に描かれた**コウリョウ**たる風景。
   （あれはててものさびしいようす）
   〔荒涼〕
   「涼」―訓すず(しい)

3. □ 人権**ヨウゴ**の必要性を訴える。
   （かばい守ること）
   〔擁護〕
   「抱擁《ホウヨウ》」は「両腕で抱きかかえること」

4. □ 能率を重んじる人は時間の**ロウヒ**を嫌う。
   （むだづかい）
   〔浪費〕
   類「乱費《ランピ》」(濫費)

5. □ 日常が**コクメイ**に記された日記を読む。
   （こまかく丹念なさま）
   〔克明〕
   「克服《コクフク》」は「努力して困難に打ち勝つこと」

6. □ 王朝の**コウボウ**が描かれた長大な物語。
   （おこることとほろびること）
   〔興亡〕
   「興」―訓おこ(る)
   「亡」―訓な(い)

7. □ 人は生物に**ホウセツ**される存在にすぎない。
   （ある概念がより一般的な概念に含まれること）
   〔包摂〕
   「摂」には「枠の中におさめる」という意味がある

8. □ **カンレキ**を迎えた祖母のお祝いをする。
   （六十歳）
   〔還暦〕
   満六十年でうまれた年の干《え》支《と》にかえることから

9. □ 長年にわたる善行を**ショウヨウ**する。
   （ほめたたえること）
   〔称揚〕
   「賞揚」とも書く

10. □ 剣道で全国**セイハ**を達成する。
   （競争者を負かすこと）
   〔制覇〕
   「覇者《ハシャ》」は「力で天下を制した者」

11. □ 英雄の偉業を**ライサン**する。
   （すばらしいと思ってほめたたえること）
   〔礼賛〕
   「レイサン」とは読まないので注意しよう

12. □ 情け**ヨウシャ**なく借金を取り立てる。
   （手加減すること）
   〔容赦〕
   「赦」には「ゆるす」という意味がある

□ 13 **ロボウ**に咲くたんぽぽの花。（みちばた）
［路傍］
「傍」―訓かたわ(ら)

□ 14 **コウキュウ**の平和を祈念する。（いつまでも変わらずに続くこと）
［恒久］
類「永久《エイキュウ》」

□ 15 老人会の**イアン**旅行に出かける。（心をやすらかにすること）
［慰安］
「慰」―訓なぐさ(める)

□ 16 体が**ヒヘイ**しきっている。（つかれよわること）
［疲弊］
「貨幣《カヘイ》」の「幣」と混同しないように

□ 17 核兵器の**テッパイ**を訴える。（とりのぞきやめること）
［撤廃］
「徹底《テッテイ》」の「徹」と混同しないように

□ 18 餅がのどにつまり**チッソク**しかかった。（いきがつまること）
［窒息］
「窒」には「ふさがる」という意味がある

□ 19 小競り合いから流血の**サンジ**となる。（むごたらしいできごと）
［惨事］
「惨」―訓みじ(め)

□ 20 市民運動の**ソセキ**を築いた人物。（ものごとの土台となるもの）
［礎石］
「礎」―訓いしずえ

□ 21 講和条約を**テイケツ**する。（契約や条約をとりむすぶこと）
［締結］
「締」―訓し(める)
「結」―訓むす(ぶ)・ゆ(う)

□ 22 卑怯《ひきょう》な言い逃れをする者を**イッカツ**する。（大声でしかりつけること）
［一喝］
「一括《イッカツ》」は「ひとまとめにすること」

□ 23 政界と財界の**ユチャク**が問題となる。（不正に深くつながりあうこと）
［癒着］
「癒」―訓い(える)
い(やす)

□ 24 怒りで声を**フル**わせる。（小刻みに動かす）
［震］
音シン　「地震《ジシン》」など

□ 25 魚が**コ**げる臭いがする。（焼けて黒くなる）
［焦］
「身を焦がす」は「恋慕の情に苦しむ」

3

意味から考えるテスト⑤

くりかえし

※120〜139ページから出題しています。

1 さけられないこと［ふかひ］
2 ふりはば［しんぷく］
3 閉じること［ふういん］
4 くるしい立場［きゅうち］
5 定められた運命［いんねん］
6 中身がないこと［くうそ］
7 代々受け継ぐこと［せしゅう］
8 まねること［もほう］
9 普通のやり方［じょうき］
10 自分のものとする［はく］する

11 将来に備えた準備［ふせき］
12 かさなりつもること［るいせき］
13 さらけだすこと［ろてい］
14 優れた才能を持つ人物［いつざい］
15 なだらかだ［ゆる］い
16 ありふれて古くさいさま［ちんぷ］
17 とりとめのないさま［さんまん］
18 ひきおこす［もよお］す
19 手厚いもてなし［かんたい］
20 くずれてほろびること［かいめつ］

21 きわめていそがしいこと［ぼうさつ］
22 さしだす［てい］する
23 のべること［じょじゅつ］
24 とびぬけて優れていること［けっしゅつ］
25 折り合いをつけること［だきょう］
26 軽率な考え［そうけい］
27 こまかく丹念なさま［こくめい］
28 実行の期日を延ばすこと［ゆうよ］
29 すじみち［みゃくらく］
30 つつみふくむこと［ほうがん］

31 つりあいを欠く [かたよ]る
32 まったく [かいもく]
33 間をとりもつこと [ばいかい]
34 呼び出してといただすこと [かんもん]
35 普通であるさま [じんじょう]
36 スムーズに進むさま [えんかつ]
37 残らずとりいれること [もうら]
38 とりのぞきやめること [てっぱい]
39 まとめ支配すること [とうぎょ]
40 いつまでも変わらずに続くこと [こうきゅう]

41 怒る [いきどお]る
42 ひとごみ [ざっとう]
43 嫌いさけること [きひ]
44 なまける [おこた]る
45 移りかわり [へんせん]
46 うっとりすること [とうすい]
47 損害をつぐなうこと [ばいしょう]
48 口数が少ないさま [かもく]
49 広く求める [つの]る
50 悲しみおしむこと [あいせき]

[解答]

1 不可避 2 振幅 3 封印 4 窮地 5 因縁 6 空疎 7 世襲 8 模倣 9 常軌 10 博 11 布石 12 累積 13 露呈 14 逸材 15 緩 16 陳腐

17 散漫 18 催 19 歓待 20 壊滅 21 忙殺 22 呈 23 叙述 24 傑出 25 妥協 26 早計 27 克明 28 猶予 29 脈絡 30 包含 31 偏 32 皆目 33 媒介

34 喚問 35 尋常 36 円滑 37 網羅 38 撤廃 39 統御 40 恒久 41 憤 42 雑踏 43 忌避 44 怠 45 変遷 46 陶酔 47 賠償 48 寡黙 49 募 50 哀惜

3

書く㉑

□ 1 **ゲンシュク**な雰囲気の中で式が行われる。
おごそかで心がひきしまるさま
［厳粛］
「厳」「粛」ともに「おごそか」という意味がある

□ 2 委員長に**スイセン**される。
よいと思う人などをほかの人にすすめること
［推薦］
「薦」—訓すす(める)

□ 3 速乾性に優れた化学**センイ**を開発する。
織物の原料となる細い糸状の物質
［繊維］
「繊」には「細いすじ」という意味がある

□ 4 **オウヘイ**な客にも丁寧な態度で接する。
ぶれいな態度をとるさま
［横柄］
「横」には「道理に従わない」という意味がある

□ 5 台風のために家屋が**ソンカイ**する。
こわれること
［損壊］
「損」—訓そこ(なう)
「壊」—訓こわ(れる)

□ 6 レントゲンを**ショウシャ**する。
光線やほうしゃせんなどを当てること
［照射］
「照」—訓て(る)
「射」—訓い(る)

□ 7 なんの**ヘンテツ**もない日常こそが大切だ。
かわっていること
［変哲］
「変哲もない」は「取り立てて言うこともない」

□ 8 自らの非を痛感し、**カイコン**の情にくれる。
くやむこと
［悔恨］
「悔」—訓く(いる)
くや(しい)

□ 9 **コウハン**な知識を持つ学者。
はばひろいこと
［広範］
「範」には「わく」「手本」という意味がある

□ 10 宇宙は**ボウチョウ**し続けているという。
ふくれてひろがること
［膨張］
「膨脹」とも書く

□ 11 西欧人は非西欧の文明を**ヤバン**とみなした。
文化が開けていないこと
［野蛮］
「蛮」には「粗野」という意味がある

□ 12 放置自転車を**テッキョ**する。
とりのぞくこと
［撤去］
「徹底《テッテイ》」の「徹」と混同しないように

□ 13 すべてを**ホウカツ**した概念。
（ひっくるめること）
包括
「括」には「くくる」という意味がある

□ 14 王者に**カカン**に立ち向かう挑戦者。
（思いきりがよく、ゆうかんなさま）
果敢
「敢」には「あえて…する」という意味がある

□ 15 人生の**キロ**に立つ。
（わかれ道）
岐路
「帰路《キロ》」は「帰り道」

□ 16 富貴を求めず、**セイヒン**に甘んずる。
（行いが潔白であるために、まずしいこと）
清貧
「清」―訓きよ(い)
「貧」―訓まず(しい)

□ 17 寮内の規律について**クンカイ**を垂れる。
（さとしいましめること）
訓戒
「戒」―訓いまし(める)

□ 18 権力者に**レイゾク**することを拒絶する。
（他の支配下にあること）
隷属
類「従属《ジュウゾク》」

□ 19 何か**コンタン**がありそうな顔つき。
（たくらみ）
魂胆
「魂」―訓たましい

□ 20 神社**ブッカク**を訪れると心が安まる。
（寺の建物）
仏閣
「閣」には「高い建物」という意味がある

□ 21 在庫**イッソウ**のバーゲンが開催される。
（いちどに払いのけること）
一掃
「掃」―訓は(く)

□ 22 **ス**ける布地でドレスを作る。
（物をとおして向こうのものが見える）
透
音トウ　「透明《トウメイ》」など

□ 23 後を**タク**すべきすばらしい人材。
（あずける）
託
「思いを歌に託す」は「歌の形を借りて思いを表す」

□ 24 とっさのことで返答に**キュウ**する。
（いきづまる）
窮
「生活に苦しむ」という意味もある

□ 25 **スミ**から**スミ**まで探したが見つからない。
（はし）
隅
「隅に置けない」は「おもいのほか優れていてあなどれない」

3 書く㉒

1. □ **ビボウロク**に明後日の予定を書き込む。
   わすれたときのために書きとめておくノート
2. □ 早めに**トウジョウ**手続きを済ませる。
   飛行機や船にのりこむこと
3. □ **ゾウキ**移植をめぐる議論に加わる。
   体の内部にあるきかん
4. □ 理不尽な仕打ちに**フンガイ**する。
   ひどく怒ること
5. □ 文武両道を**ショウレイ**する。
   すすめはげますこと
6. □ 説明を受けてもまだ**シャクゼン**としない。
   疑いやうらみがとけてさっぱりするさま
7. □ ストレスは**メンエキ**力を低下させる。
   感染症に対して抵抗力を獲得する現象
8. □ 敵を完膚《かんぷ》なきまでに**フンサイ**する。
   徹底的に打ち破ること
9. □ 年老いた両親を**フヨウ**する。
   生活のめんどうをみること
10. □ **ボンヨウ**な人物に光を当てた戯曲。
    へいぼん
11. □ 職権の**ランヨウ**が問題となる。
    みだりにもちいること
12. ♔ 経営が**ハタン**する。
    物事がうまくいかなくなること

1. 〔備忘録〕 「録」には「しるす」という意味がある
2. 〔搭乗〕 「搭載《トウサイ》」は「車などに荷物をのせること」
3. 〔臓器〕 「臓」には「はらわた」という意味がある
4. 〔憤慨〕 「憤」―訓いきどお(る)
5. 〔奨励〕 「励」―訓はげ(ます)
6. 〔釈然〕 「釈然としない」という形でもちいられることが多い
7. 〔免疫〕 「疫」には「流行病」という意味がある
8. 〔粉砕〕 「粉」―訓こな・こ
9. 〔扶養〕 「扶」には「助ける」という意味がある
10. 〔凡庸〕 「中庸《チュウヨウ》」は「かたよらず穏当なさま」
11. 〔濫用〕 「乱用」とも書く
12. 〔破綻〕 「綻」―訓ほころ(びる)

□ 13 真に平等な社会の実現は**シナン**《この上なくむずかしいこと》のわざだ。
［至難］
「至福《シフク》」は「この上なく幸福なこと」

□ 14 自由**ホンポウ**《思うままに振る舞うさま》な生きかたに憧れる。
［奔放］
「東奔西走《トウホンセイソウ》」は「ほうぼうをかけめぐること」

□ 15 経費が**ボウダイ**《非常におおきいさま》な額になる。
［膨大］
「膨」―訓ふく(らむ)

□ 16 敷地の**イチグウ**《かたすみ》に犬小屋を建てる。
［一隅］
「隅」―訓すみ

□ 17 極度のインフレがようやく**チンセイ**《落ち着いてしずかなこと》する。
［沈静］
「鎮静《チンセイ》」は「騒ぎや動転した気持ちを落ち着かせること」

□ 18 政界に**ケイキ**《引き続いておこること》する疑惑の数々を取材する。
［継起］
「契機」は「きっかけ」

□ 19 仏の**ジヒ**《いつくしむ心》にすがって往生を願う。
［慈悲］
「慈」―訓いつく(しむ)

□ 20 **キカ**《図形や空間に関するせいしつを研究する学問》学に興味を持つ。
［幾何］
「幾何」は「いくばく」とも読む

□ 21 地球誕生以来の**ユウキュウ**《果てしなく長く続くこと》の時を思う。
［悠久］
「悠」には「はるか」という意味がある

□ 22 亡き師の教えを**メイキ**《心に刻みつけて忘れないこと》する。
［銘記］
「座右《ザユウ》の銘」は「常に身近にそなえて戒めとする言葉」

□ 23 口が**サ**《すじのように切れて二つに分かれる》けても言わないと誓う。
［裂］
音レツ　「分裂《ブンレツ》」など

□ 24 多くの人は身内には甘く他人には**カラ**《厳しい》い。
［辛］
音シン　「辛辣《シンラツ》」は「きわめて手厳しいこと」

□ 25 人里に下りてきた熊が人を**オソ**《不意に危害を加える》う。
［襲］
音シュウ　「地位などをうけつぐ」という意味もある

3

書く㉓

1. **カンペキ**な人などいない。（まったく欠点がないさま）
　［完璧］「壁画《ヘキガ》」の「壁」と混同しないように
2. 共生のための**ホウト**を見出す。（解決するためのほうほう）
　［方途］「途」には「道」という意味がある
3. 地下牢《ちかろう》に**ユウヘイ**される。（人を建物の中などにとじこめること）
　［幽閉］「幽」には「とじこめる」という意味がある
4. 先住民の**クジュウ**に満ちた人生をたどる。（物事がうまく進まず、くるしみ悩むこと）
　［苦渋］「渋」—訓しぶ(い)
5. 物質的な繁栄の陰で人心が**コウハイ**する。（あれはてること）
　［荒廃］「廃」—訓すた(れる)
6. **ヘンキョウ**な考えを改める。（度量がせまいさま）
　［偏狭］「偏」—訓かたよ(る)　「狭」—訓せば(まる)　せま(い)
7. 交渉相手は態度を急に**コウカ**させた。（意見や態度などが強引になること）
　［硬化］対「軟化《ナンカ》」
8. **サギ**を働いた犯人が自首する。（他人をだまし、金品などをとりあげること）
　［詐欺］「欺」—訓あざむ(く)
9. 目標もなく**ダセイ**で暮らしている。（いままでの勢いや習慣）
　［惰性］「堕落《ダラク》」の「堕」と混同しないように
10. 梅雨時は細菌が**ゾウショク**しやすい。（生物の個体や細胞がふえること）
　［増殖］「移植《イショク》」の「植」と混同しないように
11. 古代人が葬られた**フンボ**の跡を発掘する。（はか）
　［墳墓］「墳墓の地」は「故郷」のこと
12. 藤壺《ふじつぼ》は光源氏《ひかるげんじ》の亡き母に**コクジ**していた。（そっくりなこと）
　［酷似］「酷暑《コクショ》」は「ひどく暑いこと」

□ 13 **ジュンタク**な資金を持つ企業。
物などが豊富にあるさま
［潤沢］
「潤」—訓 うるお(う) うる(む)

□ 14 劣等感を創作意欲へと**ショウカ**させる。
感情などが価値あるものになること
［昇華］
「固体が直接気体になること」という意味もある

□ 15 こわれた屋根を**シュウゼン**する。
つくろいなおすこと
［修繕］
「繕」—訓 つくろ(う)

□ 16 契約が**リコウ**される。
決めたことを実際におこなうこと
［履行］
「履」—訓 は(く)

17 **ゴウマン**な態度はその人自身を下品に見せる。
おごり高ぶって人をみくだすこと
［傲慢］
類「高慢《コウマン》」

□ 18 山での**ソウナン**が絶えない。
災いにであうこと
［遭難］
「難」—訓 かた(い) むずか(しい)

□ 19 言葉の**ショウヘキ**を乗り越えて結ばれる。
妨げとなるもの
［障壁］
類「障害《ショウガイ》」

□ 20 **スウコウ**な理念を抱く。
けだかく尊いさま
［崇高］
「崇」には「高い」「尊ぶ」という意味がある

□ 21 事の**セイヒ**を見定める。
ただしいかそうでないか
［正否］
「否」—訓 いな

□ 22 **オクソク**で話してはいけない。
いいかげんな推量
［憶測］
「臆測」とも書く

□ 23 息を**ツ**めて熱演に見入る。
ふさぐ
［詰］
「息を詰める」は「呼吸を一時止める」

□ 24 楽しい旅になるように心を**クダ**く。
あれこれ思い悩む
［砕］
音サイ 「砕氷《サイヒョウ》」など

□ 25 言いたいことを言ったら気が**ス**んだ。
用が足りる
［済］
「気が済む」は「満足する」

3 書く㉔

□ 1 **ゴウカ**なパーティーが催される。
ぜいたくではなやかなさま

□ 2 **レイサイ**な企業に援助の手を差し延べる。
きわめて規模の小さいさま

□ 3 消化器の**シッカン**に苦しむ。
病気

□ 4 嵐のために船が**テンプク**する。
ひっくりかえること

□ 5 英語の発音が**メイリョウ**だとほめられる。
はっきりしていること

□ 6 **キュウヘイ**を打破する。
古くからの悪い考えややり方

□ 7 ジャズでは**ソッキョウ**が重視される。
その場ですぐに詩や歌に表すこと

□ 8 熱意にほだされ**コンガン**を聞き入れる。
心から頼みねがうこと

□ 9 『方丈記《ほうじょうき》』に描かれた悲惨な**キガ**の様子。
食べ物の欠乏でうえること

□ 10 **バイシン**員制度が定着する。
一般人が判決に加わる制度

□ 11 あまりに**ヒゲ**しすぎるのも嫌味だ。
へりくだること

□ 12 衰えがちな士気を**コブ**する。
励まし勢いづけること

1 ［豪華］ 「華」―訓 はな

2 ［零細］ 「零」は「ゼロ」のこと

3 ［疾患］ 類「疾病《シッペイ》」

4 ［転覆］ 「覆」―訓 おお(う) くつがえ(る)

5 ［明瞭］ 「一目瞭然《イチモクリョウゼン》」は「一目見てよくわかるさま」

6 ［旧弊］ 「古くさい習慣にとらわれているさま」という意味もある

7 ［即興］ 「即席《ソクセキ》」は「その場」「その場のまにあわせ」

8 ［懇願］ 「懇」―訓 ねんご(ろ)

9 ［飢餓］ 「飢」―訓 う(える) 「餓」にも「うえる」という意味がある

10 ［陪審］ 「賠償《バイショウ》」の「賠」と混同しないように

11 ［卑下］ 類「謙遜《ケンソン》」

12 ［鼓舞］ 類「鼓吹《コスイ》」

13 自らの技量を日々**ケンマ**する。
才能や心身をみがくこと
研磨
「研」―訓と(ぐ)
「磨」―訓みが(く)

14 両者の意見を**セッチュウ**する。
両方のよいところをとって調和させること
折衷
「折中」とも書く

15 勝利の**ヨイン**に浸る。
事が終わった後に残る風情や味わい
余韻
「韻」には「ひびき」という意味がある

16 啄木《たくぼく》は**ヘイソク**した時代の状況を憂えた。
とざされふさがること
閉塞
「塞」には「ふさぐ」という意味がある

17 **カヘイ**に換算できないものも存在する。
商品交換の仲立ちとなるもの
貨幣
「弊害《ヘイガイ》」の「弊」と混同しないように

18 小説の主人公に自らの思いを**カタク**する。
かこつけること
仮託
「託」には「まかせる」や「かこつける」という意味がある

19 **キジ**のままつきあえる友人を持つ。
うまれつきの性質
生地
「生糸《きいと》」は「繭からとったままの絹糸」

20 **ホリョ**になった体験を描いた戦争文学。
戦争で敵につかまった者
捕虜
類「俘虜《フリョ》」 「虜」には「とりこ」という意味がある

21 **ツム**いだ糸を染める。
繭や綿などから繊維を引き出し糸にする
紡
類「紡績《ボウセキ》」

22 相手を**ナグ**ることで解決することなどない。
握りこぶしなどで強く打つ
殴
音オウ 「殴打《オウダ》」など

23 行き倒れになった人を手厚く**ホウム**る。
死体や遺骨を墓所に埋める
葬
「事件を闇に葬る」は「事件を世間から隠す」

24 寝る前に甘いものを食べることが**クセ**になる。
かたよったしこうまたは習慣
癖
音ヘキ 「性癖《セイヘキ》」など

25 **カセ**ぐに追いつく貧乏なし。
精を出して働く
稼
音カ 「稼業《カギョウ》」は「生活費を得るための仕事」

3

書く㉕

1 弱みを握られ、**キョウハク**される。
おどしつけること
［脅迫］
「脅」訓 おど(す) おびや(かす)

2 相手の気まぐれな言動に**ホンロウ**される。
思うままにもてあそぶこと
［翻弄］
「翻」—訓 ひるがえ(る)
「弄」—訓 もてあそ(ぶ)

3 歯並びの**キョウセイ**をする。
悪いところや欠点をなおすこと
［矯正］
「矯」—訓 た(める)

4 優生学には生命に対する**イケイ**の念がない。
おそれうやまうこと
［畏敬］
「畏友《イユウ》」は「尊敬する友人」

5 **ブッソウ**な事件が跡を絶たない。
きけんな感じがするさま
［物騒］
「騒」—訓 さわ(ぐ)

6 採算を**ドガイシ**したセール。
問題にしないこと
［度外視］
「白眼視《ハクガンシ》」は「人を冷たい目で見ること」

7 結局は最初の案に**キチャク**した。
議論などが最終的におちつくこと
［帰着］
「帰する所」は「ゆきつくところ」「結局」という意味

8 報告書には重大な**ギギ**がある。
うたがわしい事柄
［疑義］
「擬」や「議」と混同しないように

9 度重なる汚職を**キュウダン**する。
罪状や不正を問いただして非難すること
［糾弾］
「弾圧《ダンアツ》」は「権力でおさえつけること」

10 敵の**キト**を見抜く。
くわだてること、もくろみ
［企図］
「企」—訓 くわだ(てる)

11 金木犀《きんもくせい》の**ホウコウ**に秋の深まりを覚える。
よいかおり
［芳香］
「芳」—訓 かんば(しい)

12 **トウガイ**事件の関係者に話を聞く。
いま話題になっていることそのもの
［当該］
「当該官庁」などのように名詞の上につく言葉である

13 君主に対して**キョウジュン**の意を表する。
つつしんで従うこと
【恭順】
「恭」―訓うやうや(しい)

14 遠くの**シンセキ**より近くの他人。
血筋や縁組などでつながった一族
【親戚】
類「親類《シンルイ》」

15 **キトク**の状態から奇跡的に持ち直す。
病気が重く、命があやういこと
【危篤】
「重篤《ジュウトク》」は「病状が著しくおもいさま」

16 料理の腕前では他の**ツイズイ**を許さない。
あとをおうこと
【追随】
「随」には「したがう」という意味がある

17 **ジチョウ**的な笑いを浮かべる。
じぶんでじぶんをあざわらうこと
【自嘲】
「嘲」―訓あざけ(る)

18 国連は大国の力を**ヒロウ**する場ではない。
広く発表すること
【披露】
「披瀝《ヒレキ》」は「心の中の考えを隠さず打ちあけること」

19 **ジョウマン**な文章は読む人を退屈させる。
むだが多くまとまりのないさま
【冗漫】
「緩慢《カンマン》」の「慢」と混同しないように

20 いくら**チミツ**に計画しても狂いは生じる。
念入りで不備がないさま
【緻密】
「緻」には「こまかい」「くわしい」という意味がある

21 環境保護に関する条約が**ヒジュン**される。
条約を主権者が最終的に確認する手続き
【批准】
「准」には「認める」「許す」という意味がある

22 資本家から労働者が**サクシュ**される。
労働の成果を奪いとること
【搾取】
「搾」―訓しぼ(る)

23 民事**ソショウ**を起こす。
裁判を請求すること
【訴訟】
「訴」―訓うった(える)
「訟」には「言い争う」という意味がある

24 一寸先は**ヤミ**だ。
先の見通しのつかないこと
【闇】
「闇から闇に葬る」は「表ざたにしないで処理する」

25 身勝手な言動を**ツツシ**む。
過ちがないように控えめにする
【慎】
「酒を慎む」は「酒を控える」

3 書く㉖

□ 1 解決困難な問題が**セイキ**する。
事件や問題がおこること
［生起］
「生まれ、起こる」と覚えよう

□ 2 相手陣営が新人候補を**ヨウリツ**する。
もりたてて位につかせること
［擁立］
「擁」には「だきかかえる」という意味がある

□ 3 **ヨクヨウ**をつけて読む。
調子の上げ下げ
［抑揚］
「抑」―訓おさ(える)
「揚」―訓あ(げる)

□ 4 修行を積み、**ボンノウ**を断つ。
身心をなやますいっさいの欲望
［煩悩］
「煩」―訓わずら(う)

□ 5 ゆとり世代という言い方には**ゴヘイ**がある。
誤解を招きやすい言い方
［語弊］
「貨幣《カヘイ》」の「幣」と混同しないように

□ 6 時計の音だけが聞こえる**カンジャク**な夜。
ひっそりとしていてさびしいさま
［閑寂］
「寂」―訓さび(しい)

□ 7 登録を**マッショウ**される。
けしてなくすこと
［抹消］
「抹」には「こする」「こすってけす」という意味がある

□ 8 政治家の不正を**ダンガイ**する。
罪をあばき責任を追及すること
［弾劾］
類「糾弾《キュウダン》」

□ 9 まだ先のことだと思い**ユウチョウ**に構える。
気のながいさま
［悠長］
「悠」には「のんびりしているさま」という意味がある

□ 10 数字を**ラレツ**するだけでは説得力がない。
連ね並べること
［羅列］
「網羅《モウラ》」は「もらすことなくすべてに及ぶこと」

□ 11 地震で壁に**キレツ**が入る。
ひびわれ
［亀裂］
「裂」―訓さ(ける)

□ 12 『リア王』を**ホンアン**した作品を上演する。
原作の主題を借りて改作すること
［翻案］
「翻」―訓ひるがえ(す)

13 □ 事件に関して、**シキシャ**の見解を聞く。
（ものごとをよくわきまえた人）
［識者］
「見識《ケンシキ》」は「物事の本質を見通す、優れた判断力」

14 □ 先人を**ケンショウ**する碑を建てる。
（功績などを世間に知らせること）
［顕彰］
「顕」「彰」ともに「あきらかにする」という意味がある

15 □ 周囲の人の**チョウショウ**を買う。
（あざけってわらうこと）
［嘲笑］
類「冷笑《レイショウ》」

16 □ あれこれ**センサク**され、不快に思う。
（細かいところまで調べること）
［詮索］
「詮議《センギ》」は「話し合って明らかにすること」

17 □ **カブキ**は江戸の庶民の一番の娯楽だった。
（江戸時代にはったつをとげた日本固有の演劇）
［歌舞伎］
「伎」には「わざ」「俳優」という意味がある

18 □ 膝には大きな**フカ**がかかる。
（ふたんとなること）
［負荷］
「付加」は「つけくわえること」

19 □ 計画通り行かず**ショウソウ**に駆られる。
（あせること）
［焦燥］
「焦」―訓あせ(る) こ(がす)

20 □ **ハッコウ**させたバターを使ったお菓子。
（細菌などの働きで有機化合物が分解する現象）
［発酵］
「酵母《コウボ》」は「発酵をおこす菌」

21 □ **トウテツ**した論理に貫かれた哲学書。
（筋道が通り、あいまいなところがないこと）
［透徹］
「撤回《テッカイ》」の「撤」と混同しないように

22 □ **フクスイ**盆に返らず。
（入れ物がひっくり返ってこぼれたみず）
［覆水］
「覆水盆に返らず」は「取り返しがつかない」

23 □ 商売**ハンジョウ**を願う。
（にぎわい栄えること）
［繁盛］
「繁」には「増えてひろがる」という意味がある

24 □ 銀食器を丹念に**ミガ**く。
（こすって光沢を出す）
［磨］
「腕を磨く」は「腕前を上達させる」

25 □ 身勝手さを思い知り自己嫌悪に**オチイ**った。
（悪い状態になる）
［陥］
音カン 「陥没《カンボツ》」など

3 書く ㉗

1. 戦時下の生活は**コンキュウ**を極めた。（貧乏で苦しむこと）
2. **ザセツ**を知ることで成長できる。（途中でくじけること）
3. 麻薬の**ボクメツ**運動に取り組む。（うちほろぼすこと）
4. **ドレイ**解放のために尽力する。（自由を奪われ支配の下に働かされた人）
5. 向学心**オウセイ**な学生たち。（活力や意欲が非常にさかんなこと）
6. 名人の芸を十分に**タンノウ**した。（十分に満足すること）
7. **コンセキ**をとどめることなく消えた文明。（あとかた）
8. その件は海上保安庁の**カンカツ**外だ。（権限による支配の及ぶ範囲）
9. 我が身の不幸を**レンメン**と訴える。（長く続いて絶えないさま）
10. 事故で**モウマク**が剥離《はくり》する。（視神経の分布しているまく）
11. 典麗な**ヒッチ**で綴《つづ》られた詩文。（文字や文章の書きぶり）
12. 同僚に仕事の**グチ**をこぼす。（言ってもしかたのないことを言って嘆くこと）

1. ［困窮］「困」—訓こま(る)　「窮」—訓きわ(まる)
2. ［挫折］「挫」には「くじける」という意味がある
3. ［撲滅］「撲」には「うつ」「たたく」という意味がある
4. ［奴隷］「金銭の奴隷」は「金銭に心を奪われている人」
5. ［旺盛］「旺」には「存分に広がる」という意味がある
6. ［堪能］「語学に堪能な人」は「語学に秀でた人」
7. ［痕跡］類「形跡《ケイセキ》」
8. ［管轄］「轄」には「枠がはずれないようにおさえる」という意味がある
9. ［連綿］「情緒纏綿《ジョウショテンメン》」は「情緒が深くこまやかで離れにくいさま」
10. ［網膜］「網」—訓あみ
11. ［筆致］「致」—訓いた(す)
12. ［愚痴］「知識《チシキ》」の「知」と混同しないように

□ 13 泣いている子どもを母親が**ホウヨウ**する。
たきかかえること
[抱擁]
「富を擁する」は「富を所有する」

□ 14 **カンキュウ**自在のピッチング。
おそいこととはやいこと
[緩急]
「緩」―訓 ゆる(い)

□ 15 現代社会では情報が**ハンラン**している。
ものがあふれるほど出まわること
[氾濫]
「濫」には「あふれる」「みだれる」という意味がある

□ 16 大統領が**ソゲキ**される。
ねらいうつこと
[狙撃]
「狙」―訓 ねら(う)

□ 17 故人の友として**ツイトウ**の辞を述べる。
死者をしのぶこと
[追悼]
「悼」―訓 いた(む)

□ 18 枯れ葉に**ギタイ**している虫を見つける。
他のものに似た形や色をもつこと
[擬態]
「体制《タイセイ》」の「体」と混同しないように

□ 19 **ホソウ**された道は散歩に適さない。
道路の表面をアスファルトなどで固めること
[舗装]
「装」―訓 よそお(う)

□ 20 村長は**トクジツ**な人柄で知られている。
人情にあつく、せいじつなこと
[篤実]
「篤」には「きまじめ」という意味がある

□ 21 よく似た**ソウボウ**の姉妹。
顔かたち
[相貌]
類「容貌《ヨウボウ》」

□ 22 前回の**ハシャ**を破って優勝する。
競技などで優勝した人やチーム
[覇者]
「武力で天下を征服した人」という意味もある

□ 23 わからないところを友人に**タズ**ねる。
質問する
[尋]
「訪ねる」は「おとずれる」

□ 24 傷つくことを恐れ**カラ**に閉じこもる。
じぶんを包み保護するもの
[殻]
音 カク 「地殻《チカク》」など
「穀」と混同しないように

□ 25 用事で海外に**オモム**く。
向かっていく
[赴]
音 フ 「赴任《フニン》」など

3

書く㉘

□ 1 それぞれの事情を**コリョ**する。（心づかいすること）

□ 2 途上国の**キュウジョウ**を訴える。（困り果てているじょうたい）

□ 3 欲望を捨て、**テイネン**にいたる。（道理を悟る心）

□ 4 旧来の権威が**シッツイ**する。（信用や権威などをおとすこと）

□ 5 身を守るには**オクビョウ**であるべきだ。（ちょっとしたことにも恐れること）

□ 6 事件の全容を**ホソク**した。（とらえること）

□ 7 万全を期し、**セッソク**を避ける。（仕上がりはへただが、はやく仕上がること）

□ 8 著名な哲学者の**シサク**の跡をたどる。（筋道をたどって考えること）

□ 9 陰で**インビ**に行われる差別に注意を向ける。（かすかでわかりにくいさま）

□ 10 **ケイベツ**の眼差《まなざ》しで見られる。（みくだしてばかにすること）

□ 11 大きく**ヘンボウ**を遂げた故郷に驚く。（姿をかえること）

□ 12 家を改築して**ショサイ**をつくる。（本を読んだりかきものをしたりする部屋）

---

1 ［顧慮］ 「顧」―訓 かえり(みる)

2 ［窮状］ 「窮する」は「いきづまる」「生活に苦しむ」という意味

3 ［諦念］ 「あきらめの気持ち」という意味もある

4 ［失墜］ 「墜」には「おちる」という意味がある

5 ［臆病］ 「臆面《オクメン》もなく」は「気後れしたようすもなく」という意味

6 ［捕捉］ 「催促《サイソク》」の「促」と混同しないように

7 ［拙速］ 対「巧遅《コウチ》」

8 ［思索］ 類「思考《シコウ》」

9 ［隠微］ 「隠」―訓 かく(す)

10 ［軽蔑］ 類「軽侮《ケイブ》」

11 ［変貌］ 「貌」には「顔かたちや姿」という意味がある

12 ［書斎］ 「斎」には「物忌みや勉強のためにこもる部屋」という意味がある

□ 13 仕事のカンゲキ（すきま）を縫って美術館に行く。
［間隙］
「隙」には「すきま」「ひま」という意味がある

□ 14 ザンシン（際立ってあたらしいこと）なファッションを着こなす。
［斬新］
「斬」―訓き(る)

□ 15 爽やかな朝日の中でカクセイ（目をさますこと）する。
［覚醒］
「迷いからさめる」という意味もある

□ 16 焼け跡のザンガイ（焼けたり壊れたりしてのこっているもの）から手帳が発見される。
［残骸］
「骸」には「死体」という意味もある

□ 17 飢饉《ききん》により蓄えていた米がフッテイ（すっかりなくなること）する。
［払底］
「底を払う」は「すべてを出しつくす」という意味

□ 18 戸籍トウホン（げんぽんを写した文書）を確認する。
［謄本］
「謄」には「紙を原本の上にのせて写す」という意味がある

□ 19 よきハンリョ（パートナー）を得て、幸せに暮らす。
［伴侶］
「侶」には「肩を並べる仲間」という意味がある

□ 20 ゴショウ（極楽にうまれ変わること）を願い、仏道に励む。
［後生］
「来世《ライセ》」という意味もある

□ 21 音楽は豊かな情操をハグク（成長発展させる）む。
［育］
音イク 「育成《イクセイ》」など

□ 22 エーゲ海の輝きにミ（人の心を引きつける）せられる。
［魅］
「魑魅魍魎《チミモウリョウ》」は「山や川にいる化け物」

□ 23 親友の一言で勇気がワ（感情や考えが生じる）いてきた。
［湧］
「お湯がワく」は「沸く」と書く

□ 24 敵をアザム（だます）くにはまず味方から。
［欺］
音ギ 「詐欺《サギ》」など

□ 25 国王とは国をス（支配する）べる者のことである。
［統］
音トウ 「統制《トウセイ》」など

3 書く ㉙

□ 1 家族ぐるみで**コンイ**にしている。
親しくつきあっているさま

□ 2 実効性のない**ケイガイカ**した法律。
かたちばかりのものになること

□ 3 異郷の地に**ショウケイ**の念を抱く。
あこがれること

□ 4 腕の傷が**チユ**する。
病気や傷がなおること

□ 5 理不尽な裁定が将来に**カコン**を残した。
災いの起こるもと

□ 6 **ドンヨク**に知識を吸収する。
非常によくぶかいさま

□ 7 茶人の端正な**キョソ**に見とれる。
立ち居ふるまい

□ 8 患者は**ジュウトク**な状態から脱した。
病状が著しくおもいさま

□ 9 背任により**チョウカイ**免職された。
不正な行為に対して制裁を加えること

□ 10 **ユウギ**に興ずる子ども。
あそびたわむれること

□ 11 緊張のために気持ちが**イシュク**する。
ちぢこまること

□ 12 **セイチ**な細工が施された宝石箱。
細かい点まで注意が行き届いているさま

---

1 ［懇意］ 「懇」—訓ねんご(ろ)

2 ［形骸化］ 「形骸《ケイガイ》」には「精神を別にした体」という意味がある

3 ［憧憬］ 「ドウケイ」とも読む

4 ［治癒］ 「癒」—訓い(える)

5 ［禍根］ 「禍」には「思いがけない災い」という意味がある

6 ［貪欲］ 「貪」—訓むさぼ(る)

7 ［挙措］ 類「挙止《キョシ》」「挙動《キョドウ》」

8 ［重篤］ 「危篤《キトク》」は「病気が重く、命が危ういこと」

9 ［懲戒］ 「懲」—訓こ(らしめる) 「戒」—訓いまし(める)

10 ［遊戯］ 「戯」—訓たわむ(れる)

11 ［萎縮］ 「萎」—訓な(える)

12 ［精緻］ 「緻」には「こまかい」という意味がある

□ 13 **ヨクド**に恵まれた実り豊かな国。
作物がよく育つ肥えたつち
[沃土]
「肥沃《ヒヨク》」は「地質に恵まれ作物がよくできること」

□ 14 収入の**タカ**で人を評価してはならない。
おおいことと少ないこと
[多寡]
「寡聞《カブン》」は「見聞が狭いこと」を謙遜して言う言葉

□ 15 **シット**は自分自身をみじめにする。
うらやみねたむこと
[嫉妬]
「嫉」「妬」ともに「ねたむ」という意味がある

□ 16 表面が**ハクリ**している古い仏画を拝む。
はがれはなれること
[剝離]
「剝奪《ハクダツ》」は「はがしうばうこと」

□ 17 高地では**フットウ**する温度が低くなる。
煮え立つこと
[沸騰]
「議論が沸騰する」は「議論が激しくさかんになる」

□ 18 劣勢に立つ兵士の士気を**コスイ**する。
勢いをつけはげますこと
[鼓吹]
類「鼓舞《コブ》」

□ 19 野生の動物は**キュウカク**が優れている。
においに対するかんかく
[嗅覚]
「五感《ゴカン》」は「視覚・聴覚・嗅覚・味覚・触覚」のこと

□ 20 両者における実力の**ケンカク**があらわになる。
かけはなれていること
[懸隔]
「隔」―訓へだ(たる)

□ 21 裏切り者を**ブベツ**の目で見る。
人をばかにして軽く見ること
[侮蔑]
「蔑視《ベッシ》」は「みさげること」

□ 22 遺産をめぐる**ミニク**い争い。
見苦しい
[醜]
音シュウ 「醜態《シュウタイ》」など

□ 23 投手で四番の主将はチームの**カナメ**だ。
最も大切な部分
[要]
音ヨウ 「主要《シュヨウ》」など

□ 24 シャツのほころびを**ツクロ**う。
壊れたものや破れたものを直す
[繕]
「その場を繕う」は「うまくとりなす」

□ 25 落選した候補者を**ナグサ**める。
いたわる
[慰]
音イ 「慰労《イロウ》」など

3

意味から考えるテスト⑥

くりかえし

※142～159ページから出題しています。

1 ふくれてひろがること 〔ぼうちょう〕

2 ぶれいな態度をとるさま 〔おうへい〕

3 ひどく怒ること 〔ふんがい〕

4 ひっくるめること 〔ほうかつ〕

5 そっくりなこと 〔こくじ〕

6 かわっていること 〔へんてつ〕

7 はっきりしていること 〔めいりょう〕

8 わかれ道 〔きろ〕

9 妨げとなるもの 〔しょうへき〕

10 心から頼みねがうこと 〔こんがん〕

11 へいぼん 〔ぼんよう〕

12 きけんな感じがするさま 〔ぶっそう〕

13 精を出して働く 〔かせ〕ぐ

14 いつくしむ心 〔じひ〕

15 いいかげんな推量 〔おくそく〕

16 思うままに振る舞うさま 〔ほんぽう〕

17 物などが豊富にあるさま 〔じゅんたく〕

18 ぜいたくではなやかなさま 〔ごうか〕

19 すすめはげますこと 〔しょうれい〕

20 おどしつけること 〔きょうはく〕

21 気のながいさま 〔ゆうちょう〕

22 度量がせまいさま 〔へんきょう〕

23 へりくだること 〔ひげ〕

24 裁判を請求すること 〔そしょう〕

25 過ちがないように控えめにする 〔つつし〕む

26 もりたてて位につかせること 〔ようりつ〕

27 あとをおうこと 〔ついずい〕

28 すっかりなくなること 〔ふってい〕

29 あせること 〔しょうそう〕

30 にぎわい栄えること 〔はんじょう〕

31 とらえること［ほそく］

32 病気や傷がなおること［ちゆ］

33 信用や権威などをおとすこと［しっつい］

34 途中でくじけること［ざせつ］

35 ひっそりとしてさびしいさま［かんじゃく］

36 うちほろぼすこと［ぼくめつ］

37 かけはなれていること［けんかく］

38 いままでの勢いや習慣［だせい］

39 つつしんで従うこと［きょうじゅん］

40 壊れたものや破れたものを直す［つくろ］う

---

41 心づかいすること［こりょ］

42 いたわる［なぐさ］める

43 際立ってあたらしいこと［ざんしん］

44 十分に満足すること［たんのう］

45 支配する［す］べる

46 細かいところまで調べること［せんさく］

47 災いの起こるもと［かこん］

48 向かっていく［おもむ］く

49 立ち居ふるまい［きょそ］

50 おおいことと少ないこと［たか］

［解答］

1 膨張　2 横柄　3 憤慨　4 包括　5 酷似　6 変哲　7 明瞭　8 岐路　9 障壁　10 懇願　11 凡庸　12 物騒　13 稼　14 慈悲　15 憶測　16 奔放

17 潤沢　18 豪華　19 奨励　20 脅迫　21 悠長　22 偏狭　23 卑下　24 訴訟　25 慎　26 擁立　27 追随　28 払底　29 焦燥　30 繁盛　31 捕捉　32 治癒　33 失墜

34 挫折　35 閑寂　36 撲滅　37 懸隔　38 惰性　39 恭順　40 繕　41 顧慮　42 慰　43 斬新　44 堪能　45 統　46 詮索　47 禍根　48 赴　49 挙措　50 多寡

3 読む①

□ 1 いっさいの殺生が禁じられた聖地。
生き物を殺すこと
［せっしょう］
「生類《ショウルイ》」は「生き物」

□ 2 所詮かなわぬ夢だった。
結局
［しょせん］
「詮ない」は「しかたがない」

□ 3 ゴスペルとは福音のことである。
キリストが説いた神の国と救いの教え
［ふくいん］
「喜ばしい知らせ」という意味もある

□ 4 全国を遊説のために行脚する。
各地を巡り歩くこと
［あんぎゃ］
「脚」―訓あし

□ 5 文壇の双璧と称される二人の大作家。
優劣をつけられない優れた二つのもの
［そうへき］
「璧」には「美しい玉」という意味がある

□ 6 遊山に出かける江戸の庶民を描いた錦絵。
行楽に出かけること
［ゆさん］
「物見《ものみ》遊山」という形でよく使う

□ 7 数珠を持って葬式に参列する。
仏を拝む際に手にかける玉をつないだ輪
［じゅず］
「珠」には「たま」「丸い粒」という意味がある

□ 8 秀吉《ひでよし》は敵を兵糧攻めにした。
戦時におけるしょくりょう
［ひょうろう］
「糧」―訓かて

□ 9 稚拙な絵にもそれなりの味わいがある。
子どもじみていて未熟なさま
［ちせつ］
「稚」には「おさない」という意味がある

□ 10 『阿部一族《あべいちぞく》』は殉死をテーマとした小説だ。
主君のあとを追って死ぬこと
［じゅんし］
「殉教《ジュンキョウ》」は「信仰のために自己の生命を犠牲にすること」

□ 11 タイトルを奪回し、雪辱を果たす。
名誉を取り戻すこと
［せつじょく］
「雪」には「そそぐ・すすぐ(取り除く)」という意味がある

□ 12 窃盗を働いた犯人が逮捕される。
他人の物をこっそり盗むこと
［せっとう］
「窃」には「ひそかに」「ぬすむ」という意味がある

□ 13 修学旅行を前に心が躍る。
わくわくする
［おど］
音 ヤク 「躍動《ヤクドウ》」など

□ 14 早退する旨を先生に伝える。
目的とすることや考え
［むね］
「要旨《ヨウシ》」は「内容のあらまし」

□ 15 祖母の和裁の腕前は素人離れしている。
専門でない人
［しろうと］
対「玄人《くろうと》」 「素人離れ」は「まるで専門家のようなこと」

□ 16 民から年貢を搾り取る代官。
無理に出すようにする
［しぼ］
ここでは「搾取《サクシュ》」の意味

□ 17 ポロシャツの襟を立てて着る。
衣服の、くびの部分
［えり］
「襟を正す」は「心をひきしめ真面目な態度になる」

□ 18 甘えてばかりいるなんて困った代物だ。
評価の対象となる人や物
［しろもの］
否定的な意味で使われることが多い

□ 19 欲の塊のような金貸し。
性質や傾向が極端に強いこと
［かたまり］
もともとは「土のかたまり」という意味

□ 20 これまでの常識や定説を覆す。
根本から変える
［くつがえ］
訓 おお(う)

□ 21 他人の成功を羨む。
他人と比較して自分もそうありたいと願う
［うらや］
音 セン 「羨望《センボウ》」など

□ 22 再読に堪える内容を持つ良書。
それをするだけの価値がある
［た］
「つらさや苦しさを我慢する」という意味もある

□ 23 列に割りこむなんて、非常識も甚だしい。
程度が激しい
［はなは］
「甚大《ジンダイ》」は「程度がきわめて大きいさま」

□ 24 寒空のもと、手足が凍える。
寒さのために身体の感覚を失う
［こご］
音 トウ 「凍傷《トウショウ》」など

□ 25 上司の判断に委ねる。
まかせる
［ゆだ］
音 イ 「委任《イニン》」など

3 読む②

□ 1 廉価な陶器を扱う店を経営する。（値段が安いさま）
［れんか］
類「安価《アンカ》」 対「高価《コウカ》」

□ 2 中世の人々は神を畏怖していた。（おそれおののくこと）
［いふ］
「畏」には「敬服する」という意味がある

□ 3 疾病保険に加入する。（病気）
［しっぺい］
「疾走《シッソウ》」は「非常に速く走ること」

□ 4 お茶を一服所望する。（望むこと）
［しょもう］
「望」―訓のぞ（む）

□ 5 解脱を遂げることは難しい。（煩悩を逃れ自由になること）
［げだつ］
類「涅槃《ネハン》」

□ 6 万事にわたって遺漏のないようにする。（大事なことが抜け落ちること）
［いろう］
「漏」―訓も（れる）

□ 7 商品の値札の桁を間違える。（数の位）
［けた］
「桁が違う」とは「物事の程度や規模がひどく違う」

□ 8 鉄道を敷設する。（広い範囲にわたって設置すること）
［ふせつ］
「布設」とも書く
「敷」―訓し（く）

□ 9 銅でできたやかんに緑青が吹いた。（銅の表面にできるさび）
［ろくしょう］
「緑地」は「リョクチ」と読む

□ 10 寡聞にして存じ上げません。（見聞の狭いこと）
［かぶん］
「寡」には「少ない」という意味がある

□ 11 逃亡者に対して威嚇射撃をする。（おどかすこと）
［いかく］
「嚇」には「いかる」「おどかす」という意味がある

□ 12 厳しい罰に耐えかねて出奔する。（逃げて姿をくらますこと）
［しゅっぽん］
類「逐電《チクデン》」

□ 13 詩の中でも殊に叙事詩が好きだ。（とりわけ）
［こと］
音シュ 「殊勝《シュショウ》」など

□ 14 アインシュタインに憧れ、科学者を志す。（理想として思いを寄せる）
［あこが］
「憧憬」は「ショウケイ」と読む

□ 15 手探りの状態で研究を進める。（様子がわからないまま物事を進めること）
［てさぐ］
「探りを入れる」は「相手の意向や状況をそれとなく探り、反応をみる」

□ 16 遠足の日に限って日和に恵まれない。（天気）
［ひより］
「日和見《ひよりみ》」は「有利な方につこうと形勢をうかがうこと」

□ 17 友人のために時間を割く。（一部を分けてほかの用途にあてる）
［さ］
訓わり・わ(る)

□ 18 帯をかたく締める。（ゆるまないようにする）
［し］
音テイ 「締結《テイケツ》」など

□ 19 公衆の面前で辱められる。（恥をかかせる）
［はずかし］
音ジョク 「恥辱《チジョク》」など

□ 20 何事も前例に倣い、執り行う。（まねる）
［なら］
音ホウ 「模倣《モホウ》」など

□ 21 大きな損害を被った。（身に受ける）
［こうむ］
音ヒ 「被災《ヒサイ》」など

□ 22 猫が毛糸玉と戯れる。（遊び興じる）
［たわむ］
音ギ 「遊戯《ユウギ》」など

□ 23 どうしても不安を拭いきれない。（消し去る）
［ぬぐ］
音ショク 「払拭《フッショク》」など

♔ 24 過去に遡って補償する。（過去・根本に立ち返る）
［さかのぼ］
「溯る」とも書く

□ 25 文章の趣旨を正確に捉える。（しっかりとつかむ）
［とら］
音ソク 「把捉《ハソク》」など

3

読む③

1 御しやすい相手だと敵に見くびられる。
自分の思いどおりに動かす
［ぎょ］
「御者《ギョシャ》」は「馬をあやつる人」

2 悪行の報いを受け、悲惨な末期を迎えた。
死に際
［まつご］
類「臨終《リンジュウ》」

3 必ず援軍を送るという言質を取る。
後日の証拠となることば
［げんち］
「げんしつ」は誤読による慣用読み

4 遡及して処罰することを禁ずる。
過去にさかのぼること
［そきゅう］
「遡（溯）」には「さかのぼる」という意味がある

5 謀反の疑いをかけられる。
臣下が主君にそむくこと
［むほん］
「謀」―訓はか（る）

6 都会の喧噪《けんそう》を離れ、安穏に暮らす。
安らかで穏やかなさま
［あんのん］
「穏」は「オン」と読むことが多い

7 巧緻に織られたペルシャ絨毯《じゅうたん》を購入する。
たくみで細かいところまでよくできているさま
［こうち］
類「精巧《セイコウ》」

8 往生を願い、功徳を積む。
善行
［くどく］
「御利益《ゴリヤク》」という意味もある

9 放置していた廃屋を取り壊す。
住む人がなく荒れはてた家
［はいおく］
類「廃家《ハイカ》」

10 漁に出たが雑魚ばかりだった。
種々入り交じった小魚
［ざこ］
「したっぱ」「小物」という意味もある

11 みんなの羨望の的となる。
うらやましく思うこと
［せんぼう］
「羨」―訓うらや（む）

12 自らの非を認め、罪を償う気持ちになる。
埋め合わせをする
［つぐな］
ここでは「賠償《バイショウ》」に似た意味

13 花瓶に花を一輪挿す。
ほかのものにつき入れる
［さ］
音 ソウ 「挿入《ソウニュウ》」など

14 遠方からの客を懇ろにもてなす。
親切で丁寧なさま
［ねんご］
「親しく仲よくしあうさま」という意味もある

15 額から滴る汗をぬぐう。
しずくとなって垂れ落ちる
［したた］
「滴が垂れる」の場合は「しずく」と読む

16 蚊帳の中で眠る母と子。
蚊を防ぐためにつって寝床をおおうもの
［かや］
「蚊屋」とも書く

17 ジュースでのどを潤す。
湿らせる
［うるお］
音 ジュン 「湿潤《シツジュン》」など

18 行く手を阻む障害を取り除く。
邪魔をする
［はば］
ここでは「阻害《ソガイ》」に似た意味

19 憩いのひとときに紅茶は欠かせない。
ゆったり休むこと、休息
［いこ］
音 ケイ 「休憩《キュウケイ》」など

20 悪事に荷担するように唆される。
悪いほうへさそいすすめる
［そそのか］
音 サ 「教唆《キョウサ》」など

21 侮りがたい新勢力の台頭。
みくびる
［あなど］
音 ブ 「侮辱《ブジョク》」など

22 祖父の工作の腕前は玄人はだしだ。
専門家
［くろうと］
「玄人はだし」は「玄人がおどろくほど素人がその技芸に秀でていること」

23 日々の糧にも事欠くありさまだ。
食べ物
［かて］
「心の糧」は「力づけるもの」

24 溺れる者は藁《わら》をもつかむ。
水中に沈む
［おぼ］
「心を奪われる」という意味もある

25 僅かな食料だけを持って冒険の旅に出る。
ほんの少し
［わず］
「僅差《キンサ》」は「ほんの少しの差」

3 読む④

1 仏道に深く帰依する。
神や仏を信じ、その力にすがること
［きえ］
「依」には「たよる」という意味がある

2 交通規則を遵守する。
きまりなどをよく守ること
［じゅんしゅ］
「順守」とも書く

3 窃盗を教唆した男が逮捕された。
教えそそのかすこと
［きょうさ］
「唆」―訓 そそのか(す)

4 定款に反する契約は無効だ。
社団法人の業務などに関する根本規則
［ていかん］
類「約款《ヤッカン》」

5 フロイトは意識の内奥を探ろうとした。
内部の奥深いところ
［ないおう］
「奥」―訓 おく 音 オウ

6 会社の再建のために狂奔する。
ある目的のために必死で動き回ること
［きょうほん］
ここでは「奔走《ホンソウ》」に似た意味

7 今月の収入と支出を出納簿に記入する。
金銭の出し入れ
［すいとう］
「出納簿《スイトウボ》」は「出納を記載する帳簿」

8 アレキサンダー大王は版図を拡大し続けた。
一国の領土
［はんと］
「版」は「戸籍」、「図」は「地図」を意味する

9 内閣総理大臣は国務大臣を罷免できる。
職務をやめさせること
［ひめん］
類「免職《メンショク》」

10 本を読むことで語彙が増える。
ある言語で用いられる語の全体
［ごい］
「彙」には「同類のもの」という意味がある

11 衷心より哀悼の気持ちを述べる。
心の奥底
［ちゅうしん］
「折衷《セッチュウ》」は「異なるものをほどよく調和させること」

12 老舗の和菓子屋を継ぐ。
代々続いている店
［しにせ］
「ロウホ」とも読む

13 先生にお話を伺う。（お聞きする）
［うかがう］
「訪問する」の謙譲語でもある

14 師から自らの非を諭される。（言い聞かせる）
［さとす］
音ユ　「説諭《セツユ》」など

15 女王に対して恭しく礼をする。（相手を敬い丁重なさま）
［うやうやしい］
ここでは「恭順《キョウジュン》」に近い意味

16 吹く風に秋の兆しを感じる。（前ぶれ）
［きざし］
類「兆候《チョウコウ》」「前兆《ゼンチョウ》」

17 どんな流行もいつかは廃れる。（はやらなくなる）
［すたれる］
音ハイ　「荒廃《コウハイ》」など

18 過保護に育てられた人は世事に疎い。（よく知らない）
［うとい］
「去る者は日々に疎し」の場合は「疎遠《ソエン》になる」という意味

19 橘《たちばな》の花の芳しい香り。（かおりがよい）
［かんばしい］
「成績が芳しくない」は「成績がよくない」

20 寄付で会費を賄う。（処理する）
［まかなう］
「食事を用意して出す」という意味もある

21 皆に諮って今後の方針を決める。（相談する）
［はかる］
「諮問《シモン》」は「下の者や識者の意見を求めること」

22 自らの不用意な一言が物議を醸した。（ある状態や雰囲気を作り出す）
［かもす］
音ジョウ　「醸成《ジョウセイ》」など

23 角を矯めて牛を殺す。（曲がっているものをまっすぐにする）
［ためる］
「角を矯めて牛を殺す」は「小さな欠点を直そうとしてかえって全体をだめにする」

24 拙いながらも味わいのある字。（へたである）
［つたない］
音セツ　「拙劣《セツレツ》」など

25 高原の爽やかな風を感じる。（すがすがしく快いさま）
［さわやか］
ここでは「爽快《ソウカイ》」に似た意味

3 読む⑤

□ 1 人の一生は**刹那**にすぎない。（きわめて短い時間）
［せつな］
対「劫《コウ》」

□ 2 **眉間**にしわを寄せる。（額の中央）
［みけん］
「眉目《ビモク》秀麗《シュウレイ》」は「容貌が美しいこと」

□ 3 役人が**賄賂**を要求する。（便宜をはかってもらうために贈る不正な金品）
［わいろ］
「賄」には「所有する財貨」という意味がある

□ 4 幼い子どもには大人ほど**羞恥心**がない。（はじらいの気持ち）
［しゅうちしん］
「羞」には「はじる」という意味がある

□ 5 相撲を**桟敷**席で見る。（地面や土間よりも高く作った見物席）
［さじき］
「桟橋」は「サンばし」と読む

□ 6 新しい勢力が**勃興**する。（にわかにおこること）
［ぼっこう］
「勃」には「急に起こる」という意味がある

□ 7 亡き友のための**回向**を行う。（死者のために経を読み冥福を祈ること）
［えこう］
類「供養《クヨウ》」

□ 8 近代人もさまざまな幻想に**呪縛**されている。（心の自由を失わせること）
［じゅばく］
「縛」―訓しば(る)

□ 9 道化師の**滑稽**なしぐさに笑いが起こる。（おもしろおかしいさま）
［こっけい］
「滑」―訓すべ(る)　なめ(らか)

□ 10 人を**愚弄**するような発言は許せない。（ばかにしてからかうこと）
［ぐろう］
「弄」―訓もてあそ(ぶ)

□ 11 部下を**叱責**するだけが上司の仕事ではない。（しかり責めること）
［しっせき］
「叱咤《シッタ》」は「大声でしかること」

□ 12 突然、恩師の**訃報**が入る。（死亡の知らせ）
［ふほう］
類「訃音《フイン》」

□ 13 落語家が老人ホームを慰問する。
見舞ってなぐさめること
[いもん]
「慰」―訓 なぐさ(める)

□ 14 殊勲を立てた英雄の像を建立する。
めざましい功績
[しゅくん]
「勲」には「手柄」という意味がある

□ 15 僅差で二着になった選手をねぎらう。
ほんの少しの差
[きんさ]
「僅」―訓 わず(か)

□ 16 敵を完膚なきまでに打ちのめす。
傷のない皮膚
[かんぷ]
「完膚なきまで」は「徹底的に」

□ 17 戦場に散った友を悼む。
人の死を悲しみ嘆く
[いた]
音 トウ 「追悼《ツイトウ》」など

□ 18 笹《ささ》の葉が軒端に揺れる。
軒のはし
[のきば]
「端」―音 タン 「先端《センタン》」など
訓 はし・はた

□ 19 晩秋の山里を散策中に、時雨にあう。
晩秋から初冬に降ったりやんだりする雨
[しぐれ]
「蝉時雨《せみしぐれ》」は「蝉が多く鳴きたてるさま」

□ 20 白い足袋は汚れが目立ちやすい。
爪先が二つに分かれた布製の履物
[たび]
「地下《ジカ》足袋」は「直接土を踏む足袋」

□ 21 悲しみにくれる遺族を弔う。
人の死を悲しみいたんで、遺族のもとを訪れ慰める
[とむら]
「弔」―音 チョウ 「弔問《チョウモン》」「弔辞《チョウジ》」など

□ 22 登山者が雪崩に巻き込まれる。
斜面の積雪が崩れ落ちる現象
[なだれ]
「雪崩を打つ」は「大勢が一度に押し寄せる」

□ 23 古式ゆかしい神楽が残る山村。
神をまつるための音楽や舞踊
[かぐら]
「芝居のはやし(=伴奏)」という意味もある

□ 24 綻びた浴衣を母が繕ってくれた。
縫い目がほどける
[ほころ]
「顔が綻びる」は「顔つきがやわらぐ」という意味

□ 25 周囲からの批判に耳を塞ぐ。
とじる
[ふさ]
「道を塞ぐ」は「道を通れなくする」

3 読む⑥

1 □ 帰還した将軍は女王に**謁見**した。（身分の高い人に面会すること）
［えっけん］
「拝謁《ハイエツ》」は、「身分の高い人に面会すること」の謙譲語

2 □ **落款**は書画の真贋《しんがん》の手がかりとなる。（作者の署名や印）
［らっかん］
「款」には「記した文字」という意味がある

3 □ 自然を人間の欲望の**餌食**にしてはならない。（他のものの犠牲になること）
［えじき］
「餌」には「えさ」という訓読みもある

4 □ **堆積**したごみの処理が問題となる。（積み重なること）
［たいせき］
「堆肥《タイヒ》」は「落葉などを積み重ねて作った肥料」

5 □ 仇《あだ》討ちの現場は**凄惨**を極めた。（むごたらしいこと）
［せいさん］
「悽惨」とも書く

6 □ **怨念**を晴らすすべがない。（うらみのこもった思い）
［おんねん］
類「遺恨《イコン》」

7 □ 公衆の面前で**罵倒**される。（はげしくののしること）
［ばとう］
「罵詈雑言《バリゾウゴン》」は「口汚いののしりの言葉」

8 □ 銃に弾を**充塡**する。（すきまにものを詰めること）
［じゅうてん］
「補塡《ホテン》」は「不足をうめ補うこと」

9 □ 水源を求めて**遡行**する。（流れをさかのぼって行くこと）
［そこう］
「溯行」とも書く

10 □ 信者の寄進で立派な**鐘楼**を建てる。（鐘つき堂）
［しょうろう］
「楼」には「高い建物」という意味がある

11 □ 環境の悪化を**危惧**する。（心配しおそれること）
［きぐ］
「惧」には「おどおどする」「おそれる」という意味がある

12 □ 満場の**喝采**を浴びる。（どっとほめそやすこと）
［かっさい］
「拍手《ハクシュ》喝采」という形でも用いられる

□ 13 ドーピングにより金メダルを剝奪される。（無理に取り上げること）
［はくだつ］
「剝」―訓 は(ぐ)

□ 14 時には情報を遮蔽することも必要だ。（さえぎりおおうこと）
［しゃへい］
「遮」―訓 さえぎ(る)

□ 15 凶悪な事件に戦慄を覚える。（こわくて身ぶるいすること）
［せんりつ］
類「慄然《リツゼン》」

□ 16 交流試合で親睦を深める。（親しみ合うこと）
［しんぼく］
「睦」には「むつまじい」という意味がある

□ 17 人口の逓減が問題になる。（しだいに減少すること）
［ていげん］
類「漸減《ゼンゲン》」 対「逓増《テイゾウ》」「逓加《テイカ》」

□ 18 有田は窯業で有名な土地である。（陶磁器やガラスなどの製造業）
［ようぎょう］
「窯」―訓 かま

□ 19 相手の失態を嘲る。（ばかにして笑う）
［あざけ］
音 チョウ 「嘲笑《チョウショウ》」など

□ 20 不景気で会社が潰れる。（倒れる）
［つぶ］
音 カイ 「決潰《ケッカイ》」など

□ 21 同僚の出世を妬ましく思う。（うらやましく憎らしい）
［ねた］
音 ト 「嫉妬《シット》」など

□ 22 人の気持ちを弄ぶ。（思うままに扱う）
［もてあそ］
音 ロウ 「翻弄《ホンロウ》」など

□ 23 蔑むような視線を向けられる。（見下す）
［さげす］
音 ベツ 「軽蔑《ケイベツ》」など

□ 24 現代人はさらなる安逸を貪ろうとしている。（際限なくほしがる）
［むさぼ］
音 ドン 「貪欲《ドンヨク》」など

□ 25 麓の村で長期間療養する。（山のすそ）
［ふもと］
類「山麓《サンロク》」

3 分かる①

「分かる」では、例文中に熟語の意味を入れています。

1. 全てに広く当てはまることを**フヘン**という。
［普遍］
対「特殊《トクシュ》」「特殊」は「限られたものしかあてはまらないこと」

2. 当人の自由な判断にまかせることを**ニンイ**という。
［任意］
類「随意《ズイイ》」

3. わがものとすることを**ショウアク**という。
［掌握］
「人心を掌握する」などと用いる

4. 思うままにたのしむことを**キョウラク**という。
［享楽］
「享」には「受ける」という意味がある

5. とりはからって始末をつけることを**ソチ**という。
［措置］
類「処置《ショチ》」

6. 事物のある要素をぬきだす際、他の要素をすてることを**シャショウ**という。
［捨象］
事物のある要素をぬきだすことが「抽象《チュウショウ》」である

7. 勢力を得ることを**タイトウ**という。
［台頭］
「若手の台頭が著しい」などと用いる

8. やり方を受け継ぐことを**トウシュウ**という。
［踏襲］
名前を受け継ぐことを「襲《シュウ》名」という

9. 神が人知を超えた真理をしめすことを**ケイジ**という。
［啓示］
「啓」には「人の目をひらいて物事を理解させる」という意味がある

10. 正常とされるあり方に反する行動傾向を**トウサク**という。
［倒錯］
「錯」には「まちがえる」という意味がある

11. 一般向きであることを**ツウゾク**という。
［通俗］
対「高尚《コウショウ》」

12. 触れたり口に出したりしてはならないとされる事柄を**キンキ**という。
［禁忌］
「タブー」と同じような意味である

13 明白なさまを**レキゼン**という。 【歴然】
「歴然たる事実」などと用いる

14 結果として生み出されたものを**ショサン**という。 【所産】
「所与《ショヨ》」は「与えられること」

15 自己の主張の助けとして、他の文献などを引き合いに出すことを**エンヨウ**という。 【援用】
「海外の論文を援用する」などと用いる

16 両者が互いに争うことを**ソウコク**という。 【相克】
「理想と現実との相克」などと用いる

17 時代をへだてることを**カクセイ**という。 【隔世】
「隔世の感がある」などと用いる。「覚醒《カクセイ》」は「目がさめること」

18 極めて堅固なことを**バンジャク**という。 【盤石】
「磐石」とも書く。「盤石の備え」などと用いる

19 気にかけることを**トンチャク**という。 【頓着】
「頓着しない」ことを「無《ム》頓着」という

20 よいことと悪いことを**ゼヒ**という。 【是非】
「是非を問う」などと用いる。「是非もない」は「しかたがない」という意味

21 患者に接し診察などを行うことを**リンショウ**という。 【臨床】
「現場」や「現場を重視する立場」という意味でも用いる

22 たちばを定めることを**リッキャク**という。 【立脚】
「事実に立脚する」などと用いる

23 はっきりしたさまを**タンテキ**という。 【端的】
「端的に言えば」などと用いる

24 神の意志や自然界の法則を**セツリ**という。 【摂理】
「原理《ゲンリ》」は「認識や行為の根本原則」

25 自由に形を作ることのできるせいしつを**カソセイ**という。 【可塑性】
「塑」には「土をこねたり削ったりして形を作る」という意味がある

3 分かる②

1 □ 二つの矛盾した概念を、それらより一段と高い概念に調和統一することを**シヨウ**という。 ［止揚］
類「揚棄《ヨウキ》」 「止揚」は弁証法の概念である「アウフヘーベン」の訳語

2 □ 心の中の思いを**キョウキン**という。 ［胸襟］
「胸襟を開く」は「心中をうちあける」という意味

3 □ 物事を見る立場を**シザ**という。 ［視座］
類「視点《シテン》」

4 ♛ 心がもつれ迷うことを**カットウ**という。 ［葛藤］
葛《かずら》や藤《ふじ》のつるがもつれからむことから生まれた語とされる

5 □ 広く各地を巡り歩くことを**ヘンレキ**という。 ［遍歴］

「いろいろな経験を積み重ねる」という意味もある

6 □ わざとすることを**コイ**という。 ［故意］
対「過失《カシツ》」 「過失」は「不注意などによるあやまち」

7 □ 前もってはんだんすることを**ヨダン**という。 ［予断］
「予断を許さない」は「どうなるかわからない」という意味

8 □ 怒って興奮しているさまを**ケンマク**という。 ［剣幕］
「すごい剣幕で食ってかかる」などと用いる

9 □ 心がきよく私欲のないことを**セイレン**という。 ［清廉］
「清廉潔白《ケッパク》」「清廉の士」などと用いる

10 □ 物事を処理するときの決まったやりかたを**ジョウセキ**という。 ［定石］
もともとは囲碁で最上とされる決まった形の打ち方を意味する言葉

11 □ でたらめなことを**コウトウムケイ**という。 ［荒唐無稽］
「荒唐無稽な話」などと用いる

12 □ いろいろな方面にもちいることを**ハンヨウ**という。 ［汎用］
「汎用性が高い」などと用いる

□13 組織や勢力などの本拠を**ガジョウ**という。
［牙城］
「敵の牙城に迫る」などと用いる

□14 物事が最終的に落ち着くことを**キケツ**という。
［帰結］
「帰する」も「最終的にあるところに落ち着く」という意味で用いる

□15 中央から離れた辺境を**シュウエン**という。
［周縁］
対「中心《チュウシン》」

□16 人材が次々と世にでることを**ハイシュツ**という。
［輩出］
「二酸化炭素をハイシュツする」の場合は「排出」

□17 惜しみながらも手放したり省略したりすることを**カツアイ**という。
［割愛］
「文章の一部を割愛する」などと用いる

□18 ことに優れていることや感心なことを**シュショウ**という。
［殊勝］
「殊勝な心がけ」などと用いる

□19 徳で人を感化させ、優れた人間をつくることを**クントウ**という。
［薫陶］
「薫陶を受ける」などと用いる

□20 意見を尋ね求めることを**シモン**という。
［諮問］
「諮」—訓はか(る) 「諮る」は「他人に意見を求める」という意味

□21 道理をわきまえることを**フンベツ**という。
［分別］
「分別がつく」などと用いる

□22 意識に浮かんだ姿や像を**シンショウ**という。
［心象］
「イメージ」と同じような意味である

□23 あれこれ考え合わせることを**カンアン**という。
［勘案］
「諸事情を勘案して立案する」などと用いる

□24 思い切ってするさまを**カンゼン**という。
［敢然］
「敢然と戦う」などと用いる

□25 深い意味を内に持つことを**ガンチク**という。
［含蓄］
「含蓄に富む文章」などと用いる

3

分かる③

1 ある役職の者を代えることを**コウテツ**という。
［更迭］
「大臣を更迭する」などと用いる

2 逆らわずにあまんじてうけることを**カンジュ**という。
［甘受］
「自らの運命を甘受する」などと用いる

3 いきごみのするどいことを**キエイ**という。
［気鋭］
「新進《シンシン》気鋭の建築家」などと用いる

4 ある人や物事に熱中することを**ケイトウ**という。
［傾倒］
「夏目漱石《なつめそうせき》に傾倒する」などと用いる

5 他の方法を**ヨギ**という。
［余儀］
「余儀なく」の形で用いられることが多い

6 きっかけを**キエン**という。
［機縁］
「縁」には「間接的な原因」という意味がある

7 非難することを**シダン**という。
［指弾］
「つまはじき」と同じような意味である

8 事の始まりや手がかりを**タンショ**という。
［端緒］
「タンチョ」とも読む
「端緒を開く」は「きっかけを得る」という意味

9 ある事をたくらんで集まった仲間を**トトウ**という。
［徒党］
「徒党を組む」という形で用いられることが多い

10 意思がつうじることを**ソツウ**という。
［疎通］
「意思の疎通を欠く」などと用いる

11 心の奥の感じやすい部分を**キンセン**という。
［琴線］
「琴線に触れる」という形で用いられることが多い

12 市場の大半を少数の会社でしめることを**カセン**という。
［寡占］
「多《タ》寡《カ》」などのように「寡」には「少ない」という意味がある

□ 13 気持ちをあおり、こうどうを起こすように仕向けることを**センドウ**という。
【扇動】
「煽動」とも書く。「アジテーション」と同じような意味である

□ 14 いまだかつて起こったことがないことを**ミゾウ**という。
【未曽有】
「未曽有」を読み下すと「未《いま》だ曽《かつ》て有《あ》らず」となる

□ 15 学問などに対し深い理解があることを**ゾウケイ**という。
【造詣】
「造詣が深い」と用いることが多い

□ 16 期待することを**ショクボウ**という。
【嘱望】
「前途を嘱望される」などと用いる

□ 17 忌み嫌い軽蔑することを**ダキ**という。
【唾棄】
「唾棄すべき人物」などと用いる

□ 18 どうりに合わないことを**リフジン**という。
【理不尽】
「理不尽なしうちを受ける」などと用いる

□ 19 ある事が起こるかくじつせいの度合いを**ガイゼンセイ**という。
【蓋然性】
「蓋然性に乏しい」などと用いる

□ 20 だんだん、しだいにを**ゼンジ**という。
【漸次】
「暫時《ザンジ》」は「しばらく」という意味。「漸次」と混合しないように

□ 21 中心、要点を**コッシ**という。
【骨子】
「法案の骨子をまとめる」などと用いる

□ 22 気ままな心、自分勝手な考えを**シイ**という。
【恣意】
「恣意的な解釈」などと用いる

□ 23 特にすぐれた人や物を**ハクビ**という。
【白眉】
「『平家物語《へいけものがたり》』は軍記物の白眉だ」などと用いる

□ 24 残念に思うことを**イカン**という。
【遺憾】
「遺憾の意を表する」などと用いる

3 分かる④

□ 1 心のままであることをズイイという。
［随意］
「どうぞご随意に」とは「どうぞお好きなように」という意味

□ 2 悪人などのかくれがをソウクツという。
［巣窟］
「悪の巣窟」などと用いる

□ 3 同等で優劣のないことをヒケンという。
［比肩］
類「匹敵《ヒッテキ》」

□ 4 病などが悪化せず何とか治まっていることをショウコウという。
［小康］
「小康を保つ」などと用いる

□ 5 は、きばをシガという。
［歯牙］
「歯牙にもかけない」は「問題にしない」という意味

□ 6 表面をつくろい飾ることをジュンショクという。
［潤色］
「潤色を加える」などと用いる

□ 7 はねつけることをイッシュウという。
［一蹴］
「理不尽な要求を一蹴する」などと用いる

□ 8 巧みに言いくるめて自由に操ることをロウラクという。
［籠絡］
「甘い言葉で籠絡する」などと用いる

□ 9 父や師に似ず愚かなことをフショウという。
［不肖］
「肖」には「似る」という意味がある

□ 10 まじめでひたむきなさまをシンシという。
［真摯］
「真摯に取り組む」などと用いる

□ 11 気ままでわがままなことをホウジュウという。
［放縦］
類「放恣《ホウシ》」「放埒《ホウラツ》」

□ 12 偏らず調和が取れていることをチュウヨウという。
［中庸］
「凡庸《ボンヨウ》」とは違い、よい意味で用いる

13 混じりけがないことを生粋という。
［きっすい］
「生粋の江戸っ子」などと用いる

14 風流を好むことを数寄という。
［すき］
「数寄を凝らす」は「風流な工夫を隅々までほどこす」という意味

15 仕事などを外部の人間に任せ頼むことを委嘱という。
［いしょく］
類「委託《イタク》」

16 多くの書物などを読みあさることを渉猟という。
［しょうりょう］
「海外の文献を渉猟する」などと用いる

17 緊張して息をこらす時にたまるつばを固唾という。
［かたず］
「勝負の行方を固唾を呑《の》んで見守る」などと用いる

18 すっかり払いのけることを払拭という。
［ふっしょく］
「不安を払拭する」などと用いる

19 人が多く集まるところ、まちを市井という。
［しせい］
「井戸《いど》のまわりに人が集まった」ということからできた言葉

20 こだわることを拘泥という。
［こうでい］
「勝ち負けに拘泥する」などと用いる

21 一部の崩れから全体が崩れることを瓦解という。
［がかい］
「江戸幕府が瓦解する」などと用いる

22 広く分かち配ることを頒布という。
［はんぷ］
「頒」には「分け与える」という意味がある

23 人の性質を育てることを陶冶という。
［とうや］
「治」ではなく「冶」であることに注意しよう

24 きわめて手厳しいことを辛辣という。
［しんらつ］
「すごうで」のことを「辣腕《ラツワン》」という

長文

3

分かる　長文問題

くりかえし

※174〜181ページの「分かる」から出題しています。

傍線部のカタカナを漢字に、漢字をひらがなにせよ。

文明と文化の違いを明確に規定することは案外難しい。こうしたとき、具体的な事例に[1]**リッキャク**して考えることが有効である。例えば一般に「フランス文化」とはいうが「フランス文明」とはいわず、その一方「ヨーロッパ文明」とはいう。ここから文化は局所的なものであり、それに比べて文明は[2]**フヘン**的なものだということが明らかになる。しかし、別な[3]**シザ**からは、両者は別な様相を帯びる。あらゆる日常の慣習や社会的制度、さらには言語を含む概念である文化こそが人間にとってより本質的なものであると考えることもできるからだ。どれほど[4]**カンアン**しても、容易に結論は得られないが、文明と文化の違いの考察は人間存在の考察につながるということに[5]**キケツ**するのかもしれない。

技術は太古の昔から存在し、集団の中で[6]**トウシュウ**されると同時に改良もされてきた。そうした技術が飛躍的な発展を遂げることになったのは、知の世界の中で新たに[7]**タイトウ**してきた科学と結びついたからである。単なる技術と科学技術とでは、その差は[8]**レキゼン**たるものがある。科学技術は[9]**ゼヒ**もなく人間の生活を根底から変える力を持つのだ。今日我々は科学技術の[10]**ショサン**たる利便性の恩恵を受け、かつての人々の目から見れば[11]**キョウラク**的としかいえない生活を送っている。[12]**フンベツ**を失い、[13]**ツウゾク**的生活に堕している現代人は、こうした自らのありようを[14]**ヨダン**を持つことなく見つめる必要がある。そのとき明らかになるのは、人間である

［解答］

1 立脚　2 普遍　3 視座　4 勘案　5 帰結

6 踏襲　7 台頭　8 歴然　9 是非　10 所産　11 享楽　12 分別　13 通俗　14 予断　15 倒錯

16 きっすい　17 すき　18 しせい

ことの誇りを嬉々《きき》として手放している現代人の[15]**トウサク**的ともいえる姿であるかもしれない。

●[16]生粋の江戸っ子であり、日本画の大家として知られる鏑《かぶら》木《き》清方《きよかた》は、[17]数寄を凝らした邸宅に飾るような作品だけでなく、[18]市井の人々にも気軽に楽しんでもらえるように雑誌や書籍の口絵や挿絵などの仕事にも積極的に取り組んだ。鏑木清方の[19]**クントウ**を受けた、当時の[20]**キエイ**の画家たちも、すぐれた芸術を庶民の生活に浸透させようと身近な小品の制作にも手を抜くことなく[21]**シンシ**に取り組んだ。

●何がタブーであり[22]**キンキ**であるかということは、実は[23]**シイ**的である。例えば、ある社会においては、それが[24]**コイ**ではなかったとしても決して許されることのない行為が、別の社会ではむしろ立派な行いだったりすることは珍しいことではない。ここに異文化理解の難しさがある。異文化と接することの難しさは、単に意思の[25]**ソツウ**が困難であるということにとどまらず、接し方の[26]**ジョウセキ**がないということにつきる。この困難に[27]**カンゼン**と立ち向かう者だけが、真の他者理解の[28]**タンショ**を開くことができるだろう。

●森《もり》鷗外《おうがい》は孤独であることを[29]**カンジュ**し、[30]**トトウ**を組むことを潔しとしなかった。一方、夏目《なつめ》漱石《そうせき》のもとからはすぐれた多くの人材が[31]**ハイシュツ**した。しかし、同時に両者には多くの共通点もあった。ともに内外の文献を[32]渉猟した知の巨人であり、世俗的な評価に[33]拘泥することや[34]**トンチャク**することなく、[35]**ガンチク**に富む文章によって[36]**ミゾウ**の文学的世界を構築した。そうした彼らの文学は読者の人格を[37]陶冶するものであり続けるだろう。

19 薫陶
20 気鋭
21 真摯
●22 禁忌
23 恣意
24 故意
25 疎通
26 定石
27 敢然
28 端緒
●29 甘受
30 徒党
31 輩出
32 しょうりょう
33 こうでい
34 頓着
35 含蓄
36 未曽有
37 とうや

意味から考えるテスト⑦

くりかえし

※162～181ページから出題しています。

1 まかせる　［委］ねる
2 値段が安いさま　［廉価］
3 よく知らない　［疎］い
4 望むこと　［所望］
5 天気　［日和］
6 身に受ける　［被］る
7 神や仏を信じ、その力にすがること　［帰依］
8 みくびる　［侮］る
9 根本から変える　［覆］す
10 生き物を殺すこと　［殺生］

11 きわめて短い時間　［刹那］
12 病気　［疾病］
13 各地を巡り歩くこと　［行脚］
14 恥をかかせる　［辱］める
15 戦時におけるしょくりょう　［兵糧］
16 見聞の狭いこと　［寡聞］
17 邪魔をする　［阻］む
18 ほんの少しの差　［僅差］
19 うらやましく思うこと　［羨望］
20 思うままに扱う　［弄］ぶ

21 教えそそのかすこと　［教唆］
22 際限なくほしがる　［貪］る
23 相手を敬い丁重なさま　［恭］しい
24 安らかで穏やかなさま　［安穏］
25 とじる　［塞］ぐ
26 見下す　［蔑］む
27 心配しおそれること　［危惧］
28 一部の崩れから全体が崩れること　［瓦解］
29 すっかり払いのけること　［払拭］
30 こだわること　［拘泥］

31 偏らず調和が取れていること 〔ちゅうよう〕

32 意思がつうじること 〔そつう〕

33 前もってはんだんすること 〔よだん〕

34 全てに広く当てはまること 〔ふへん〕

35 明白なさま 〔れきぜん〕

36 気にかけること 〔とんちゃく〕

37 わざとすること 〔こい〕

38 ある人や物事に熱中すること 〔けいとう〕

39 物事を見る立場 〔しざ〕

40 両者が互いに争うこと 〔そうこく〕

41 きっかけ 〔きえん〕

42 人材が次々と世にでること 〔はいしゅつ〕

43 事の始まりや手がかり 〔たんしょ〕

44 やり方を受け継ぐこと 〔とうしゅう〕

45 意見を尋ね求めること 〔しもん〕

46 心の奥の感じやすい部分 〔きんせん〕

47 怒って興奮しているさま 〔けんまく〕

48 非難すること 〔しだん〕

49 心のままであること 〔ずいい〕

50 いきごみのするどいこと 〔きえい〕

［解答］

1 ゆだ　2 れんか　3 うと　4 しょもう　5 ひより　6 こうむ　7 きえ　8 あなど　9 くつがえ　10 せっしょう　11 せつな　12 しっぺい　13 あんぎゃ　14 はずかし　15 ひょうろう　16 かぶん

17 はば　18 きんさ　19 せんぼう　20 もてあそ　21 きょうさ　22 むさぼ　23 うやうや　24 あんのん　25 ふさ　26 さげす　27 きぐ　28 がかい　29 ふっしょく　30 こうでい　31 中庸　32 疎通　33 予断

34 普遍　35 歴然　36 頓着　37 故意　38 傾倒　39 視座　40 相克　41 機縁　42 輩出　43 端緒　44 踏襲　45 諮問　46 琴線　47 剣幕　48 指弾　49 随意　50 気鋭

3 入試問題① 共通テスト型

くりかえし

3章で学習した漢字を、実際の入試問題で確認します。

傍線部の漢字と同じ漢字を含むものを、次の各群の①〜④もしくは①〜⑤のうちから、それぞれ一つずつ選べ。

共通テスト

□「身体機械」のイメージを**イダ**かせたにちがいない
① 複数の意味を**ホウガン**する
② 卒業後の**ホウフ**
③ 港に**ホウダイ**を築く
④ 交通量が**ホウワ**状態になる

②・抱
包含
抱負
砲台
飽和

□方針を決定する**ケンゲン**が渡された
① マラソンを途中で**キケン**する
② **ケンゴ**な意志を持つ
③ **ケンギ**を晴らす
④ 実験の結果を**ケンショウ**する
⑤ **セイリョクケン**を広げる

①・権限
棄権
堅固
嫌疑
検証
勢力圏

□自然の**セツリ**が作り上げた運命
① 電線を**セツダン**する
② 予算の**セッショウ**をする
③ **セットウ**の罪に問われる
④ **セツジョク**を果たす
⑤ 栄養を**セッシュ**する

⑤・摂理
切断
折衝
窃盗
雪辱
摂取

□十五年で**バイゾウ**するという速度
① 細菌**バイヨウ**の実験
② 印刷**バイタイ**
③ 裁判における**バイシン**制
④ 事故の**バイショウ**問題
⑤ 旧に**バイ**したご愛顧

⑤・倍増
培養
媒体
陪審
賠償
倍

□さまざまな**ヨウイン**が絡んで
① 観客を**ドウイン**する
② **ゴウイン**な勧誘に困惑する
③ **コンイン**関係を結ぶ
④ **インボウ**に巻き込まれる
⑤ 不注意に**キイン**した事故を防ぐ

⑤・要因
動員
強引
婚姻
陰謀
起因

□反科学主義という病理は**イ**やされると
① 物質を**クウユ**する
② **ヒユ**を頻用する
③ **ユエツ**の心地を味わう
④ **ユチャク**を断ち切る
⑤ **キョウユ**として着任する

④・癒
空輸
比喩
愉悦
癒着
教諭

3 入試問題② 国公立大

くりかえし

3章で学習した漢字を、実際の入試問題で確認します。

傍線部のカタカナを漢字に改めよ。

□より多くの個人が自己**サイリョウ**にもとづいて手段をコントロールしつつ…［　］ 山形大 裁量

□あらゆる**ショウヘキ**を撤廃することをすべての国に…［　］ 滋賀大 障壁

□人工言語は、簡略化の**イッカン**として、多義語を少なくするのと同時に、…［　］ 宇都宮大 一環

□世界に対する私たちの固定観念が**サッシン**される。［　］ 滋賀県立大 刷新

□「**スウコウ**なる人間嫌い」と呼ばれるゆえんである。［　］ 大阪大 崇高

□もともとこの仮面は、**コウヨウ**した芸術創作の欲望から生まれたものではなく、…［　］ 千葉大 高揚

□二十九連勝とは、たいへんな**イギョウ**である。［　］ 山梨大 偉業

□人間は宇宙の力を「富」として**サクシュ**することもできない。［　］ 北海道教育大 搾取

□賃金格差や**ショグウ**の変化を見る限り…［　］ 和歌山大 処遇

□いま**ホウカツ**的に「引用」として、読み直してゆくべきであろう。［　］ 都留文科大 包括

□**カンジン**の絵の方が、解説を聞くためのイラスト風情に成り下がっていはしないか。［　］ 釧路公立大 肝心

□首筋に寒いものを感じるほど猛烈に**ダンガイ**した。［　］ 金沢大 弾劾

傍線部の漢字の読みを平仮名で記せ。

□二一世紀初頭の情報爆発に比べればはるかに**緩慢**だった。［　］ 岩手大 かんまん

3 入試問題③ 私立大

傍線を付したカタカナを漢字で記せ。 駒澤大

□**セイジャク**な環境で勉強する。［　　］ 静寂

傍線部のカタカナを漢字に改めた場合、それと同じ漢字を用いるものを群から一つ選べ。 明治大

□**キュウ**殿の衛兵が交替する。［　　］ ④・宮

① 哲学の研**キュウ**に没頭する。 究

② **キュウ**憩時間となった。 休

③ **キュウ**地に陥る。 窮

④ 事件が解決できず、迷**キュウ**入りとなった。 宮

⑤ 政敵に**キュウ**弾される。 糾

傍線部のカタカナを字画正しい漢字に直せ。 上智大

□たとえば『万葉集』は同時代の仏教のどんな理論的著述よりも、奈良時代の人間のものの考え方をはるかに**メイリョウ**にあらわしていたといえるだろう。

［　　］ 明瞭

くりかえし 3章で学習した漢字を、実際の入試問題で確認します。

傍線部を漢字表記に改めた場合、それと同じ漢字を傍線部で用いるものを選べ。 日本大

□どの宗教にもある深層の宗教性（**キョウギ**の宗教性）と表層の道徳性のうち、儒教では深層の部分が目立たないかたちで存在しているので、それと気づきにくい。［　　］ ④・狭義

① イベントに**キョウサン**する。 協賛

② 国民が福利を**キョウジュ**する。 享受

③ 船で津軽**カイキョウ**をわたる。 海峡

④ **ヘンキョウ**な考え方である。 偏狭

傍線部の読み方をひらがなで書け。 立命館大

□人口動態と文明史的な変化を背景に、国の安全保障のあり方そのものを再考察する機運が盛り上がってもいいはずなのに、そうした**兆**しは萎んだままだ。［　　］ きざ（し）

傍線部の片仮名を漢字に直して、記しなさい。 学習院大

□この道路を**カンカツ**しているのは国土交通省だ。

［　　］ 管轄

4章
入試出題常用漢字表にない漢字

この章では入試に出題された、常用漢字表にない漢字や読み方をするものを掲載しています。私立大学入試では、常用漢字はもちろん、常用漢字表にない漢字や読みからも出題されるため、入試を意識して学習していきましょう。常用漢字表にない漢字からは読み問題が多く出題されるため、4章では「読む」の割合を多くしています。

4 書く

1 □ 勇敢で**ソウメイ**な少女が活躍する推理小説。
頭の働きが鋭いさま
【聡明】
「聡」には「さとく賢い」という意味がある

2 □ 丹頂鶴《たんちょうづる》が空高く**ヒショウ**する。
空中をとぶこと
【飛翔】
「翔」には「羽を大きく広げてとびまう」という意味がある

3 □ **ボウバク**たる風景が広がっている。
広くてとりとめのないさま
【茫漠】
「漠然《バクゼン》」は「はっきりせず、とらえどころのないさま」

4 □ ゴリラの集団行動に文明の**ホウガ**を見る。
きざし
【萌芽】
「萌」には「きざし」「めを出す」という意味がある

5 □ 経営努力を放棄した企業は**トウタ**される。
不適当なものを排除すること
【淘汰】
「陶酔《トウスイ》」の「陶」と混同しないように

6 □ **キョウベン**を執るようになって二十年だ。
きょうしの持つむち
【教鞭】
「教鞭を執る」は「生徒に学業を授ける」

7 □ 急な出来事に**ボウゼン**と立ちすくんだ。
あっけにとられるさま
【呆然】
「呆」―訓あき(れる)

8 □ **カレン**な花が描かれた水彩画。
かわいらしいさま
【可憐】
「憐憫《レンビン》」は「あわれむこと」

9 □ 弟の死を嘆く大伯皇女《おおくのひめみこ》の名高い**バンカ**。
人の死を悲しみ嘆くうた
【挽歌】
「相聞《ソウモン》歌《カ》」は「恋歌」のこと

10 □ 答弁は**シンピョウ**性に欠けるものだった。
しんらいすること
【信憑】
「信憑性《シンピョウセイ》」は「信用できる度合い」

11 □ 雑念をはらい、**メイソウ**にふける。
目を閉じて静かに考えること
【瞑想】
「瞑目《メイモク》」は「目を閉じること」「安らかに死ぬこと」

12 □ **ズサン**な計画が成功するはずがない。
いい加減なさま
【杜撰】
杜《と》黙《もく》の作った詩が作詩の規則に合わなかったという故事から

13 □ ビルの屋上から街並みを**チョウカン**する。
高い場所から見おろすこと
【鳥瞰】
類「俯瞰《フカン》」

14 □ **ゼイタク**な暮らしを満喫する。
必要以上に金をかけるさま
【贅沢】
「贅沢三昧《ザンマイ》」は「贅沢を思うままにすること」

15	□ 純真**ムク**《けがれのないさま》な幼子の笑顔に癒やされる。	無垢	「金無垢《キンムク》」は「純金」のこと
16	□ 傷口が**カノウ**《傷などがうむこと》する。	化膿	「膿」には「うみ」という意味がある
17	□ インフルエンザが**マンエン**《はびこること》する。	蔓延	「蔓」には「伸び広がる」という意味がある
18	□ 五穀**ホウジョウ**《穀物がゆたかに実ること》を祈願する。	豊穣	類「豊作《ホウサク》」
19	□ 工事中のために**ウカイ**《遠まわりをすること》を余儀なくされる。	迂回	「迂」には「遠回りをする」という意味がある
20	□ 本質的ではない**マッショウ**《重要でないこと》的なことにこだわる。	末梢	「梢」には「こずえ（枝の先）」という意味がある
21	□ **ササイ**《取るに足りないさま》なことから仲違《なかたが》いする。	些細	「些少《サショウ》」は「ごくわずかであること」
22	□ 動物は自然界の**オキテ**《きまり》に従っている。	掟	音テイ・ジョウ
23	□ 大人だけが**ウソ**《いつわり》をつくわけではない。	嘘	「嘘も方便」は「時には嘘も手段として必要である」
24	□ **ハル**《遠く隔たるさま》か遠くに見える山並みを仰ぐ。	遥	「遥かに大きい」は「たいそうかけ離れているさま」
25	□ 昔の記憶が**ヨミガエ**《再び以前の状態を取り戻す》る。	蘇（甦）	「蘇生《ソセイ》」は「生き返ること」
26	□ 民衆を**アオ**《そそのかす》り、暴動を起こさせる。	煽	「扇《セン》（煽）動《ドウ》」は、「アジテーション」
27	□ 絶滅の危機に**ヒン**《ある大きな事態が迫る》する種は少なくない。	瀕	「瀕死《ヒンシ》」は「今にも死にそうなこと」
28	□ 最年少の受賞者として一躍名を**ハ**《広く世間に知らせる》せる。	馳	「思いを馳せる」は「遠く離れているもののことを思う」
29	□ **コトワザ**《古くから言いならわされてきた言葉》には民衆の知恵が凝結している。	諺	音ゲン
30	□ 故郷の町が祭りで**ニギ**《人出が多く混み合う》わう。	賑	「殷賑《インシン》」は「非常ににぎやかなこと」

4 読む①

※常用漢字表にない読みを含むものには、▼を付けています。

	問題	意味	答え	解説
1	形勢は混沌として予断を許さない。	物事の区別やなりゆきがはっきりしないさま	こんとん	「渾沌」とも書く
2	常識の中に含まれる誤謬を正す。	あやまり	ごびゅう	「謬見《ビュウケン》」は「間違った考え」
3	理想と現実との乖離に悩む。	そむき離れること	かいり	「乖」には「そむく」という意味がある
4	領土問題が両国間の紛争を惹起した。	事件や問題をひきおこすこと	じゃっき	「惹句《ジャック》」は「キャッチフレーズ」
5	想像の範疇を超える出来事に遭遇する。	同じような性質のものが含まれる範囲	はんちゅう	「疇」には「仲間・同類」という意味がある
6	推敲を重ねることで文章は洗練される。	文章表現を練り直すこと	すいこう	「推《お》す」と「敲《たた》く」で表現を迷ったという故事から
7	両親の庇護のもと、何不自由なく育つ。	かばいまもること	ひご	「庇」には「雨や日を遮るひさし」という意味がある
8	未来永劫にわたって愛することを誓う。	無限に長い年月	えいごう	類「永遠《エイエン》」
9	稀有な才能の持ち主に出会う。	めったにないさま	けう	「希有」とも書く
10	災害時は情報が錯綜しやすい。	複雑に入り交じること	さくそう	「錯」には「まじる」という意味がある
11	巨悪に対し毅然として立ち向かう。	意志が強くしっかりしているさま	きぜん	「毅」には「強い」という意味がある
12	無事の知らせに安堵の胸をなでおろす。	安心すること	あんど	「本領安堵《ホンリョウアンド》」は「幕府が代々の領土の領有権を認めたこと」
13	監督が審判の判定に執拗に抗議する。	しつこいさま	しつよう	「拗」には「しつこい」という意味がある
14	▼気障で鼻もちならぬ人物が主人公の映画。	服装や言動が気取っていて嫌味なさま	きざ	「気障り」の略

15 都会の喧噪の中で孤独をかみしめる。（騒がしいこと）
けんそう
「喧騒」とも書く

16 近代の終焉を唱える者もいる。（終わり）
しゅうえん
本来は「命が終わること」という意味

17 冤罪を晴らせたことを墓前に報告する。（無実の罪）
えんざい
「冤」には「ぬれぎぬ」という意味がある

18 ヒーローが颯爽と現れる。（人の行動や姿が勇ましいさま）
さっそう
「爽」には「さわやか」という意味がある

19 身の証しを立てる。（疑いをはらす証拠）
あか
「証しを立てる」は「証明する」

20 富を得るだけの人生など虚しいものだ。（はかない）
むな
「空しい」とも書く

21 頑なだった態度を改める。（がんこなさま）
かたく
ここでは「偏屈《ヘンクツ》」に似た意味

22 暫く休業するという知らせがあった。（少しの間）
しばら
音ザン　「暫定《ザンテイ》」など

23 十年ぶりの故郷には嘗ての面影がない。（以前、昔）
かつ
「いまだ嘗てない」は「いままで一度もない」

24 話術に長けた人を羨む。（ある方面に優れている）
た
「長じる」は「成長する」「巧みになる」

25 壁に向かって不満を呟く。（小声で独り言を言う）
つぶや
「ぶつぶつ言う」と近い意味である

26 『斜陽《しゃよう》』は没落の運命を辿る一族の物語だ。（ある方向に進む）
たど
「記憶を辿る」などとも用いる

27 秘めた思いを日記に綴る。（文章を書き表す）
つづ
「つなぎ合わせる」という意味もある

28 儲けは少ないが堅実な商売を営む。（利益）
もう
音チョ

29 概ね視界は良好だ。（おおよそ）
おおむ
「概略《ガイリャク》」は「あらまし」のこと

30 台風で甚大な被害を蒙った。（身に受ける）
こうむ
「被る」とも書く

4 読む②

※常用漢字表にない読みを含むものには、▼を付けています。

1 頭脳明晰な人物。
筋道がはっきりとおっているさま
「めいせき」
「明晳」とも書く

2 渾身の力を振り絞る。
からだ全体
「こんしん」
類「全身《ゼンシン》」「満身《マンシン》」

3 メディアは時として事実を歪曲する。
事柄を意図的にゆがめ曲げること
「わいきょく」
「歪」には「ゆがむ」という意味がある

4 大人になると食の嗜好も変わるものだ。
人それぞれの好み
「しこう」
「嗜好品《シコウヒン》」は「栄養のためでなく、味や香りを楽しむためにとる飲食物」

5 平安末期は厭世的な気分が広がっていた。
この世が嫌になること
「えんせい」
「厭」には「嫌になる」という意味がある

6 知らせを受け、急遽帰国する。
大急ぎで
「きゅうきょ」
「遽」には「にわかに」という意味がある

7 両親と浅草界隈を歩く。
その辺り一帯
「かいわい」
「界」には「さかいめ」という意味がある

8 人間に無謬性を求めるのは誤りだ。
理論や判断に誤りがないこと
「むびゅう」
「誤謬《ゴビュウ》」は「あやまり」

9 雑踏の中で、不意に寂寥感に襲われる。
ものさびしいさま
「せきりょう」
「入寂《ニュウジャク》」は「僧が死去すること」

10 太《おお》田《た》豊《とよ》太《た》郎《ろう》は恋と国家との間で煩悶した。
もだえ苦しむこと
「はんもん」
「悶」には「もだえる」という意味がある

11 波瀾に富んだ人生を送る。
変化や曲折があること
「はらん」
「波瀾万丈《ハランバンジョウ》」は「変化の激しいさま」

12 孤独を紛らすために街を徘徊する。
あてもなく歩き回ること
「はいかい」
「徘」「徊」ともに「さまよう」という意味がある

13 フランス語を流暢に話す。
言葉がすらすらと出てよどみないさま
「りゅうちょう」
「暢」には「のびる」「のびやか」という意味がある

14 川を挟んで両軍が対峙する。
向き合って立つこと
「たいじ」
「峙」には「じっと動かないでまっすぐに立つ」という意味がある

15	突然の事故の知らせに狼狽（あわてふためくこと）する。	ろうばい	「周章《シュウショウ》狼狽《ロウバイ》」は「ひどくあわてふためく」という意味
16	梅雨時は外に出るのが億劫（面倒くさくて気が進まないこと）になる。	おっくう	もともとは極めて長い時間を意味する仏教用語
17	いざという時に備えて予め（まえもって）準備しておく。	あらかじ	音ヨ 「予定《ヨテイ》」など
18	相手の立場を慮る（よくよく考える）。	おもんぱか	音リョ 「思慮《シリョ》」など
19	コンサートは熱気に溢れる（満ち満ちている）ものだった。	あふ	音イツ 「充溢《ジュウイツ》」など
20	前例に則って（規範として従う）式を執り行う。	のっと	「法る」とも書く 音ソク 「規則《キソク》」など
21	なす術（手段）がない。	すべ	音ジュツ 「戦術《センジュツ》」など
22	新商品は忽ち（すぐに）売り切れてしまった。	たちま	音コツ 「忽然《コツゼン》」など
23	新しい環境にようやく馴染んだ（慣れ親しむ）。	なじ	「馴」—音ジュン 「馴致《ジュンチ》」など
24	能力のある人ほど自惚れる（自分を実際以上に優れていると思う）ことがない。	うぬぼ	「己惚れる」とも書く
25	かつては七十歳まで生きる者は稀（めったにないさま）だった。	まれ	「稀代《キタイ》の悪党」は「世に珍しいほどの悪党」
26	為政者は巷（世間）の声に耳を傾けるべきだ。	ちまた	音コウ 「巷間《コウカン》を騒がす」は「世間を騒がす」
27	老人から金を騙し（あざむくこと）とった男が逮捕された。	だま	「泣く子を騙す」は「泣く子をなだめる」
28	鏡をご神体として崇める（尊び敬う）。	あが	音スウ 「崇拝《スウハイ》」など
29	荒んだ（荒れてうるおいがなくなる）生活からようやく抜け出す。	すさ	ここでは「荒廃《コウハイ》」に似た意味
30	遠く離れた両親の安否を訊ねる（質問する）。	たず	音ジン 「訊問《ジンモン》」など

4 読む③

※常用漢字表にない読みを含むものには、▼を付けています。

1 □ 病気の母に尽くす幼い▼健気な兄弟。（心がけがしっかりしているさま）
［けなげ］
「健」―訓すこ（やか）

2 □ 山登りの醍醐味を初めて味わった。（深い味わい）
［だいごみ］
「醍醐《ダイゴ》」は「牛や羊の乳を精製して作る食品」

3 □ 饒舌ではあるが話に中身がない。（おしゃべりなこと）
［じょうぜつ］
「冗舌」とも書く
類「多弁《タベン》」

4 □ 西洋の文化が世界中に伝播する。（広く伝わること）
［でんぱ］
「播」には「まきちらす」という意味がある

5 □ 瑣末なことにこだわる。（取るに足りないこと）
［さまつ］
「些末」とも書く
類「些細《ササイ》」

6 □ 事件の証拠を捏造する。（でっちあげること）
［ねつぞう］
「捏」には「手でこねる」という意味がある

7 □ 溌剌とした演技が高く評価された。（生き生きしているさま）
［はつらつ］
魚が勢いよくはねるさまから

8 □ 世間を震撼させた大事件。（ふるえあがること）
［しんかん］
「撼」には「揺り動かす」という意味がある

9 □ 思う存分に青春を謳歌する。（幸せな状況を十分に楽しむこと）
［おうか］
「賞賛《ショウサン》」という意味でも使う

10 □ 睡眠不足が続き、頭が朦朧とする。（意識が確かでないさま）
［もうろう］
「朦」「朧」ともに「月がぼんやりかすむさま」という意味がある

11 □ 豪華絢爛たる二条城に見とれる。（きらびやかで美しいこと）
［けんらん］
「絢」には「色糸をめぐらして取り巻いた模様」という意味がある

12 □ レンズを使って光を収斂する。（一点に集めること）
［しゅうれん］
「血管が収斂する」は「血管が縮む」

13 □ 酒に耽溺する生活から抜け出す。（不健全な遊びなどに夢中になること）
［たんでき］
「溺」には「おぼれる」という意味がある

14 ♕ 理念を共有しない集団は脆弱だ。（もろくてよわいさま）
［ぜいじゃく］
「脆」には「もろい」という意味がある

15 微塵も疲れた様子を見せない子どもたち。
ごくわずかなこと
［みじん］
「粉《こな》微塵になる」は「こなごなになる」

16 弟は急に笑い出した兄を怪訝な顔で見た。
不思議で納得のいかないさま
［けげん］
「訝しむ」は一般に「いぶかしむ」と読む

17 交渉相手の優柔不断な態度に苛立つ。
気持ちが高ぶり落ち着かなくなる
［いらだ］
「苛」―音カ 「苛酷《カコク》」など

18 徒に時を費やす。
むだに
［いたずら］
「徒になる」は「むだになる」「死ぬ」

19 山里の静かな暮らしに惹かれる。
人の心を誘う
［ひ］
「惹起《ジャッキ》」は「事件や問題を引き起こすこと」

20 窓辺に佇み、物思いにふける。
しばらく立ち止まる
［たたず］
音チョ 「佇立《チョリツ》」など

21 事件の解決に繋がる有力な情報。
関連する
［つな］
音ケイ 「繋累《ケイルイ》」は「自分が世話をすべき家族」

22 一人の選手の怠慢がチームの勢いを削いだ。
弱める
［そ］
音サク 「削減《サクゲン》」など

23 条件に適う求人がなかなかない。
あてはまる
［かな］
音テキ 「適切《テキセツ》」など

24 友というよりも寧ろライバルだ。
どちらかといえば
［むし］
音ネイ 「安寧《アンネイ》」など

25 否応を言わせない強引な態度。
不承知と承知
［いやおう］
「否応なしに」は「うむを言わせず」「無理やりに」という意味

26 日本中に遍く知られた名旅館。
広く一般に
［あまね］
「普く」とも書く
音ヘン 「普遍《フヘン》」など

27 倦まずたゆまず自らの仕事を続ける。
飽きる
［う］
音ケン 「倦怠《ケンタイ》」など

28 流木が潮風に晒される。
日光や雨風のあたるままにしておく
［さら］
「人目に晒す」は「多くの人に見られるようにする」

29 俄には首肯しがたいことだ。
すぐさま
［にわか］
「俄作り」は「必要に迫られ急いでこしらえる」

30 生き霊に憑かれて命を落とした姫君。
悪霊などが人に乗りうつる
［つ］
音ヒョウ 「憑依《ヒョウイ》」など

4

読む④

※常用漢字表にない読みを含むものには、▼を付けています。

	問題	意味	答え	解説
□1	**驚愕**すべき事実が明らかになる。	非常に驚くこと	きょうがく	類「愕然《ガクゼン》」
2	**屹立**する山を仰ぐ。	高くそびえ立つこと	きつりつ	「人が動かず直立するさま」という意味もある
□3	新人ながら公演の主役に**抜擢**された。	多くの中から引き抜いて使うこと	ばってき	「擢」には「ぬきんでる」という意味がある
□4	**静謐**な世の中になることを祈念する。	世の中が穏やかに治まっていること	せいひつ	「謐」には「しずか」という意味がある
□5	ふとしたことで**猜疑心**に駆られる。	そねみねたむ心	さいぎしん	「猜」には「自分より優れたものを恨めしく思う」という意味がある
□6	美しい自然には心を**慰藉**する力がある。	なぐさめいたわること	いしゃ	「藉」には「やわらげる」という意味がある
□7	父は浮世絵の**蒐集**をしている。	集めること	しゅうしゅう	「蒐」には「集める」という意味がある
□8	母は**▼塩梅**が悪くて伏せっている。	物事や身体の具合	あんばい	「按配」とも書く
□9	**熾烈**なトップ争いを演じる。	勢いが盛んで激しいさま	しれつ	「熾」には「火の勢いが強いさま」という意味がある
□10	狐《きつね》は**狡猾**な生き物として描かれやすい。	ずるがしこいこと	こうかつ	「狡」「猾」ともに「ずるい」という意味がある
□11	何事も**▼目論見**どおりにはいかないものだ。	計画	もくろみ	「目論む」は「計画する」「企てる」
□12	理想の実現に向けて**邁進**する。	勇敢につきすすむこと	まいしん	「勇往邁進《ユウオウマイシン》」という形でも用いられる
□13	**憤懣**やるかたない思いをする。	発散できずに心中にわだかまる怒り	ふんまん	「忿懣」とも書く
□14	祭壇の前にひざまずき、**敬虔**な祈りを捧《ささ》げた。	神仏につつしんで仕えるさま	けいけん	「虔」には「つつしむ」という意味がある

15 □ 咄嗟《すぐさま》の機転が利く人は珍しい。
[とっさ]
落語の「小咄」は「こばなし」と読む

16 □ 子猿を亡くした母猿の姿に憐憫《あわれむこと》の情を抱く。
[れんびん]
「憐」「憫」ともに「あわれむ」という意味がある

17 □ 清盛《きよもり》の死後、平家は凋落《落ちぶれること》の一途を辿《たど》った。
[ちょうらく]
「凋」には「しぼむ」という意味がある

18 □ 弱者を揶揄《からかうこと》した投書が批判を浴びる。
[やゆ]
「揶」「揄」ともに「からかう」という意味がある

19 □ 異文化を躊躇《ためらうこと》することなく受けいれる。
[ちゅうちょ]
類「逡巡《シュンジュン》」

20 □ 良心の咎《非難》めに苛《さいな》まれる。
[とが]
「咎め立て」は「必要以上に強く咎めること」

21 □ 一日中、読書に耽《没頭する》る。
[ふけ]
「耽美《タンビ》」は「美に浸り楽しむこと」

22 □ 囁《声をひそめて話す》くように歌うジャズシンガー。
[ささや]
「辞任が囁かれる」は「辞任がうわさされる」

23 □ 美には抗《さからう》うことのできない力がある。
[あらが]
音コウ 「抵抗《テイコウ》」など

24 □ 師をはるかに凌《超えてそれ以上になる》ぐ腕前を持つ。
[しの]
「急場を凌ぐ」は「急場を乗り切る」

25 □ 病気に罹《病気になる》った光源氏《ひかるげんじ》は北山を訪れた。
[かか]
ここでは「罹病《リビョウ》」という意味

26 □ 遠く離れた故国を思い、涙に咽《涙でのどを詰まらせる》ぶ。
[むせ]
「咽」には「のど」という意味がある

27 □ 頻《ひっきりなしに》りに降る雪を眺める。
[しき]
音ヒン 「頻繁《ヒンパン》」など

28 □ 夥《甚だ多い》しい人が祭りに参加した。
[おびただ]
「暑いこと夥しい」は「ひどく暑い」

29 □ 辺りを憚《遠慮する》るようにひそひそと話す。
[はばか]
「憎まれっ子世に憚る」は「憎まれるような者が世間で幅を利かすこと」

30 □ 計画は悉《すべて》く失敗した。
[ことごと]
音シツ 「悉皆《シッカイ》」など

4 分かる①

「分かる」では、例文中に熟語の意味を入れています。また、常用漢字表にない読みを含むものには、▼を付けています。

1 人々に知識を与えて教え導くことを啓蒙という。
［けいもう］
「啓」は「ひらく」、「蒙」は「暗い」という意味

2 高い所から見下ろすことを俯瞰という。
［ふかん］
類「鳥瞰《チョウカン》」

3 形のないもの、精神的なものを形而上という。
［けいじじょう］
対「形而下《ケイジカ》」「形而上学《ケイジジョウガク》」は哲学の領域の一部

4 ある方向へと動く勢いを趨勢という。
［すうせい］
「時代の趨勢」などと用いる

5 普遍的な前提から個別の結論を導き出すことを演繹という。
［えんえき］
対「帰納《キノウ》」

6 意味を押し広げて説明することを敷衍という。
［ふえん］
「衍」には「のばしひろげる」という意味がある

7 ぐずぐずとためらうことを逡巡という。
［しゅんじゅん］
「遅疑《チギ》逡巡《シュンジュン》」とは「疑い迷って、ぐずぐずする」という意味

8 主義や主張などを公然と掲げあらわすことを標榜という。
［ひょうぼう］
「善行を賞揚《ショウヨウ》し広く示す」という意味もある

9 無用の心配をすることを杞憂という。
［きゆう］
杞《き》の国の人が天が崩《くず》れ落ちることを憂《うれ》えたという故事による

10 心が広く小さなことにこだわらないさまを闊達という。
［かったつ］
「自由闊達《ジユウカッタツ》な気風」などと用いる

11 特別にかわいがられる子どもや世間でもてはやされている人を寵児という。
［ちょうじ］
「時代の寵児」などと用いる

12 自分の身分や立場を越えてでしゃばることを僭越という。
［せんえつ］
「僭」には「思い上がる」という意味がある

□ 13 遠回しに表現することを婉曲という。
［えんきょく］
対「露骨《ロコツ》」

□ 14 ありありと思い浮かぶさまを彷彿という。
［ほうふつ］
「往事を彷彿させる」などと用いる

□ 15 気ままでだらしないことを放埒という。
［ほうらつ］
ある物事の範囲の外を「埒《ラチ》外《ガイ》」という

□ 16 他をしのいでその上に出ることを凌駕という。
［りょうが］
「凌」には「しのぐ」「こえる」という意味がある

□ 17 とがめ責めることを呵責という。
［かしゃく］
「良心の呵責」などと用いる

□ 18 学問や技芸の深い知識を蘊蓄という。
［うんちく］
「蘊蓄を傾ける」などと用いる

□ 19 一時しのぎにごまかすことを糊塗という。
［こと］
「失態を糊塗する」などと用いる

□ 20 ちらっと見ることを一瞥という。
［いちべつ］
「瞥見《ベッケン》」も「ちらっと見る」という意味

□ 21 心を奪われてうっとりすることを恍惚という。
［こうこつ］
「恍」も「惚」も「うっとりする」という意味がある

22 食い違いを齟齬という。
［そご］
「齟齬をきたす」などと用いる

□ 23 あふれるほど盛んなことを横溢という。
［おういつ］
「溢」には「あふれる」という意味がある

□ 24 繰り返し思い考えることを反芻という。
［はんすう］
「一度飲み込んだ食物を口中に戻し、再び咀嚼《ソシャク》する」という意味もある

4

分かる②

1 本を出版することを上梓という。
[じょうし]
「梓《あずさ》」を版《ハン》木《ぎ》に用いたことから

2 出来事の一部始終を顛末という。
[てんまつ]
「事の顛末を話す」などと用いる

3 厳格にくべつすることを峻別という。
[しゅんべつ]
「公私を峻別する」などと用いる

4 経験が豊かで悪賢いことを老獪という。
[ろうかい]
「海《うみ》千《セン》山《やま》千《セン》」と同じような意味

5 勢いに押され、どうしようもなく困ることを辟易という。
[へきえき]
類「閉口《ヘイコウ》」

6 わずかにつながっているさまを一縷という。
[いちる]
「一縷の望み」などと用いる

7 恥じ入るさまを忸怩という。
[じくじ]
「忸怩たる思い」などと用いる

8 ありふれたさまを常套という。
[じょうとう]
「常套《ジョウトウ》句《ク》」は「決まり文句」という意味

9 こじつけの議論を詭弁という。
[きべん]
「詭弁を弄《ロウ》する」などと用いる

10 他人の手先になって働く者を走狗という。
[そうく]
「権力の走狗」などと、軽蔑の意味を込めて用いる

11 物事の始まりや起こりを嚆矢という。
[こうし]
「嚆矢」は、「開戦のしるしに射た鳴り響く矢のこと」

12 他人の気持ちを推し測ることを忖度という。
[そんたく]
「忖」も「度」も「はかる」という意味がある

□ 13 さっぱりとして、あかぬけていることを洒脱という。［しゃだつ］「洒落」は「しゃれ」と読む

□ 14 結局ということを畢竟という。［ひっきょう］「畢」も「竟」も終わるという意味がある

□ 15 ある状態が固定して動かないことを膠着という。［こうちゃく］「膠」は接着剤などに使われる「にかわ」のこと

□ 16 遠慮することを忌憚という。［きたん］「忌憚のない意見」などと用いる

□ 17 事態が差し迫ることを逼迫という。［ひっぱく］特に生活が困窮することを表す

□ 18 広く知れわたることを膾炙という。［かいしゃ］「人口《ジンコウ》に膾炙する」などと用いる

□ 19 道徳的に乱れ不健全なことを頽廃という。［たいはい］「退廃」とも書く

□ 20 他から受けた非難や攻撃に対し、逆に論じ返すことを反駁という。［はんばく］「反駁を加える」などと用いる

□ 21 力量に差がなく、互いに張り合うことを拮抗という。［きっこう］「拮抗する勢力」などと用いる

□ 22 奥深く底知れないことを深淵という。［しんえん］「淵」には「水の深くたまったところ」という意味がある

□ 23 二つのものを結びつける働きをなすものを紐帯という。［ちゅうたい］血縁や利害の共有などを「社会的紐帯《チュウタイ》」という

□ 24 のこりかすを残滓という。［ざんし］「旧制度の残滓」などと用いる

4

分かる③

※常用漢字表にない読みを含むものには、▼を付けています。

□ 1 かみくだくことを咀嚼という。
［そしゃく］
「文章などの意味をよく考え味わう」という意味でも多く用いる

□ 2 しなやかで強いことを強靭という。
［きょうじん］
「強靭な精神」などと用いる

□ 3 神聖なものを冒しけがすことを冒瀆という。
［ぼうとく］
「冒涜」とも書く

□ 4 夜明けや物事のはじまりを黎明という。
［れいめい］
対「薄暮《ハクボ》」 「薄暮」は「薄明かりの残る夕暮れ」

□ 5 落とし穴や人を陥れる計略を陥穽という。
［かんせい］
「陥穽にはまる」などと用いる。「穽」は「落とし穴」という意味

□ 6 へりくだって丁寧なさまを慇懃という。
［いんぎん］
「慇懃《インギン》無礼《ブレイ》」は「丁寧すぎてかえって無礼であるさま」

□ 7 仲たがいすることを軋轢という。
［あつれき］
類「不和《フワ》」

□ 8 役に立たない物事を▼反古という。
［ほご］
「反故」とも書く。「反古にする」は「破棄する」

□ 9 知り尽くすことを知悉という。
［ちしつ］
「悉」には「細かなところまですべて」という意味がある

□ 10 踏みにじること、特に他人の権利や国土を力で侵害することを蹂躙という。
［じゅうりん］
「人権《ジンケン》蹂躙《ジュウリン》」などと用いる

□ 11 考えを巡らすことを▼料簡という。
［りょうけん］
「了見」「了簡」などとも書く
「料簡が狭い」などと用いる

□ 12 まな板の上を俎上という。
［そじょう］
「俎上に載せる」は「批評などの対象としてとりあげる」という意味

□ 13 自分の才能や地位を隠すことを韜晦という。

［とうかい］

「韜」は「つつむ」、「晦」は「くらます」という意味

□ 14 背くことや反対になることを背馳という。

［はいち］

背を向けて走り去ることから

□ 15 あっさりしていて物事に執着しないさまを恬淡という。

［てんたん］

「恬澹」とも書く。「恬淡とした態度」などと用いる

□ 16 度を超えたぜいたくを奢侈という。

［しゃし］

「豪奢《ゴウシャ》」は「非常に贅沢《ゼイタク》で派《ハ》手《で》なこと」

□ 17 あたりをにらみつけて勢いを示すことを睥睨という。

［へいげい］

「天下を睥睨する」などと用いる

□ 18 厳しく自由を束縛するものを桎梏という。

［しっこく］

「桎」は「足かせ」、「梏」は「手かせ」

□ 19 情が深く離れにくいさまを纏綿という。

［てんめん］

「情緒纏綿《ジョウチョテンメン》」などと用いる

□ 20 囲い巡らすことを囲繞という。

［いにょう（いじょう）］

「青年を囲繞する時代の空気」などと用いる

□ 21 言いふらすことを吹聴という。

［ふいちょう］

「自慢話を吹聴する」などと用いる

□ 22 推測することを端倪という。

［たんげい］

「端倪すべからず」は「容易にはかり知ることができない」という意味

□ 23 ゆったりと落ち着いていることを鷹揚という。

［おうよう］

鷹《たか》が悠然《ユウゼン》と空を飛ぶさまから

□ 24 多くの人をなびき従わせることを風靡という。

［ふうび］

「一世を風靡する」などと用いる

長文

4

分かる 長文問題

くりかえし

※200～205ページの「分かる」から出題しています。

傍線部の漢字をひらがなにせよ。

「源氏《げんじ》物語《ものがたり》」ほど人口に[1]膾炙した物語は他になく、作品に関する[2]蘊蓄を語る人も少なくない。しかし「源氏物語」は、その内容を[3]頽廃的だと見なされたり、王権を[4]冒瀆するものだと決めつけられたこともあったのだ。今日私たちが「源氏物語」の世界に耽溺《たんでき》しその内容を[5]反芻したり、誰はばかることなく議論の[6]俎上に載せたりすることができるのは幸せなことだと言えるかもしれない。

日本において直接的な表現は好まれない。したがって口調だけ[7]慇懃であっても、[8]忌憚のない意見を言う人は、周囲からは人の気持ちを[9]忖度しない人、もしくは[10]放埒な人だと言われたりする。言い換えれば、日本では、[11]婉曲な表現や[12]鷹揚な人が好まれるのである。こうした風潮に[13]忸怩たる思いを抱いたり[14]辟易したりしている人も少なくないかもしれないが、これは狭い世間で[15]軋轢が生じることを避けるための知恵のようなものなのだろう。しかし、周囲に気を配るだけの生き方はやはりつまらない。信念を持ちつつ[16]闊達に生きるということを忘れたくないものだ。

理性を重視する[17]啓蒙思想は、一世を[18]風靡したが、功だけでなく罪もある。その一つが植民地主義を正当化したということである。西洋は、自らと非西洋とを[19]峻別し、非西洋は[20]形而上的な思考や[21]演繹的思考などが存在せず、物事を[22]俯瞰的に見たり、

［解答］

1 かいしゃ
2 うんちく
3 たいはい
4 ぼうとく
5 はんすう
6 そじょう

7 いんぎん
8 きたん
9 そんたく
10 ほうらつ
11 えんきょく
12 おうよう
13 じくじ
14 へきえき
15 あつれき
16 かったつ

17 けいもう
18 ふうび

[23]敷衍して考えることもできない未開の状態にあると[24]吹聴し、自分だけが文明だと[25]標榜したのだ。しかしそうした見方は[26]畢竟、西洋の側からの狭い見方でしかない。非西洋から[27]反駁されるのは当然だったのである。しかし、それでも良心の[28]呵責に苦しむ西洋の思想家は当時においては少なく、彼らの多くは自らの誤りを[29]糊塗し、[30]詭弁を弄することに終始した。

●人間は自らの未来を知ることができず、あらゆることを[31]知悉しているわけでもない。後から[32]杞憂だったとわかることでも、ことの[33]顛末がはっきりするまでは[34]恬淡としてはいられないのだ。これがオカルティズムの[35]陥穽にはまる人が後を絶たない所以《ゆえん》である。人間は合理性だけでは生きていけない存在なのだ。

19 しゅんべつ
20 けいじじょう
21 えんえき
22 ふかん
23 ふえん
24 ふいちょう
25 ひょうぼう
26 ひっきょう
27 はんばく
28 かしゃく
29 こと
30 きべん
31 ちしつ
32 きゆう
33 てんまつ
34 てんたん
35 かんせい

4

意味から考えるテスト⑧

くりかえし

※190～205ページから出題しています。

1	広くてとりとめのないさま	［ぼうばく］
2	きざし	［ほうが］
3	けがれのないさま	［むく］
4	広く世間に知らせる	［は］せる
5	遠く隔たるさま	［はる］か
6	そそのかす	［あお］る
7	あやまり	［誤謬］
8	しつこいさま	［執拗］
9	そむき離れること	［乖離］
10	筋道がはっきりとおっているさま	［明晰］
11	尊び敬う	［崇］める
12	事柄を意図的にゆがめ曲げること	［歪曲］
13	すぐさま	［俄］
14	もろくてよわいさま	［脆弱］
15	ある方向に進む	［辿］る
16	あわてふためくこと	［狼狽］
17	利益	［儲］け
18	からだ全体	［渾身］
19	向き合って立つこと	［対峙］
20	からかうこと	［揶揄］
21	広く伝わること	［伝播］
22	勢いが盛んで激しいさま	［熾烈］
23	意識が確かでないさま	［朦朧］
24	生き生きしているさま	［潑剌］
25	多くの中から引き抜いて使うこと	［抜擢］
26	ずるがしこいこと	［狡猾］
27	大急ぎで	［急遽］
28	おしゃべりなこと	［饒舌］
29	超えてそれ以上になる	［凌］ぐ
30	なぐさめいたわること	［慰藉］

31 意味を押し広げて説明すること〔　〕敷衍〔　〕

32 無用の心配をすること〔　〕杞憂〔　〕

33 厳格にくべつすること〔　〕峻別〔　〕

34 心を奪われてうっとりすること〔　〕恍惚〔　〕

35 遠慮すること〔　〕忌憚〔　〕

36 知り尽くすこと〔　〕知悉〔　〕

37 繰り返し思い考えること〔　〕反芻〔　〕

38 他人の気持ちを推し測ること〔　〕忖度〔　〕

39 しなやかで強いこと〔　〕強靱〔　〕

40 食い違い〔　〕齟齬〔　〕

---

41 他をしのいでその上に出ること〔　〕凌駕〔　〕

42 仲たがいすること〔　〕軋轢〔　〕

43 事態が差し迫ること〔　〕逼迫〔　〕

44 へりくだって丁寧なさま〔　〕慇懃〔　〕

45 高い所から見下ろすこと〔　〕俯瞰〔　〕

46 かみくだくこと〔　〕咀嚼〔　〕

47 物事の始まりや起こり〔　〕嚆矢〔　〕

48 恥じ入るさま〔　〕忸怩〔　〕

49 ゆったりと落ち着いていること〔　〕鷹揚〔　〕

50 推測すること〔　〕端倪〔　〕

［解答］

1 茫漠
2 萌芽
3 無垢
4 馳
5 遥
6 煽
7 ごびゅう
8 しつよう
9 かいり
10 めいせき
11 あが
12 わいきょく
13 にわか
14 ぜいじゃく
15 たど
16 ろうばい
17 もう
18 こんしん
19 たいじ
20 やゆ
21 でんぱ
22 しれつ
23 もうろう
24 はつらつ
25 ばってき
26 こうかつ
27 きゅうきょ
28 じょうぜつ
29 しの
30 いしゃ
31 ふえん
32 きゆう
33 しゅんべつ
34 こうこつ
35 きたん
36 ちしつ
37 はんすう
38 そんたく
39 きょうじん
40 そご
41 りょうが
42 あつれき
43 ひっぱく
44 いんぎん
45 ふかん
46 そしゃく
47 こうし
48 じくじ
49 おうよう
50 たんげい

4 入試問題① 私立大

傍線部の漢字の読みとして最もふさわしいものを一つ選べ。

□相手チームのプレーは**狡猾**だ［　］ 明治大

① こうかつ　② こんかつ　③ こうこう
④ こんかう　⑤ きょうこう

①

傍線部の「ヒンして」を漢字にする場合に最適なものを①～⑤から選べ。

□財政状況が危機に**ヒンして**いるにもかかわらず、［　］ 青山学院大

① 賓して　② 頻して　③ 瀕して
④ 稟して　⑤ 貧して

③

傍線部のカタカナの部分を漢字で書いたとき、傍線部に同一の漢字を使うものを一つ選べ。 関西学院大

□二男が**チョウ**兵から帰ったら、養子にもらって…［　］

イ 嵐の前**チョウ**。
ロ **チョウ**瞰図を広げる。
ハ 追**チョウ**税を課す。
ニ 勧善**チョウ**悪。
ホ **チョウ**発的な態度。

ハ・徴
徴 兆 鳥 徴 懲 挑

くりかえし
4章で学習した漢字を、実際の入試問題で確認します。

傍線のカタカナの漢字と同じ漢字を含むものを一つ選べ。 明治大

□祖父は**ケイ**虔なクリスチャンだった［　］

① 要人の**ケイ**護をする
② 事件の**ケイ**緯を説明する
③ 街の**ケイ**観を守る
④ 目上の人を尊**ケイ**する
⑤ 彼の意見は**ケイ**聴に値する

④・敬
警 経 景 敬 傾

傍線部の読みを、平仮名で記せ。 立教大

□私たちは「自由である」ことによって、いやおうなく他者の視線に**晒される**ことになるのです。［　］

さら(される)

傍線部の読み方として正しいものを選べ。 関西学院大

□われわれが恐れているのは自己の**終焉**である。［　］

イ しゅうだん　ロ しゅうわん　ハ しゅうしん
ニ しゅうせん　ホ しゅうえん

ホ

4 入試問題② 私立大

くりかえし　4章で学習した漢字を、実際の入試問題で確認します。

傍線部のカタカナを漢字で書いたとき、傍線部に同一の漢字を使うものを一つ選べ。 関西学院大

□では、なぜそのような危**カイ**なものを築くのであろうか。それは人間が生物学的生命そのものを生きることができなくなったからである。

［　　］

イ　首脳**カイ**談
ロ　一知半**カイ**
ハ　**カイ**奇現象
ニ　**カイ**護福祉
ホ　銀座**カイ**隈

ニ・介
会解怪介界

傍線部の読みをひらがなで記せ。 法政大

□この鏡に映った実在の像は奇天烈に**歪曲**されているのだ。［　　］

わいきょく

傍線部の読み方をひらがなで書け。 立命館大

□大量に発話され大河のような流れをなす**夥**しい言葉の断片を情報の「資源」ととらえるなら、これは従来の流れに逆行する新たな情報源の誕生を意味する。

［　　］

おびただ（しい）

傍線部の読み方をひらがなで記せ。 明治大

□わたしから数メートルと離れていないところに立っているそのひとは、気配を消した**静謐**さで、周囲の喧騒をよそに超然としていた。

［　　］

せいひつ

傍線部の読み方をひらがなで書け。 立命館大

□そぶりは**微塵**も見せなかった。

［　　］

みじん

傍線のカタカナの漢字と同じ漢字を含むものを一つ選べ。 明治大

□未完の試行**サク**誤のうちにしか果せぬ探索というものがある。［　　］

A　寡**サク**な作家
B　作文を添**サク**する
C　情報が**サク**綜する
D　無為無**サク**

C・錯
錯作削錯策

傍線部の読みを平仮名で記せ。 立教大

□物質的快楽に**耽溺**したり、実務に没頭するひまはあっても、…［　　］

たんでき

4 入試問題③ 私立大

くりかえし
4章で学習した漢字を、実際の入試問題で確認します。

傍線部にあたる漢字を含むものを選べ。 早稲田大

□今までのところ、そういう主題が一番発**キ**されたのが「青森県立美術館」だ。［　　］　ホ・揮

イ **キ**然　毅
ロ **キ**概　気
ハ 禁**キ**　忌
ニ 分**キ**点　岐
ホ **キ**発油　揮

傍線部の読みを、平仮名で記せ。 立教大

□都市漂民はこの盛り場で、家庭や職場では求められない**慰藉**と快楽の匂いをかぐ。［　　］　いしゃ

傍線部と同じ読みをする漢字が含まれている単語を選べ。 関西学院大

□固定的な「方法」の機械的な適用に**邁進**する。［　　］　ロ（まいしん・まいぼつ）

イ 寓意　ロ 埋没　ハ 幕府
ニ 漏洩　ホ 冥土

傍線部「モウネン」を漢字で記したものとして最適なものを次の①〜⑤から選べ。 青山学院大

□いまだ至らずとして、**モウネン**を払うように祈りたい。［　　］　③

① 猛念　② 望燃　③妄念
④ 盲念　⑤ 呆然

傍線部のカタカナにあてはまる漢字と同じ漢字をカタカナの部分に用いる語はどれか選べ。 早稲田大

□社会における人間と人間との関係において、なんらか安定したバランスが**クズ**れるならば…［　　］　イ・崩

イ **ホウ**御　崩
ロ **ホウ**酸　硼
ハ **ホウ**芽　萌
ニ **ホウ**友　朋

傍線部の読み方をひらがなで書け。 立命館大

□小学校におけるこどもたちの「自由作文」や「**綴**り方教室運動」が多大な貢献をした。［　　］　つづ(り)

5章

さまざまな視点から学ぶ漢字

5章では「似た形の漢字」や「間違いやすい漢字」、「特定の言葉に結びつきやすい漢字」など、さまざまな観点から漢字を学習していきます。注意すべきポイントを絞ることで、効果的な学習が可能です。表現する際にも役立ち、語彙を増やすことができる漢字を集めています。

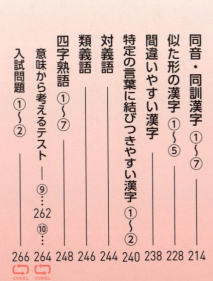

5 同音・同訓漢字①

同音 **イギ**

1 相手の言うことに**イギ**（他人と違ったいけん）を唱える。　［異議］

2 オリンピックは参加することに**イギ**（価値）がある。　［意義］

3 **イギ**（作法にかなった重々しい態度）を正して卒業式に臨む。　［威儀］

同音 **イコウ**

4 先方の**イコウ**（思惑、考え）に添うようにする。　［意向］

5 親の**イコウ**（人を従わせる力）を笠《かさ》に着る。　［威光］

同音 **イショウ**

6 **イショウ**（工夫）を凝らした美しい本。　［意匠］

7 花嫁**イショウ**（着物）を身にまとう。　［衣装］

同音 **イヨウ**

8 雪を頂いた富士の**イヨウ**（いかめしい姿）に心を打たれる。　［威容］

9 会場は**イヨウ**（普通と違っているさま）な熱気に包まれていた。　［異様］

同訓 **ウっ**

10 赤穂浪士《あこうろうし》が吉良《きら》上野介《こうずけのすけ》を**ウ**（敵を倒す）ち果たした。　［討］

11 猟師が鳥を目がけて鉄砲を**ウ**（弾丸を発射する）つ。　［撃］

同音 **エイイ**

12 人間の**エイイ**（いとなみ）の積み重ねが文明である。　［営為］

13 □ **エイイ**（一生懸命に）努力することを誓う。

同音 **オウシュウ**

14 □ 野次の**オウシュウ**（やりとりすること）が続く。

15 □ 証拠の書類を**オウシュウ**（差しおさえること）する。

同訓 **オカす**

16 □ 他国の領土を一方的に**オカ**（無断で入り込む）す。

17 □ 危険を**オカ**（無理をしてやりきろうとする）すことも辞さない。

18 □ **オカ**（法や道徳などにそむく）した罪の重さにおののく。

同訓 **オサめる**

19 □ 名君が**オサ**（支配する）める豊かな国。

20 □ 短編を**オサ**（中に入れる）めた文庫本。

21 □ 杉《すぎ》田《た》玄白《げんぱく》は蘭学《らんがく》を**オサ**（学んで自分のものにする）めた。

22 □ 税金を**オサ**（受け取り手のもとに入れる）める。

同音 **カイコ**

23 □ **カイコ**（昔の事をなつかしく思うこと）趣味が高じて道具屋を開いた。

24 □ 幸せだった幼い頃を**カイコ**（過去の事を思い返すこと）する。

25 □ 不況のあおりを受け、社員を**カイコ**（やとっていた者をやめさせること）する。

---

13 鋭意　14 応酬　15 押収　16 侵　17 冒　18 犯　19 治　20 収　21 修　22 納　23 懐古　24 回顧　25 解雇

5 同音・同訓漢字②

同音 **ガイトウ**

1 □ 候補者の**ガイトウ**演説に耳を傾ける。（路上）

2 □ 条件に**ガイトウ**する者はいなかった。（条件などにあてはまること）

同音 **カイホウ**

3 □ 人質の一刻も早い**カイホウ**を目指す。（束縛をといて自由にすること）

4 □ 寝たきりの病人を**カイホウ**する。（病人やけが人の世話をすること）

5 □ 病が**カイホウ**に向かう。（病気やけががよくなっていくこと）

6 □ 市民に校庭を**カイホウ**する。（出入りの自由を許すこと）

同訓 **カエリみる**

7 □ これまでの人生の歩みを**カエリ**みる。（過去を振り返る）

8 □ 我が身を**カエリ**み、深く悔い改める。（自分の行いを振り返り考える）

同音 **カクシン**

9 □ 事件の**カクシン**を突く証言。（物事のちゅうしんとなる大切なところ）

10 □ 容疑者が無罪であることを**カクシン**する。（固くしんじて疑わないこと）

同訓 **カける**

11 □ 一人も**カ**けることなく完走する。（あるべきものがなくなる）

12 □ 壁に新しい絵を**カ**ける。（支えとめる）

1	2	3	4	5	6	7	8	9	10	11	12
街頭	該当	解放	介抱	快方	開放	顧	省	核心	確信	欠	掛

13	ゴールを目指して懸命に**カ**ける。	速く走る	駆
	同音　カサク		
14	小品ながら**カサク**として知られる名画。	優れたさくひん	佳作
15	**カサク**で知られる作家の十年ぶりの新作。	さくひんを少ししかつくらないこと	寡作
	同音　カテイ		
16	博士**カテイ**を終えて、留学する。	ある期間に割りあてる学習などの範囲	課程
17	結果に至る**カテイ**を重んじる。	物事が進行していく途中の道筋	過程
	同音　カンカ		
18	友人に**カンカ**されやすい性格だ。	影響を与えて心を変えさせること	感化
19	**カンカ**することのできない事態になる。	見逃すこと	看過
	同音　カンキ		
20	注意を**カンキ**する。	よびおこすこと	喚起
21	暖房を使う冬は部屋の**カンキ**が必要だ。	くうきを入れかえること	換気
22	優勝の瞬間、**カンキ**の輪が広がった。	とてもよろこぶこと	歓喜
	同音　カンゲン		
23	利益を消費者に**カンゲン**する。	もとに戻すこと	還元
24	子どもでもわかる表現に**カンゲン**する。	いいかえること	換言
25	**カンゲン**に乗せられ、ひどい目に遭った。	相手の心をひきつけるためのうまいことば	甘言

5 同音・同訓漢字③

同音 カンショウ

1 親が子に**カンショウ**しすぎるのも問題だ。（しいてかかわり、自分の考えに従わせようとすること）　［干渉］

2 秋は人を**カンショウ**的な気持ちにさせる。（物事に心を動かされやすいこと）　［感傷］

3 中立国が大国間の**カンショウ**材となりうる。（対立するものの間の不和を和らげること）　［緩衝］

4 静かな美術館で名画を**カンショウ**する。（芸術作品を理解し、味わうこと）　［鑑賞］

同音 カンタン

5 壮麗な寺院に**カンタン**の声を上げる。（かんしんしてほめたたえること）　［感嘆］

6 二人は**カンタン**相照らす仲だった。（心の底）　［肝胆］

同音 カンヨウ

7 仏教は**カンヨウ**であることを説いた。（心が広く人の考えをよく受け入れること）　［寛容］

8 成功するには忍耐強さが**カンヨウ**だ。（非常に大切であるさま）　［肝要］

同音 キカン

9 消化**キカン**の病気の疑いがある。（生物体を構成する一部分）　［器官］

10 遠征を終えて無事に故郷へ**キカン**する。（かえってくること）　［帰還］

11 紡績工業は国の**キカン**産業だった。（物事の大もととなるもの）　［基幹］

同訓 キく

12 この薬はのどの痛みによく**キ**く。（ききめがある）　［効］

13 気の**キ**いたプレゼントを探す。（有効に働く）　［利］

同音 **キセイ**

14 人は**キセイ**概念にとらわれやすい。（すでに出来上がっていること）　［既成］

15 大統領の来日で交通**キセイ**が敷かれている。（決まりを立ててせいげんすること）　［規制］

同音 **キセキ**

16 偉人の人生の**キセキ**をたどる。（行いのあと）　［軌跡］

17 キリストの起こしたさまざまな**キセキ**。（不思議な出来事）　［奇跡］

同音 **キチ**

18 少子化の進行は**キチ**の事実だ。（すでにしっていること）　［既知］

19 **キチ**に富んだ会話を楽しむ。（その場その場での鋭い頭の働き）　［機知］

同音 **キハク**

20 都会は人情が**キハク**だと言う人が多い。（弱く少ないさま）　［希薄］

21 選手たちの**キハク**に満ちたプレー。（何事にも屈しない精神力）　［気迫］

同音 **キョウイ**

22 現代社会は核の**キョウイ**にさらされている。（おびやかされてかんじる恐ろしさ）　［脅威］

23 **キョウイ**的な世界記録が生まれる。（普通では考えられないことに対するおどろき）　［驚異］

同音 **キョウコウ**

24 自説を**キョウコウ**に主張する。（自分の考えなどを曲げないさま）　［強硬］

25 世界的な**キョウコウ**による経済の破綻。（最悪の経済状態）　［恐慌］

5 同音・同訓漢字④

同音 **ケイショウ**

1 伝統的な文化を**ケイショウ**（受けつぐこと）する。

2 物の**ケイショウ**（視覚的なかたち）をなぞって文字を作る。

3 環境破壊が進む社会に**ケイショウ**（けいこく）を鳴らす。

同音 **ケイタイ**

4 政治**ケイタイ**（ありさま）の歴史的な推移をたどる。

5 パスポートを**ケイタイ**（身につけてもつこと）する。

同音 **ケイチョウ**

6 **ケイチョウ**（耳をかたむけて熱心にきくこと）に値する意見。

7 鼎《かなえ》の**ケイチョウ**（かるいこととおもいこと）を問う。

同音 **ケンジ**

8 当初の方針を**ケンジ**（かたく守って譲らないこと）すべきだ。

9 自己**ケンジ**（はっきりとしめすこと）欲の強い実業家。

同音 **ケントウ**

10 互いの**ケントウ**（よくがんばってたたかうこと）をたたえ合う。

11 新居の購入を**ケントウ**（よいかどうか考えること）する。

同音 **コウギ**

12 大学で経済学の**コウギ**（大学の授業）を受ける。

---

1 継承　2 形象　3 警鐘　4 形態　5 携帯　6 傾聴　7 軽重　8 堅持　9 顕示　10 健闘　11 検討　12 講義

13 □ 不当な解雇に対して強く**コウギ**する。
反対の意見を申し立てること

同音 **コウショウ**

14 □ 二国間の**コウショウ**が決裂する。
取り決めのための話し合い

15 □ 文字によらない**コウショウ**文芸を研究する。
くちづたえに語りつぐこと

16 □ **コウショウ**な趣味をもつ。
上品なさま

同音 **コウテイ**

17 □ 自己を**コウテイ**することも必要だ。
価値があると認めること

18 □ 列車での旅の**コウテイ**を楽しむ。
道のり

同音 **コウミョウ**

19 □ 秀吉《ひでよし》は戦のたびに**コウミョウ**を立てた。
手柄を立ててめいよを手に入れること

20 □ 犯人の**コウミョウ**なトリック。
優れてたくみなさま

同音 **コジ**

21 □ どんなに批判されても自説を**コジ**する。
かたくもち続けること

22 □ どれほど勧められても役員の職を**コジ**する。
かたく断ること

23 □ 美しさを**コジ**するような孔雀《くじゃく》の羽。
自慢してしめすこと

同音 **コショウ**

24 □ **コショウ**したミシンを修理する。
機能に異常をきたすこと

25 □ 正式な**コショウ**ではなくあだなでよぶ。
よびな

13	14	15	16	17	18	19	20	21	22	23	24	25
抗議	交渉	口承	高尚	肯定	行程	功名	巧妙	固持	固辞	誇示	故障	呼称

5 同音・同訓漢字⑤

同訓 **サワる**

1 花びらを乱暴に**サワ**ってはいけない。（ふれる）

2 もったいぶった言い方が癪《しゃく》に**サワ**る。（悪く作用する）

同音 **シジ**

3 ただ上司の**シジ**を仰ぐだけではいけない。（さしずすること）

4 長年にわたり、一つの政党を**シジ**する。（他人の意見などに賛同して援助すること）

5 世界的に有名な芸術家に**シジ**する。（先生として仕え、教えをうけること）

同音 **シュウセイ**

6 軌道を**シュウセイ**する。（不適切な点を直すこと）

7 **シュウセイ**変わらぬ愛を誓う。（命がおわるまでの間）

8 猫は小動物を捕獲する**シュウセイ**をもつ。（決まった行動の型）

同音 **シュウチ**

9 **シュウチ**を集めて解決を図る。（多人数のちえ）

10 二人が仲違《なかたが》いしたことは**シュウチ**の事実だ。（広くしれ渡っていること）

同音 **シュコウ**

11 **シュコウ**を凝らしたパーティーを開く。（おもしろみを出すための工夫）

12 君の考えには**シュコウ**しがたい。（しょうちすること）

1	2	3	4	5	6	7	8	9	10	11	12
触	障	指示	支持	師事	修正	終生(世)	習性	衆知	周知	趣向	首肯

同音 **シュサイ**

13 教育委員会**シュサイ**の講演会に出席する。（中心になってある事をもよおすこと）

14 俳句雑誌を**シュサイ**する。（人々の中心になって物事を行うこと）

同音 **ジュヨウ**

15 日本は西洋文明を**ジュヨウ**してきた。（うけいれて取り込むこと）

16 小型車の**ジュヨウ**が増える。（商品に対する購買意欲）

同音 **ショウガイ**

17 恋愛には**ショウガイ**がつきものだ。（邪魔になるもの）

18 酔客どうしによる**ショウガイ**事件。（人にきずを負わせること）

19 **ショウガイ**をかけて打ち込む仕事を持つ。（この世にいきている間）

同音 **シンギ**

20 **シンギ**のほどは定かではない。（本当かうそか）

21 夜を徹して**シンギ**を重ねる。（詳しく調べ検討して可否を話し合うこと）

同音 **シンコウ**

22 神への**シンコウ**を心のよりどころとする。（神や仏を敬いしんじること）

23 **シンコウ**勢力が台頭する。（あたらしく起こること）

同音 **セイコウ**

24 初心者ゆえの**セイコウ**で読みにくい訳文。（こなれずぎこちないさま）

25 **セイコウ**な作りの工芸品に見とれる。（細かくたくみなさま）

主催	主宰	受容	需要	障害	傷害	生涯	真偽	審議	信仰	新興	生硬	精巧

5 同音・同訓漢字⑥

同音 **ソウサ**

1 □ 高齢者にも**ソウサ**しやすい機器。（あやつって動かすこと）

2 □ 事件の**ソウサ**が難航する。（犯罪に関する証拠を発見・収集すること）

同音 **ソウジ**

3 □ **ソウジ**した構造の二つの建築物。（形や性質などがよくにていること）

4 □ 毎日部屋を**ソウジ**する。（ごみやほこりをとりのぞききれいにすること）

同音 **ソガイ**

5 □ 周囲から**ソガイ**された友人を励ます。（のけものにすること）

6 □ 過度なダイエットは健康を**ソガイ**する。（さまたげること）

同訓 **ソナえる**

7 □ 墓前に花を**ソナ**える。（神仏にものをさしあげる）

8 □ 災害に**ソナ**える。（前もって用意する）

同訓 **タつ**

9 □ 浴衣をつくるために布地を**タ**つ。（布地を切る）

10 □ 巷《ちまた》にはびこる悪の根を**タ**つ。（ほろぼす）

11 □ 敵の退路を**タ**つ。（さえぎる）

同音 **チュウショウ**

12 □ 具体の反対が**チュウショウ**である。（事物から同様の性質を抜き出すこと）

［操作］［捜査］［相似］［掃除］［疎外］［阻害］［供］［備］［裁］［絶］［断］［抽象］

13 □ 候補者を**チュウショウ**するビラがまかれる。
根拠のないことを言いふらして人をきずつけること

同音　チョウコク

14 □ ロダンの力強い**チョウコク**を鑑賞する。
木や石をほりきざんで作った像

15 □ 近代に固有の問題を**チョウコク**する。
のりこえて打ち勝つこと

同音　ツイキュウ

16 □ 責任を**ツイキュウ**する。
問いただしおいつめること

17 □ 真理を**ツイキュウ**する。
どこまでも調べて明らかにしようとすること

18 □ 理想を**ツイキュウ**する。
どこまでもおいかけもとめること

同訓　ツく

19 □ 船が岸に**ツ**く。
目的の場所に達する

20 □ ようやく眠りに**ツ**く。
ある状況などに身を置く

21 □ 老人が杖《つえ》を**ツ**く。
立てて支えとする

同訓　ツむ

22 □ 山のような荷物を**ツ**む馬車。
乗せる

23 □ 新茶を**ツ**む。
つまみ切る

同音　テンカ

24 □ 上司が部下に責任を**テンカ**する。
他人に責任や罪をなすりつけること

25 □ **テンカ**物のない食品を選ぶ。
つけくわえること

13	14	15	16	17	18	19	20	21	22	23	24	25
中傷	彫刻	超克	追及	追究	追求	着	就	突	積	摘	転嫁	添加

5 同音・同訓漢字⑦

同訓 **トく**

1 片栗粉《かたくりこ》を水で**ト**く。（ある物質を液体にまぜて均一な液状にする）

2 師が弟子に人の道を**ト**く。（道理を言いさとす）

3 交通規制を**ト**く。（禁止・制限を取りのぞく）

同訓 **ノばす**

4 出発を明後日に**ノ**ばす。（期日を遅らせる）

5 走り幅跳びの高校記録を**ノ**ばす。（発展させる）

同訓 **ハく**

6 竹箒《たけぼうき》で庭を**ハ**く。（ごみをはらう）

7 酔って本音を**ハ**く。（口に出して言う）

8 浴衣に合わせてげたを**ハ**く。（足につける）

同音 **フキュウ**

9 映画史に残る**フキュウ**の名作。（いつまでも残ること）

10 活字の**フキュウ**によって識字率が上昇した。（広くゆきわたること）

同音 **フシン**

11 新しい家を**フシン**する。（建築や土木の工事）

12 挙動**フシン**な人物を見かける。（うたがわしいさま）

1	2	3	4	5	6	7	8	9	10	11	12
溶	説	解	延	伸	掃	吐	履	不朽	普及	普請	不審

13 家業の立て直しに**フシン**《こころを悩ますこと》する。
14 成績**フシン**《勢いがふるわないこと》で長い間悩む。

同音 **ヘイコウ**

15 強引な勧誘に**ヘイコウ**《困りきること》する。
16 体操選手には優れた**ヘイコウ**《つりあいがとれていること》感覚がある。

同音 **ヘンザイ**

17 特定の階層に富が**ヘンザイ**《ある場所にだけかたよってあること》する。
18 全国に**ヘンザイ**《広くゆきわたってあること》する昔話を取材する。

同音 **ホカン**

19 重要な書類を厳重に**ホカン**《大切にしまうこと》する。
20 機械は人間の機能を**ホカン**《おぎなってかんぜんにすること》するものだった。

同音 **ホショウ**

21 台風による被害を**ホショウ**《損害などをつぐなうこと》する保険に入る。
22 老後の生活が**ホショウ**《ある状態が損なわれないように守ること》された社会を目指す。
23 身元を**ホショウ**《確かだとうけあうこと》してくれる人が必要だ。

同音 **ヨチ**

24 言い訳の**ヨチ**《何かができるゆとり》もない。
25 災害を**ヨチ**《前もってしること》することは困難だ。

〔腐心〕〔不振〕〔閉口〕〔平衡〕〔偏在〕〔遍在〕〔保管〕〔補完〕〔補償〕〔保障〕〔保証〕〔余地〕〔予知〕

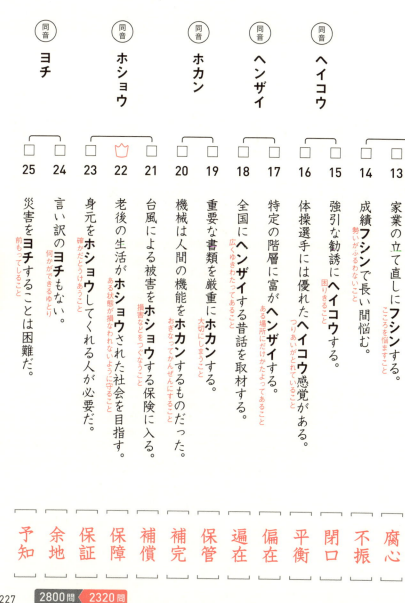

5 似た形の漢字①

1 古い建物を**コワ**す。（ものをくだくなどしてだめにする）

2 **ナツ**かしい故郷の風景。（思い出されて慕わしい）

3 不意をつかれ、**テッタイ**を余儀なくされた。（軍隊などが陣地などをとり払ってしりぞくこと）

4 当初の方針を**テッテイ**させる。（つらぬきとおすこと）

5 **サイバン**を傍聴する。（法に基づいてさばくこと）

6 ベランダで野菜を**サイバイ**する。（植物を育てること）

7 書類に**リレキ**を書き込む。（現在までに経験した学業や職業などの次第）

8 **フクメン**で顔を隠す。（布などで顔をおおいつつむこと、またその布）

9 幼い頃の**キオク**がよみがえる。（覚えていることがら）

10 **オクビョウ**な人間ほど勇ましいことを言う。（ちょっとしたことにも恐れること）

11 **ズノウ**明晰《めいせき》な社会学者に教えを請う。（あたまの働き）

12 かなわぬ恋に**クノウ**する。（なやみくるしむこと）

1 壊

2 懐

3 撤退

4 徹底

5 裁判

6 栽培

7 履歴

8 覆面

9 記憶

10 臆病

11 頭脳

12 苦悩

注意 壊－懐

注意 撤－徹

注意 裁－栽

注意 履－覆

注意 憶－臆

注意 脳－悩

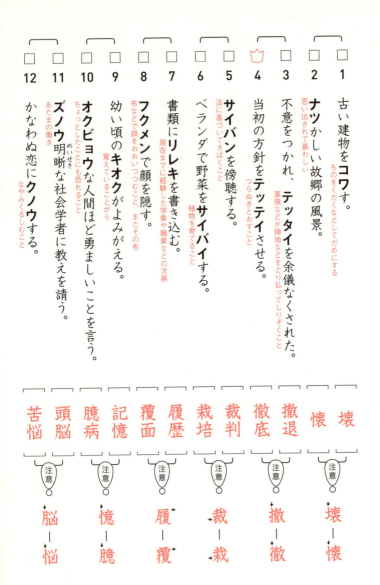

13 かろうじて**キンコウ**が保たれている状況だ。
つり合いがとれていること

14 出会いがしらに**ショウトツ**する。
ぶつかること

15 **ビンボウ**だからといって不幸とは限らない。
まずしいこと

16 **ドンヨク**に知識を吸収する。
非常によくぶかいさま

17 交通事故を**ボウシ**する。
ふせぎとめること

18 議事の進行を**ボウガイ**する。
邪魔をすること

19 破格の**タイグウ**で迎えられる。
職場などでの地位や給与などの取り扱い

20 かつての恋人と**グウゼン**再会する。
予期しない出来事

21 **イゾク**にお悔やみを述べる。
ある人の死後に残されたかぞく

22 援軍を**ハケン**する。
送りつかわすこと

23 **ドウヨウ**していることを敵に見抜かれる。
落ち着きを失うこと

24 各地に伝わる**ミンヨウ**を聞き比べる。
人々の間で歌いつがれてきた歌

25 娘の結婚を控え、**カンガイ**深いものがある。
身にしみてかんじること

26 幼児には抽象的な**ガイネン**の理解は難しい。
物事の共通した特徴や性質をまとめた考え

13	14	15	16	17	18	19	20	21	22	23	24	25	26
均衡	衝突	貧乏	貪欲	防止	妨害	待遇	偶然	遺族	派遣	動揺	民謡	感慨	概念

注意 衡―衝
注意 貧―貪
注意 防―妨
注意 遇―偶
注意 遺―遣
注意 揺―謡
注意 慨―概

5 似た形の漢字②

1 **カヘイ**（商品交換の仲立ちとなるもの）そのものに価値はない。

2 飲酒の**ヘイガイ**（悪いこと）を訴える。

3 **ダラク**（不健全になること）した生活から立ち直る。

4 ヘリコプターが**ツイラク**（高いところからおちること）する。

5 横から口を**ハサ**（物と物との間にさしいれる）む。

6 **セマ**（面積が小さい）いながらも楽しい我が家。

7 **カンペキ**（まったく欠点がないさま）とは傷のない玉を意味した。

8 ラスコー洞窟の**ヘキガ**（かべや天井に描いた絵）。

9 日本の湖沼で外来種が**ゾウショク**（生物の個体や細胞がふえること）している。

10 火事で焼けた山に**ショクリン**（山野に苗木をうえること）する。

11 **レキシ**（人類社会のうつりかわり）は繰り返す。

12 試験に合格し、**カンリ**（役人）に登用される。

1 貨幣　2 弊害　3 堕落　4 墜落　5 挟　6 狭　7 完璧　8 壁画　9 増殖　10 植林　11 歴史　12 官吏

注意 幣—弊

注意 堕—墜

注意 挟—狭

注意 璧—壁

注意 殖—植

注意 史—吏

13 資本主義の**スイタイ**《おとろえくずれること》を予言した経済学者。 【衰退】

14 **アイシュウ**《もの悲しい感じ》を帯びたギターの音色。 【哀愁】

注意：衰―哀

15 **イセイシャ**《せいじを行うもの》は人民のために尽くすべきだ。 【為政者】

16 **シンギ**《本当かうそか》の程は定かではない。 【真偽】

注意：為―偽

17 犯した罪に対する**カイコン**《くやむこと》の念に駆られる。 【悔恨】

18 他国に対する**ブジョク**《あなどりはずかしめること》は許されないことだ。 【侮辱】

注意：悔―侮

19 現代文明の終焉《しゅうえん》を**シサ**《それとなく教えしめすこと》する書物。 【示唆】

20 老人の**シュンビン**《頭がよく、行動がすばやいさま》な動作に驚く。 【俊敏】

注意：唆―俊

21 突然の告白に**コンワク**《どうしていいかわからないこと》を隠せない。 【困惑】

22 食事と病気の**インガ**《げんいんとけっか》関係をつきとめる。 【因果】

注意：困―因

23 未来に対する**ヘイソク**《とざされふさがること》感が広がっている。 【閉塞】

24 **ゴッカン**《きわめてさむいこと》の地にも春は訪れる。 【極寒】

注意：塞―寒

25 首位の座を**ダッカイ**《うばいかえすこと》する。 【奪回】

26 まだ**コウフン**《感情が高ぶること》がおさまらない。 【興奮】

注意：奪―奮

5 似た形の漢字③

1 国際情勢を**ブンセキ**する。
物事の成り立ちを明らかにすること

2 転んで**コッセツ**する。
ほねがおれること

3 声優の声には**トクチョウ**がある。
目立つしるし

4 印象派の**ビミョウ**な色彩に心引かれる。
複雑で言い表しようのないさま

5 **シュウトク**した財布を交番に届ける。
落とし物をひろうこと

6 これまでに集めた資料を**シュシャ**する。
選びとること

7 石炭を**サイクツ**する。
鉱物などをほりだすこと

8 城の**ホリ**に沿って歩く。
ほって水をためたところ

9 詩には**ギジン**法がよく使われる。
ひとではないものをひとに見立てること

10 理由なく相手を**ギョウシ**するのは失礼だ。
じっと見ること

11 運動方針の**ヨウコウ**を示す。
大切なことをまとめたもの

12 目がカメラなら**モウマク**はフィルムだ。
視神経の分布しているまく

1 分析　2 骨折　3 特徴　4 微妙　5 拾得　6 取捨　7 採掘　8 堀　9 擬人　10 凝視　11 要綱　12 網膜

1・2 注意 析—折

3・4 注意 徴—微

5・6 注意 拾—捨

7・8 注意 掘—堀

9・10 注意 擬—凝

11・12 注意 綱—網

13 公共の**シセツ**を利用する。（建物などをつくること、またつくった建物など）

14 ヘリコプターが上空を**センカイ**する。（円を描いてまわること）

15 駐車規制の対象から**ジョガイ**される車両。（とりのけること）

16 通学路では車は**ジョコウ**すべきだ。（ゆっくりと進むこと）

17 **チカク**変動について調査する。（ちきゅうの表層部）

18 飢饉《ききん》に備え、**コクモツ**を貯蔵する。（主食となる米や麦など）

19 国家の**アンタイ**を祈念する。（やすらかなこと）

20 ピアノを**エンソウ**する。（音楽をかなでること）

21 **コウフク**な一生を送る。（心が満ち足りているさま）

22 喜びではなく、**シンク**が人を成長させる。（つらくくるしいこと）

23 敵を一撃のもとに**フンサイ**する。（徹底的に打ち破ること）

24 人は**ジュンスイ**であるほど傷つきやすい。（まじりけがないさま）

25 残金を次年度に**クリコ**した。（順に次に送る）

26 雨が降ったので、屋内で**タイソウ**をした。（健康増進などのために行う一定の規則正しい運動）

13	施設
14	旋回
15	除外
16	徐行
17	地殻
18	穀物
19	安泰
20	演奏
21	幸福
22	辛苦
23	粉砕
24	純粋
25	繰・越
26	体操

注意 施—旋

注意 除—徐

注意 殻—穀

注意 泰—奏

注意 幸—辛

注意 砕—粋

注意 繰—操

5 似た形の漢字④

1 **チシキ**をひけらかすのは下品だ。
ある物事についてしっていること

2 美しい**オリモノ**を壁にかける。
糸をおって作った布

3 どうしても**カンニン**ならないことがある。
怒りをこらえて許すこと

4 生態系に**ジンダイ**な影響を及ぼす。
程度が極めておおきいさま

5 **シンチョウ**に計画を進める。
注意深くおもおもしいさま

6 **チンジュ**の森を散歩する。
その土地をまもる神

7 政界を退き、**イントン**生活を送る。
俗世間を逃れてかくれ住むこと

8 過激派と**オンケン**派の対立。
おだやかでしっかりしているさま

9 **ギョウテン**して腰を抜かす。
ひどく驚くこと

10 本能を理性によって**ヨクセイ**する。
おさえとどめること

11 **ゲンミツ**に言えば、それは誤りだ。
すみずみまできびしく行うさま

12 思うところを**カンゼン**として主張する。
思い切ってするさま

1 知識　2 織物　3 堪忍　4 甚大　5 慎重　6 鎮守　7 隠遁　8 穏健　9 仰天　10 抑制　11 厳密　12 敢然

注意　識―織
注意　堪―甚
注意　慎―鎮
注意　隠―穏
注意　仰―抑
注意　厳―敢

5章 似た形の漢字④

13 教卓に**シュッセキボ**《しゅっけつを記入するちょうぼ》を置く。　出席簿
14 友人から**ハクジョウ**《思いやりのないさま》な仕打ちを受ける。　薄情
15 **グドン**《のろま》なふりをして敵を欺く。　愚鈍
16 幼い頃の**ジュンシン**《けがれのないさま》な気持ちを失う。　純真
17 潤沢にあったはずの資金が**コカツ**《尽きはてなくなること》する。　枯渇
18 やる気のない生徒を**イッカツ**《大声でしかりつけること》する。　一喝
19 我が身を**ギセイ**《ある目的のためにそんしつをかえりみないこと》にして子どもを助ける。　犠牲
20 親しき仲にも**レイギ**《社会の慣習による敬意の表し方》あり。　礼儀
21 美しい高山植物の**グンシュウ**《むらがりあつまること》が見られる。　群集
22 祖父母は県境近くの**グンブ**《ぐんに属する地域》に住んでいる。　郡部
23 十分な**ケントウ**《よいかどうか考えること》を加える必要がある。　検討
24 **ボウケン**《きけんをおかすこと》するだけの価値は十分にある。　冒険
25 治療の**コウカ**《ききめ》があらわれる。　効果
26 都市と**コウガイ**《市街地に隣接した地域、まちはずれ》を結ぶ電車を利用する。　郊外

注意
簿—薄
鈍—純
渇—喝
犠—儀
群—郡
検—険
効—郊

5

似た形の漢字⑤

1 何のコンセキ《あとかた》も残さずに消えた文明。

2 試合に勝ってイコン《忘れがたいうらみ》を晴らす。

3 都会で一人暮らすコドク《ひとりぼっち》をかみしめる。

4 文章中のキーワードをカッコ《文字などを囲む符号》でくくる。

5 あざやかなシキサイ《いろどり》に目を奪われる。

6 決議案をサイタク《選びとること》する。

7 川が氾濫し、床下までシンスイ《みずがはいりこむこと》した。

8 シンリャク《他国に攻め入って領土や財物を奪い取ること》のない平和な世界を実現する。

9 シュウセキ《あつめてつむこと》した荷物を配達する。

10 営業セイセキ《できばえ》の不振が続く。

11 労働者どうしがレンタイ《人々が結びつき事に当たること》する必要がある。

12 高速道路のジュウタイ《物事がとどこおって進まないこと》に巻き込まれる。

1 痕跡　2 遺恨　3 孤独　4 括弧　5 色彩　6 採択　7 浸水　8 侵略　9 集積　10 成績　11 連帯　12 渋滞

注意 痕―恨

注意 孤―弧

注意 彩―採

注意 浸―侵

注意 積―績

注意 帯―滞

13 **カチク**(人間が利用するために飼育する動物)を介して伝染病が広がる。

14 老後に備えて**チョチク**(金銭などをたくわえること)にはげむ。

15 体内から弾丸を**テキシュツ**(ぬきだすこと)する。

16 一人で住むには**テキトウ**(ほどよくあてはまること)な広さだ。

17 ヤシの実が太平洋を**ヒョウリュウ**(ただよいながれること)する。

18 **ヒョウテキ**(ねらいとする相手や物)を射止める。

19 桜島が**フンエン**(火山からふきだすけむり)を上げる。

20 差別がはびこっている現状に**フンガイ**(ひどく怒ること)する。

21 合格者が**チクジ**(順を追って)発表される。

22 与えられた役割を**スイコウ**(なしとげること)する。

23 愚にもつかないことを**ジマン**(じぶんのことを誇ること)する。

24 縁側に座って**マンゼン**(ぼんやりしているさま)と庭を眺める。

25 **ザンジ**(しばらく)の猶予を願う。

26 **ザンシン**(際立ってあたらしいこと)なアイデア。

13	14	15	16	17	18	19	20	21	22	23	24	25	26
家畜	貯蓄	摘出	適当	漂流	標的	噴煙	憤慨	逐次	遂行	自慢	漫然	暫時	斬新

注意 畜—蓄

注意 摘—適

注意 漂—標

注意 噴—憤

注意 逐—遂

注意 慢—漫

注意 暫—斬

5 間違いやすい漢字

□ 1 複合的な視点を欠いた**タンラク**的な思考。（手順を踏まえずに物事を簡単に結びつけること）

□ 2 発想が**チンプ**だと批判される。（ありふれて古くさいさま）

□ 3 退職後、かつての同僚とも**ソエン**になった。（とおざかって関係がうすれるさま）

□ 4 **キゲン**を直せと言われても急には無理だ。（気分）

□ 5 事の**ゼヒ**を問う。（よいことと悪いこと）

□ 6 会社の方針に**イワカン**を覚える。（ちぐはぐなかんじ）

□ 7 朝日が昇る前に**シュッタツ**する。（旅だち）

□ 8 伝統的な共同体は**ハイタ**的な傾向が強い。（仲間以外を受け入れないこと）

□ 9 明治の知識人は国家の発展に**ケンシン**した。（いっしんに尽くすこと）

□ 10 自分の夢を我が子に**トウエイ**する。（物の見え方や解釈の仕方に心の内面が表現されること）

□ 11 鉄塔が**リンリツ**する。（多くのものが並びたつこと）

□ 12 少数者への**ギャクタイ**など言語道断だ。（むごい扱いをすること）

□ 13 新薬は**ゲキテキ**な効果をあらわした。（緊張し感激させられるさま、ドラマチックなこと）

□ 14 植物に**ギタイ**することで身を守る昆虫。（他のものに似た形や色をもつこと）

	正解	間違い
1	短絡	~~単~~絡
2	陳腐	~~珍~~腐
3	疎遠	疎~~縁~~
4	機嫌	~~気~~嫌
5	是非	是~~否~~
6	違和感	~~異~~和感
7	出立	出~~達~~
8	排他	~~廃~~他
9	献身	献~~心~~
10	投影	投~~映~~
11	林立	~~隣~~立
12	虐待	虐~~対~~
13	劇的	~~激~~的
14	擬態	擬~~体~~

□15 両国間に**カイザイ**（両者の間にはさまってあること）する難しい問題。
介在　間違い ~~界在~~

□16 自分に**フカ**（ふたんとなること）をかけることで成長できる。
負荷　間違い ~~付荷~~

□17 現下の制度には**カンカ**（見逃すこと）しがたい欠陥がある。
看過　間違い ~~観過~~

□18 一気に変えることを主張する**キュウシン**（理想などをいそいで実現しようとすること）派。
急進　間違い ~~急新~~

□19 募金において金額の**タカ**（おおいことと少ないこと）は問わないものだ。
多寡　間違い ~~多加~~

□20 **ヒジョウ**（人間味や思いやりのないさま）な判断も時として必要だ。
非情　間違い ~~悲情~~

□21 地に足のついた**ケンジツ**（てがたいこと）な生活を送る。
堅実　間違い ~~健実~~

□22 主君に対しては絶対**フクジュウ**（他の命令や意思にしたがうこと）だった。
服従　間違い ~~伏従~~

□23 大学を**ユウチ**（招き寄せること）することで町の活性化を図る。
誘致　間違い ~~誘知~~

□24 **ゴカク**（たがいの力量に優劣のないこと）の勝負を繰り広げる。
互角　間違い ~~互格~~

□25 封建社会では職業を**ニンイ**（当人の自由な判断にまかせること）に選べなかった。
任意　間違い ~~認意~~

□26 災害時には火の**シマツ**（しめくくりをつけること）を忘れてはならない。
始末　間違い ~~仕末~~

□27 **セキベツ**（わかれをおしむこと）の情をしたためた手紙を送る。
惜別　間違い ~~寂別~~

□28 美術館に**ヘイセツ**（あわせてせっちすること）されたカフェを利用する。
併設　間違い ~~並設~~

□29 二人で苦労して得た報酬を**セッパン**（二等分すること）する。
折半　間違い ~~切半~~

□30 大いに**フンキ**（ふるいたつこと）して一番を目指す。
奮起　間違い ~~憤起~~

5 特定の言葉に結びつきやすい漢字①

※赤字は傍線部の意味を示しています。

□ 1 徳川家康《とくがわいえやす》は天下を取るまでにさまざまな**シンサン**をなめた。
つらい苦しみを経験する

□ 2 目指していた大学に**シュビ**よく合格する。
うまいぐあいに

□ 3 惨敗続きの中で、せめて**イッシ**を報いることを誓う。
わずかであっても反撃を加える

□ 4 大器晩成の人もいれば、若くして**トウカク**を現す人もいる。
学識や才能が人よりめだって優れる

□ 5 消費税の増税が節約志向に**ハクシャ**をかける可能性もある。
物事の進行を一段と進める

□ 6 合戦においては**キセン**を制することが何よりも重要だ。
相手よりさきに事を行い気勢をくじく

□ 7 企業のトップの無責任な発言が**ブツギ**を醸している。
世間の人々のぎろんを引き起こす

□ 8 借りた金は倍にして返すという**ゲンチ**を取る。
後日の証拠となることばを引き出す

□ 9 地動説は同時代人からは**ジョウキ**を逸したものだと思われた。
普通と違ったじょうしきはずれの言動をとる

□ 10 モーツァルトの曲は聴く人の**キンセン**に触れる音楽だ。
心の奥の感じやすい心情を刺激して感動や共鳴を与える

□ 11 長い間の努力がたった一度の過ちで**スイホウ**に帰してしまう。
努力したことがむだに終わる

□ 12 自分に自信がない者ほど**トトウ**を組みたがる。
ある事をたくらんで仲間が団結する

1［辛酸］ 2［首尾］ 3［一矢］ 4［頭角］ 5［拍車］ 6［機先］ 7［物議］ 8［言質］ 9［常軌］ 10［琴線］ 11［水泡］ 12［徒党］

13 □ 読書家で知られる師の知識は驚くほど**タキ**にわたっている。
ものごとが複数の異なる話題や分野に及んでいる
［多岐］

14 □ 遊び過ぎて仕事に**シショウ**をきたすとは言語道断だ。
さしさわりのある状態をもたらす
［支障］

15 ♕ 進路に迷い**トホウ**に暮れる弟子には適切な助言が必要だ。
どうしてよいかわからず困りきる
［途方］

16 □ 子どもの行動は時として大人の**イヒョウ**を突く。
思いもつかないことをして驚かす
［意表］

17 □ 川端康成《かわばたやすなり》は古美術について**ゾウケイ**が深いことで知られる。
学問や芸術に対し広い知識や深い理解があること
［造詣］

18 □ 手遅れにならないように**フセキ**を打つことが大切だ。
将来に備えて準備する
［布石］

19 □ 両国の間で**シユウ**を決する戦いが今始まろうとしている。
戦って勝敗を決める
［雌雄］

20 □ **メイジョウ**しがたい惨事を目撃する。
ひょうげんすることができない
［名状］

21 □ 人は追いこまれた時に**ホンリョウ**を発揮する。
持ち前の優れた性質を存分に出す
［本領］

22 □ **リュウセイ**を極めた王国も次第に衰退していった。
これ以上ないほど勢いがあり栄える
［隆盛］

23 □ **オクメン**もなく多額の借金を申し込む友にあきれるばかりだ。
遠慮することなくずうずうしく
［臆面］

24 □ 自分に甘い人は**オウオウ**にして他人には厳しい。
そうすることがしばしばあるさま
［往往］

25 □ 卒業公演を**ユウシュウ**の美で飾る。
最後までやり通し成果を上げること
［有終］

5 特定の言葉に結びつきやすい漢字②

※赤字は傍線部の意味を示しています。

□ 1 科学の進歩とは錯誤の歴史だといっても**カゴン**ではない《いいすぎではない》。

□ 2 離職を**ヨギ**《やむをえず》なくされた労働者のための支援を行う。

□ 3 政局はますます混迷の**ヨウソウ**を呈してきた《ありさまを示す》。

□ 4 受賞が決まり**カンルイ**にむせぶ《かんげきして息をつまらせて泣く》新人作家。

□ 5 運命の**キロ**に立つ《分かれ道に身を置く》若者に助言を与える。

□ 6 恩師の子女だからといって**ベンギ**を図る《特別な取りはからいをする》ことはできない。

□ 7 子どもたちの**クッタク**のない《くよくよする事がなくさっぱりしている》笑顔が好きだ。

□ 8 手術は終わったが、いまだに**ヨダン**を許さない《前もってはんだんできない》状態だ。

□ 9 **フグウ**をかこつ《才能にふさわしい地位を得ていないことに不平を言う》親友を心から慰める。

□ 10 信念を持つ者は他人の評価など**シガ**にもかけない《まったく問題にしない》ものだ。

□ 11 科学が我々にもたらした恩恵は**マイキョ**にいとまがない《ひとつひとつ数え上げられないほど多い》。

□ 12 子どもの教育に対しては**カッコ**たる《たしかで揺るぐことのない》信念を持っている。

1［過言］ 2［余儀］ 3［様相］ 4［感涙］ 5［岐路］ 6［便宜］ 7［屈託］ 8［予断］ 9［不遇］ 10［歯牙］ 11［枚挙］ 12［確固］

13 物質的な豊かさが幸福をもたらすとは**イチガイ**には言えない。
いちようにはいえない
［一概］

14 法隆寺《ほうりゅうじ》は**ヒルイ**ない建築物である。
くらべるものがないほどすばらしい
［比類］

15 何の**ヘンテツ**もない言葉が胸に響くことがある。
ありふれていてとくに取り立てて言うこともない
［変哲］

16 そろそろ受験勉強に**ホンゴシ**を入れる時期だ。
ほんかく的に物事に取り組む
［本腰］

17 戦争中の**ヒツゼツ**に尽くしがたい苦労をしのぶ。
文章や言葉では十分に表現できない
［筆舌］

18 小説を読み、慎《つつま》しく暮らす庶民の人情の**キビ**に触れる。
表面に表れないびみょうな事情や趣を実感する
［機微］

19 改心したジャン・ヴァルジャンは良心の呵責に苦しんだ。
悪いことをしてしまった自分をとがめ責めること
［かしゃく］

20 師は三十年にわたって教鞭を執ってきた。
生徒に学業を授ける
［きょうべん］

21 いくら詭弁を弄しても聴衆の心を動かすことはできない。
間違っていることをいろいろと理屈をつけて正しいことであるかのように主張する
［きべん］

22 気鋭の音楽家の作品を俎上に載せる。
批評などの対象としてとりあげる
［そじょう］

23 これまでの発言に齟齬をきたすようなことを言う。
食い違いを生じる
［そご］

24 君の忌憚のない意見が聞きたいのだ。
遠慮のない
［きたん］

25 理不尽な仕打ちに対して憤懣やるかたない思いをする。
心中にわだかまる怒りを晴らす方法がない
［ふんまん］

5 対義語

※下段には、主な対義語を一つだけ示しています。

1 □ **ジュヨウ**《商品に対する購買意欲》が増えると値が上がる。
2 □ 学業に打ち込む**キンベン**《まじめに努力するさま》な学生。
3 □ **マンセイ**《望ましくない状態が長引くこと》的な疾患に苦しむ。
4 □ 計画を**シンチョウ**《注意深くおもおもしいさま》に進める。
5 □ 事業の成功は**グウゼン**《予期しない出来事》の産物にすぎない。
6 □ **コウショウ**《上品なさま》な話題についていけなかった。
7 □ 他人の苦しみに**ドンカン**《にぶいさま》な人もいる。
8 □ 第一次産業の**スイビ**《おとろえてかすかになること》が問題となる。
9 □ **カソ**《人口が少なすぎること》の町で町おこしに取り組む。
10 □ **シロウト**《専門でない人》のわりには上手だとほめられる。
11 □ 科学者は**キチ**《すでにしっていること》の事実に安住してはならない。
12 □ ユングは**シンソウ**《奥ふかく隠されたぶぶん》の心理を探った。
13 ♔ 科学は**フヘン**《すべてに広く当てはまること》的な法則の確立を目指す。
14 □ 幸福とは**ソウタイテキ**《物事が他との比較において成り立つさま》なものでしかない。

1	需要	対義語	供給
2	勤勉	対義語	怠惰
3	慢性	対義語	急性
4	慎重	対義語	軽率
5	偶然	対義語	必然
6	高尚	対義語	低俗
7	鈍感	対義語	敏感
8	衰微	対義語	繁栄
9	過疎	対義語	過密
10	素人	対義語	玄人
11	既知	対義語	未知
12	深層	対義語	表層
13	普遍	対義語	特殊
14	相対的	対義語	絶対的

15 集めた情報を**ブンセキ**《物事の成り立ちを明らかにすること》する。
分析　対義語　総合

16 セザンヌは日常の**グショウ**《姿や形を持っていること》を描いた。
具象　対義語　抽象

17 **キョウギ**《範囲をせばめて考えた意味》の芸術に建築が該当するかを問う。
狭義　対義語　広義

18 保守の**セイトウ**《同じもとから分かれたものの中で一番中心となるもの》を自認する政治家。
正統　対義語　異端

19 **センザイ**《外にはっきり現れず、内面にひそんでいること》する脅威を取り除く。
潜在　対義語　顕在

20 **セツレツ**《へたなさま》な文章を添削してもらう。
拙劣　対義語　巧妙

21 万物を**ソウゾウ**《新たにつくること》した存在を神と名づけた。
創造　対義語　模倣

22 **エンエキ**《ふへん的な前提から個別の結論を導き出すこと》の代表例として三段論法がある。
演繹　対義語　帰納

23 高山では空気が**キハク**《弱く少ないさま》だ。
希薄　対義語　濃厚

24 メディアが**キョギ**《うそいつわり》を報道してはならない。
虚偽　対義語　真実

25 条約締結に対して**キョウコウ**《自分の考えなどを曲げないさま》に反対する。
強硬　対義語　軟弱

26 **アイマイ**《はっきりしないこと》な態度は誤解を招きやすい。
曖昧　対義語　明瞭

27 詐欺の**ヒガイ**《そんがいをうけること》を未然にくい止める。
被害　対義語　加害

28 **コヨウ**《やとうこと》の機会は均等であるべきだ。
雇用　対義語　解雇

29 **エイテン**《いままでよりもよい地位にうつること》のお祝いを述べる。
栄転　対義語　左遷

30 温泉の湯が白く**ニゴ**《不透明になる》る。
濁　対義語　澄む

5 類義語

※下段には、主な類義語を一つだけ示しています。

1	社史は会社の**エンカク**をまとめたものだ。	物事の移り変わり	沿革	類義語 変遷
2	「現在、**エイイ**検討中です」と答える。	一生懸命に	鋭意	類義語 専心
3	事業の発展に日夜**フシン**する。	こころを悩ますこと	腐心	類義語 苦心
4	ヘラクレスに**ヒケン**しうる英雄はいない。	同等で優劣のないこと	比肩	類義語 匹敵
5	勝利に**コウケン**することができて満足だ。	力を尽くし役立つこと	貢献	類義語 寄与
6	容疑者に**ハンゼン**たる証拠を突きつける。	はっきりよくわかるさま	判然	類義語 歴然
7	隕石《いんせき》の落下が**ミゾウ**の惨事を引き起こした。	いまだかつて起こったことがないこと	未曽有	類義語 空前
8	武術の**ゴクイ**を授かる。	武芸や学問の深い境地	極意	類義語 奥義
9	**ユイショ**ある雛《ひな》人形を受け継ぐ。	物事の経過してきた次第、いわれ	由緒	類義語 来歴
10	**セイライ**のなまけ者が一念発起する。	生まれつき	生来	類義語 天性
11	**キコツ**のある若者を頼もしく思う。	信念を通し、屈しない性質	気骨	類義語 気概
12	カーブの投げ方を**エトク**する。	意味を理解し自分のものにすること	会得	類義語 体得
13	役者の大げさな**ショサ**に興ざめする。	振る舞い、身のこなし	所作	類義語 動作
14	弁慶《べんけい》は壮絶な**サイゴ**を遂げた。	死に際	最期	類義語 臨終

15	アプリオリとは**センケンテキ**《けいけんにさきだつさま》という意味だ。	先験的	類義語	先天的
16	信念のない人は**テイサイ**《外見やせけんてい》ばかりを気にする。	体裁	類義語	体面
17	幼かった頃の日々を**ツイオク**《過ぎ去ったことを思い出すこと》する。	追憶	類義語	追想
18	おじけづいた兵士を**コブ**《励まし勢いづけること》する。	鼓舞	類義語	鼓吹
19	今回の処分には**トクシン**《十分に承知すること》がいかない。	得心	類義語	納得
20	流行歌には**キンジ**《よくにていること》した曲調のものが多い。	近似	類義語	類似
21	未払いの給料を支払うように**トクソク**《せきたてること》する。	督促	類義語	催促
22	主力選手の**キョシュウ**《どう身を処するかという態度》に注目が集まる。	去就	類義語	進退
23	取材を通じて新しい**チケン**《みてしること》を得る。	知見	類義語	見識
24	**リジュン**《もうけ》の追求だけが企業の目的ではない。	利潤	類義語	利益
25	犯した罪は永劫《無限に長い年月》に消えることはない。	えいごう	類義語	永遠
26	渾身《からだ全体》の力を込める。	こんしん	類義語	全身
27	避暑地に逗留《旅先でしばらく宿泊すること》し、新作を書き上げる。	とうりゅう	類義語	滞在
28	瑣末《取るに足りないこと》なことをうるさく言う。	さまつ	類義語	些細
29	饒舌《おしゃべりなこと》ではあっても説得力に乏しい。	じょうぜつ	類義語	多弁
30	展望台から俯瞰《高い所から見下ろすこと》する。	ふかん	類義語	鳥瞰

5章 類義語

5 四字熟語①

1	曖昧**モ**糊とした話。	模	あいまいもこ	ぼんやりとしてはっきりしないさま
2	悪**セン**苦闘の末、勝利する。	戦	あくせんくとう	困難な状況の中で必死に努力すること
3	悪口**ゾウ**言の数々。	雑	あっこうぞうごん	さまざまに悪口を言うこと
4	阿**ビ**叫喚の様相を呈す。	鼻	あびきょうかん	ひどい苦しみのために泣き叫ぶこと
5	改善案を暗中模**サク**する。	索	あんちゅうもさく	手がかりのないものを探し求めること
6	意**キ**揚揚と行進する。	気	いきようよう	得意になって誇らしげなさま
7	一日千**シュウ**の思いで待つ。	秋	いちじつせんしゅう（にち）	待ち遠しくて一日が長く感じられること
8	悪の組織を一網打**ジン**にする。	尽	いちもうだじん	一度に全部をつかまえること
9	一**ヨウ**来復を願う。	陽	いちようらいふく	悪いことが続いた後によいことがくること
10	一蓮托**ショウ**の間柄。	生	いちれんたくしょう	他の人と行動や運命をともにすること
11	一騎**トウ**千の活躍。	当	いっきとうせん	一人で千人の敵と戦えるほど強いこと
12	一触**ソク**発の二国間の関係。	即	いっしょくそくはつ	ちょっとしたことで爆発しそうな危険な状態
13	一進一**タイ**を繰り返す。	退	いっしんいったい	進んだり後戻りしたりすること
14	一石二**チョウ**の名案。	鳥	いっせきにちょう	一つの行為で二つの利益を得ること

□ 15	一知**ハン**解の知識をひけらかす。	半	いっちはんかい	少し知っているだけで十分に理解していないこと
□ 16	学力は一**チョウ**一夕には身につかない。	朝	いっちょういっせき	ほんの少しの間
□ 17	どれも一長一**タン**があって選べない。	短	いっちょういったん	長所もあるが、短所もあること
□ 18	有為転**ペン**の世の中。	変	ういてんぺん	世の中は移りかわって同じ状態にはないこと
□ 19	予想外の出来事に右往**サ**往する。	左	うおうさおう	混乱してうろたえること
□ 20	**ウ**顧左眄して決断が遅れる。	右	うこさべん	周りを気にして決断をためらうこと
□ 21	有象**ム**象の集まり。	無	うぞうむぞう	たくさん集まったつまらない人や物
□ 22	紆余曲**セツ**を経て出来上がる。	折	うよきょくせつ	事情が込み入って、いろいろ変化すること
□ 23	**エ**者定離は浮世のならい。	会	えしゃじょうり	であったものは必ず別れる運命にあるということ
□ 24	温**コ**知新を心がけて学ぶ。	故	おんこちしん	古いことを学び新しい考えを得ること
□ 25	鎧袖一**ショク**の大活躍。	触	がいしゅういっしょく	簡単に相手を打ち負かすこと
□ 26	外**ジュウ**内剛の手ごわい交渉相手。	柔	がいじゅうないごう	見かけは優しいが、芯は強いこと
□ 27	快**トウ**乱麻を断つ。	刀	かいとうらんま	混乱した事態を手際よく処理すること
□ 28	臥薪嘗**タン**の日々。	胆	がしんしょうたん	目的達成のため長い間苦労に耐えること
□ 29	**カッ**靴掻痒の感がある。	隔	かっかそうよう	物事が徹底せず核心に触れないこと
□ 30	**ガ**竜点睛を欠く。	画	がりょうてんせい	物事を完成させるための最後の仕上げ

5

四字熟語②

□ 1	換**コツ**奪胎して作った作品。	骨	かんこつだったい	古人の作品に創意を加えて表現すること
□ 2	**カン**善懲悪の舞台劇。	勧	かんぜんちょうあく	善行をすすめて悪を懲らしめること
□ 3	危機一**パツ**のところで難を免れる。	髪	ききいっぱつ	非常に危険な状態
□ 4	危急**ソン**亡の秋《とき》。	存	ききゅうそんぼう	生きのびるか滅びるかの危機が迫っていること
□ 5	起死**カイ**生の逆転劇。	回	きしかいせい	絶望的な状態にあるものを立て直すこと
□ 6	旗幟**セン**明にせよと迫られる。	鮮	きしせんめい	立場や主張が明確なさま
□ 7	喜色**マン**面の笑顔。	満	きしょくまんめん	喜びを顔全体に表すこと
□ 8	奇想**テン**外なアイデア。	天	きそうてんがい	思いも寄らない突飛なさま
□ 9	喜**ド**哀楽をはっきりと表す。	怒	きどあいらく	喜び・いかり・悲しみ・楽しみなど感情のすべて
□ 10	旧**タイ**依然とした社内規定。	態	きゅうたいいぜん	もとのままで変化や進歩がないさま
□ 11	**キュウ**転直下の解決をみた。	急	きゅうてんちょっか	事態がきゅうに変わって解決に向かうこと
□ 12	行**ジュウ**坐臥の基本を教えられる。	住	ぎょうじゅうざが	日常の起居動作
□ 13	驚天**ドウ**地の大事件。	動	きょうてんどうち	世間をひどく驚かすこと
□ 14	虚虚**ジツ**実のやりとり。	実	きょきょじつじつ	互いに計略を巡らし相手のすきをついて戦うこと

□15	毀**ヨ**褒貶を気にせず活動する。	誉	きよほうへん	けなすこととほめること
□16	空**ゼン**絶後の大発見。	前	くうぜんぜつご	これまでもこれからも例がないような珍しいこと
□17	**グン**雄割拠の戦国時代。	群	ぐんゆうかっきょ	多くの英雄が乱立して勢力を争うこと
□18	軽**キョ**妄動を慎む。	挙	けいきょもうどう	軽はずみな行動をすること
□19	牽強**フ**会の説を通す。	付（附）	けんきょうふかい	都合のいいように理屈をこじつけること
□20	乾坤**イッ**擲の勝負に挑む。	一	けんこんいってき	運命をかけて大勝負をすること
□21	捲**ド**重来を期する。	土	けんどちょうらい（じゅう）	一度敗れたものが再び勢力を盛り返して来ること
□22	堅忍不**バツ**の志を持つ。	抜	けんにんふばつ	耐える力が強く、動揺しないこと
□23	**コウ**顔無恥にもほどがある。	厚	こうがんむち	恥知らずでずうずうしいさま
□24	荒**トウ**無稽な話。	唐	こうとうむけい	でたらめなこと
□25	豪**ホウ**磊落な性格。	放	ごうほうらいらく	快活で度量が広いさま
□26	呉**エツ**同舟で作業を進める。	越	ごえつどうしゅう	仲の悪い者が同じ場所に居合わせること
□27	委員長の座を虎**シ**眈眈と狙う。	視	こしたんたん	油断なく機会を狙っているさま
□28	古**ショク**蒼然とした神社。	色	こしょくそうぜん	古めかしいさま
□29	刻**ク**勉励の末に大事業を成し遂げた。	苦	こっくべんれい	心身を痛めるほどくろうして励むこと
□30	五里**ム**中で解決の糸口が見えない。	霧	ごりむちゅう	見通しが立たずどうしたらいいかわからないこと

5 四字熟語③

□ 1	渾**ゼン**一体となる。	然	こんぜんいったい	すべてのものが混じり合い一つになっていること
□ 2	三**カン**四温の日々。	寒	さんかんしおん	三日さむい日が続き、四日暖かい日が続くような気候
□ 3	山紫**スイ**明の絶景の地。	水	さんしすいめい	山や川の景色がすばらしいこと
□ 4	言い訳に四苦**ハッ**苦する。	八	しくはっく	非常に苦しむこと
□ 5	自**ゴウ**自得だと諦める。	業	じごうじとく	自分の行為が原因で報いを受けること
□ 6	獅子**フン**迅の働きをする。	奮	ししふんじん	激しい勢いで物事に当たること
□ 7	時代**サク**誤な考え方。	錯	じだいさくご	考え方などが時代の傾向に合っていないこと
□ 8	七転八**トウ**の苦しみを味わう。	倒	しちてんばっとう（しっ）	苦痛で転げ回ること
□ 9	質実剛**ケン**の校風を持つ高校。	健	しつじつごうけん	飾り気がなくまじめで強くたくましいこと
□ 10	疾**プウ**迅雷の快進撃。	風	しっぷうじんらい	行動がすばやく激しいこと
□ 11	自暴自**キ**にならずに精進する。	棄	じぼうじき	投げやりになること
□ 12	四**メン**楚歌の状況で苦闘する。	面	しめんそか	まわりが敵ばかりで孤立すること
□ 13	突然のことに**シュウ**章狼狽する。	周	しゅうしょうろうばい	慌てふためくこと
□ 14	衆人**カン**視にさらされる。	環	しゅうじんかんし	多くの人がまわりで見ていること

□ 15 秋ソウ烈日の判決が下る。
霜
しゅうそうれつじつ
刑罰や権威が厳しくおごそかであること

□ 16 ジュン真無垢な子どもの寝顔。
純
じゅんしんむく
心に汚れや曇りのないさま

□ 17 生者必メツはこの世のならい。
滅
しょうじゃひつめつ
生命あるものは必ず死ぬということ

□ 18 ショ行無常の響きあり。
諸
しょぎょうむじょう
すべての物事は移り変わっていくということ

□ 19 心キ一転がんばることを表明する。
機
しんきいってん
あるきっかけで気持ちを切り替えること

□ 20 信ショウ必罰を強化する。
賞
しんしょうひつばつ
手柄があれば必ず褒め、罪があれば必ず罰すること

□ 21 新進気エイのデザイナー。
鋭
しんしんきえい
その分野に新たに現れ出て勢いが盛んなこと

□ 22 シン謀遠慮の末の一大決心。
深
しんぼうえんりょ
将来のことまで見通してふかく考えること

□ 23 セイ廉潔白な政治家。
清
せいれんけっぱく
心がきれいで私欲のないこと

□ 24 友人と切磋琢マして合格を目指す。
磨
せっさたくま
同じ志を持つ仲間が競い合って向上しようとすること

□ 25 裏切りを知り切シ扼腕する。
歯
せっしやくわん
非常にくやしがったり怒ったりすること

□ 26 千ザイ一遇のチャンスを逃さない。
載
せんざいいちぐう
めったにない絶好の機会

□ 27 師たる者、ソッ先垂範であるべきだ。
率
そっせんすいはん
人に先立って手本を示すこと

□ 28 周囲から大器バン成と言われる。
晩
たいきばんせい
大人物は後年になって大成するということ

□ 29 泰然自ジャクとして構える。
若
たいぜんじじゃく
落ち着いていて動じないさま

□ 30 ダン衣飽食の生活を感謝する。
暖
だんいほうしょく
衣食の満ち足りた生活

5 四字熟語④

1	悪人が**チョウ**梁跋扈する。	跳	ちょうりょうばっこ	悪者などが好き勝手に振る舞うこと
2	直**ジョウ**径行な性格。	情	ちょくじょうけいこう	心のまま思ったとおりに行動すること
3	適**ザイ**適所の配置を心がける。	材	てきざいてきしょ	それぞれの才能や素質にふさわしい役目を与えること
4	徹**トウ**徹尾反対意見を貫く。	頭	てっとうてつび	始めから終わりまで同じ考えを貫くさま
5	天**イ**無縫に振る舞う。	衣	てんいむほう	人柄や言動が自然で自由なこと
6	**デン**光石火の早業。	電	でんこうせっか	動作などがきわめてすばやいこと
7	両者は同工異**キョク**だ。	曲	どうこういきょく	表面的には違っているようでも中身は同じこと
8	内憂外**カン**に憂う政治家。	患	ないゆうがいかん	国内外の心配事
9	難**コウ**不落の城を築く。	攻	なんこうふらく	せめにくく、容易に陥落しないこと
10	何を言っても馬**ジ**東風と聞き流す。	耳	ばじとうふう	人の意見や忠告を心に留めず聞き流すこと
11	波瀾**バン**丈の人生。	万	はらんばんじょう	変化や起伏が非常に激しいこと
12	美**ジ**麗句を並べ立てた挨拶。	辞	びじれいく	うわべを美しく飾り立てた言葉
13	過酷な運命に悲**フン**慷慨する。	憤	ひふんこうがい	世の中や自分の運命に悲しみいきどおり嘆くこと
14	百戦**レン**磨の強者。	錬	ひゃくせんれんま	多くの経験を積んで鍛えられていること

□ 15 不倶戴テンの敵。
天
ふぐたいてん
恨みや憎しみの深いこと

□ 16 不即不リの関係。
離
ふそくふり
つかずはなれずの関係であること

□ 17 不撓不クツの精神で挑む。
屈
ふとうふくつ
どんな困難にもくじけないこと

□ 18 不偏不トウの立場で報道する。
党
ふへんふとう
公平な立場に立つこと

□ 19 成功のためフン骨砕身努力する。
粉
ふんこつさいしん
骨身を削って努力すること

□ 20 判ガン贔屓で弱いチームを応援する。
官
ほうがんびいき
(はん)
弱い者に同情して肩を持つこと

□ 21 友の急死に茫然自シツとなる。
失
ぼうぜんじしつ
あっけにとられて我を忘れてしまうこと

□ 22 ホウ腹絶倒の映画。
抱
ほうふくぜっとう
腹をかかえて転げ回るほど大笑いすること

□ 23 明キョウ止水の心境。
鏡
めいきょうしすい
邪念がなく澄みきって静かな心の状態

□ 24 面従腹ハイの部下を警戒する。
背
めんじゅうふくはい
表面は従うように見せて内心では従わないこと

□ 25 羊頭狗ニクとは看板倒れのこと。
肉
ようとうくにく
見かけと実質がそぐわないこと

□ 26 利害トク失をはなれた関係。
得
りがいとくしつ
利益と損失

□ 27 理ヒ曲直をはっきりさせる。
非
りひきょくちょく
道理に合った正しいことと間違ったこと

□ 28 政治改革も竜頭ダ尾に終わった。
蛇
りゅうとうだび
(りょう)
始めは勢いが盛んだが終わりは振るわないさま

□ 29 理ロ整然とした話し方を心がける。
路
りろせいぜん
意見や議論の筋が整っているさま

□ 30 和洋折チュウの建築物。
衷
わようせっちゅう
日本と西洋のいいところをうまく取り合わせること

5 四字熟語⑤

1 **イイ**諾諾として従う。
唯唯
いいだくだく
自分の考えを持たず人の言うことに従うさま

2 **イキ**軒昂たる試合前のチーム。
意気
いきけんこう
げんきがありいき込みが盛んなさま

3 **イク**同音に賞賛する。
異口
いくどうおん
多くの人がくちをそろえて同じ事を言うこと

4 以心**デンシン**の間柄。
伝心
いしんでんしん
言葉を必要とせず考えていることが互いにわかること

5 一期**イチエ**の心でもてなす。
一会
いちごいちえ
であいは一生に一度のものだということ

6 グラフで表せば**イチモク**瞭然だ。
一目
いちもくりょうぜん
ひとめではっきりわかるさま

7 合格を目指して**イチロ**邁進する。
一路
いちろまいしん
目的達成のためひたすらひと筋に進むこと

8 試合の途中経過に**イッキ**一憂する。
一喜
いっきいちゆう
状況の変化に応じてよろこんだり心配したりすること

9 班の全員が一心**ドウタイ**となる。
同体
いっしんどうたい
二人以上の人が結びついて力を合わせること

10 意味**シンチョウ**な言葉。
深長
いみしんちょう
意味がふかく、言外に多くの意を含んでいること

11 因果**オウホウ**を思い知る。
応報
いんがおうほう
善悪のむくいは必ずやってくるということ

12 慇懃**ブレイ**な態度。
無礼
いんぎんぶれい
表面は丁寧でも内面では見下してしつれいなこと

13 隠忍**ジチョウ**の日々を過ごす。
自重
いんにんじちょう
我慢して軽はずみな行動をしないこと

14 長年の疑問が**ウンサン**霧消する。
雲散
うんさんむしょう
あとかたもなく消え去ること

□ 15	**エイコ**盛衰は世のならい。	栄枯	えいこせいすい	盛んになったり衰えたりすること
□ 16	**オンコウ**篤実な人柄。	温厚	おんこうとくじつ	穏やかで情があつくまじめなこと
□ 17	我田**インスイ**に陥る。	引水	がでんいんすい	自分の利益になるように言ったりしたりすること
□ 18	完全**ムケツ**な人などいない。	無欠	かんぜんむけつ	少しも不足するところがなく完全なこと
□ 19	裏切りにあい**ギシン**暗鬼になる。	疑心	ぎしんあんき	疑いだすとすべてが信じられなくなること
□ 20	成り行きを**キョウミ**津津に見守る。	興味	きょうみしんしん	きょうみがわいてつきないさま
□ 21	**ギョクセキ**混淆の応募作品。	玉石	ぎょくせきこんこう	よいものとつまらないものが混在していること
□ 22	虚心**タンカイ**に話し合う。	坦懐	きょしんたんかい	わだかまりがなくさっぱりしているさま
□ 23	有言実行を**キンカ**玉条とする。	金科	きんかぎょくじょう	絶対のよりどころとなるものとして守っている教訓
□ 24	謹厳**ジッチョク**な人柄。	実直	きんげんじっちょく	まじめでつつしみ深いさま
□ 25	軽佻**フハク**にならないよう戒める。	浮薄	けいちょうふはく	軽々しくあさはかなこと
□ 26	権謀**ジュッスウ**を巡らす。	術数	けんぼうじゅっすう	人を巧みに欺くためのはかりごと
□ 27	**コウヘイ**無私の態度を貫く。	公平	こうへいむし	私的な感情や利益を交えず偏りがないこと
□ 28	敵に囲まれ**コグン**奮闘する。	孤軍	こぐんふんとう	えんぐんもなくこりつしたまま敵と戦うこと
□ 29	孤立**ムエン**の状態に陥る。	無援	こりつむえん	周りから離れ、助けがまったくないさま
□ 30	人を傷つけるなど**ゴンゴ**道断だ。	言語	ごんごどうだん	ことばで表現できないほどもってのほかであること

5 四字熟語⑥

1. 作品の仕上がりを自画**ジサン**する。
自賛　じがじさん
じぶんでじぶんをほめること

2. **ジカ**撞着に陥る。
自家　じかどうちゃく
じぶんの言動や文章が前後でくい違うこと

3. 実施するには時期**ショウソウ**だ。
尚早　じきしょうそう
ある事を行うにはまだはやいこと

4. **ジキュウ**自足の生活を送る。
自給　じきゅうじそく
必要なものをじぶんでつくりまかなうこと

5. **シコウ**錯誤の末、完成させる。
試行　しこうさくご
失敗を重ねつつ解決法を見つけていくこと

6. **ジュウオウ**無尽に飛び回る。
縦横　じゅうおうむじん
自由自在に振る舞うさま

7. 情報を取捨**センタク**する。
選択　しゅしゃせんたく
よいものを取り悪いものを捨てること

8. **シュビ**一貫した論調。
首尾　しゅびいっかん
始めから終わりまで筋が通っていること

9. **ジュンプウ**満帆な人生を送る。
順風　じゅんぷうまんぱん
物事がじゅんちょうに運ぶさま

10. **ショウシ**千万な話。
笑止　しょうしせんばん
非常にばかげていておかしいさま

11. 正真**ショウメイ**のお人《ひと》好《よ》しだ。
正銘　しょうしんしょうめい
疑いなく本物であるさま

12. 枝葉**マッセツ**にこだわらずに進める。
末節　しようまっせつ
本筋から外れた取るに足りない事柄

13. **ショセツ**紛紛として埒《らち》があかない。
諸説　しょせつふんぷん
いろいろなせつが入り乱れていること

14. **シリ**滅裂な主張を退ける。
支離　しりめつれつ
ばらばらでまとまりのないさま

□ 15	**シンショウ**棒大に書き立てる。	針小	しんしょうぼうだい	ちいさなことをおおげさに話すこと
□ 16	森羅**バンショウ**を解き明かす。	万象	しんらばんしょう	この世のあらゆる物事
□ 17	**セイコウ**雨読が理想の生活だ。	晴耕	せいこううどく	自由な境遇でのんびり気ままに生活すること
□ 18	絶体**ゼツメイ**の危機に陥る。	絶命	ぜったいぜつめい	逃れようのない差し迫った状態
□ 19	**センサ**万別の解釈がある。	千差	せんさばんべつ（まん）	いろいろなものがそれぞれ違っていること
□ 20	前代**ミモン**の大事件が起こる。	未聞	ぜんだいみもん	きいたこともないような珍しいこと
□ 21	千変**バンカ**する車窓からの景色。	万化	せんぺんばんか	さまざまに変わること
□ 22	大義**メイブン**を掲げて行動する。	名分	たいぎめいぶん	行動のよりどころとなる道理
□ 23	勝利すると大言**ソウゴ**する。	壮語	たいげんそうご	できもしないおおきなことを言うこと
□ 24	**ダイドウ**小異の主張が続く。	大同	だいどうしょうい	細かい部分は異なるがだいたいおなじであること
□ 25	**タントウ**直入に質問する。	単刀	たんとうちょくにゅう	いきなり話の本題に入ること
□ 26	朝令**ボカイ**に振り回される。	暮改	ちょうれいぼかい	方針などが頻繁に変わって定まらないこと
□ 27	しばらくの間**チンシ**黙考する。	沈思	ちんしもっこう	言葉を発することなくじっと考えること
□ 28	天下**ムソウ**の剣士。	無双	てんかむそう	並ぶものがないほど優れていること
□ 29	**テンペン**地異に襲われる。	天変	てんぺんちい	自然界に起こる異常な現象
□ 30	当意**ソクミョウ**に回答する。	即妙	とういそくみょう	その場に応じてすばやく機転を利かせること

5

四字熟語⑦

1 取材のために東奔**セイソウ**する。
2 日進**ゲッポ**の遺伝子研究。
3 二律**ハイハン**に苦しむ。
4 成績が上がり**ハガン**一笑する。
5 **ハクラン**強記の人に憧れる。
6 万古**フエキ**の真理。
7 **ハンシン**半疑で話を聞く。
8 眉目**シュウレイ**で知られた武将。
9 官民が**ヒョウリ**一体となる。
10 **フウコウ**明媚な土地を訪れる。
11 **フワ**雷同の輩《やから》。
12 平身**テイトウ**して謝罪する。
13 **ヘンゲン**隻語も聞き逃さない。
14 傍若**ブジン**な振る舞いに憤る。

1 西走 とうほんせいそう あちこち忙しく駆け回ること
2 月歩 にっしんげっぽ 日ごと月ごとに絶え間なくしんぽすること
3 背反 にりつはいはん 矛盾する二つの命題が理論上はともに正しいこと
4 破顔 はがんいっしょう かおをほころばせてにっこり笑うこと
5 博覧 はくらんきょうき 広く本を読みいろいろなことを覚えていること
6 不易 ばんこふえき いつまでも変わらないこと
7 半信 はんしんはんぎ なかばしんじ、なかば疑うこと
8 秀麗 びもくしゅうれい 顔立ちが整って美しいさま
9 表裏 ひょうりいったい 二つのものが密接で切り離せないこと
10 風光 ふうこうめいび 自然の景色が美しいさま
11 付(附)和 ふわらいどう 自分の意見がなく他人の意見にすぐ同調すること
12 低頭 へいしんていとう 体をかがめあたまを下げること
13 片言 へんげんせきご ちょっとしたことば
14 無人 ぼうじゃくぶじん ひとへの配慮をせず勝手気ままに振る舞うさま

15	君の考えは本末**テントウ**だ。	転倒	ほんまつてんとう	大事なこととささいなことを取り違えること
16	**ムイ**自然を理想とする。	無為	むいしぜん	人の手を加えず自然のままであること
17	試験前は無我**ムチュウ**で勉強した。	夢中	むがむちゅう	ある事に心を奪われ、我を忘れること
18	**ムチ**蒙昧な人々を啓蒙《けいもう》する。	無知	むちもうまい	ちしきがなく道理をしらないさま
19	無病**ソクサイ**を願う。	息災	むびょうそくさい	病気をせず健康で無事なこと
20	無味**カンソウ**なスピーチ。	乾燥	むみかんそう	内容に少しもおもしろみや味わいがないこと
21	**メンボク**躍如たる圧巻の演技。	面目	めんぼくやくじょ（もく）	その人本来の姿が生き生きと表れているさま
22	物見**ユサン**の旅に出かける。	遊山	ものみゆさん	見物してあそびまわること
23	**ユウジュウ**不断な性格。	優柔	ゆうじゅうふだん	ぐずぐずしてなかなか決断ができないさま
24	**ユウメイ**無実の会長の座。	有名	ゆうめいむじつ	なばかりで実質が伴っていないこと
25	勇猛**カカン**に難関に挑む。	果敢	ゆうもうかかん	何事も恐れず立ち向かうさま
26	用意**シュウトウ**に事を進める。	周到	よういしゅうとう	用意が十分に整い手抜かりのないこと
27	**リゴウ**集散を繰り返す。	離合	りごうしゅうさん	はなれたり集まったりすること
28	**リンキ**応変に対処する。	臨機	りんきおうへん	時と場合に応じて適切な方法をとるさま
29	輪廻**テンショウ**を信じる。	転生	りんねてんしょう	せいと死を繰り返すこと
30	**ロウニャク**男女の別なく募集する。	老若	ろうにゃくなんにょ	年齢や性別に関係なくすべての人

5 意味から考えるテスト⑨

くりかえし

※214～227ページから出題しています。

1 物事が進行していく途中の道筋［かてい］

2 かたく守って譲らないこと［けんじ］

3 いかめしい姿［いよう］

4 条件などにあてはまること［がいとう］

5 物事に心を動かされやすいこと［かんしょう］

6 優れてたくみなさま［こうみょう］

7 差しおさえること［おうしゅう］

8 他人と違ったいけん［いぎ］

9 決まった行動の型［しゅうせい］

10 支えとめる［か］ける

11 優れたさくひん［かさく］

12 かんしんしてほめたたえること［かんたん］

13 よびおこすこと［かんき］

14 耳をかたむけて熱心にきくこと［けいちょう］

15 無断で入り込む［おか］す

16 非常に大切であるさま［かんよう］

17 過去の事を思い返すこと［かいこ］

18 けいこく［けいしょう］

19 工夫［いしょう］

20 最悪の経済状態［きょうこう］

21 もとに戻すこと［かんげん］

22 おびやかされてかんじる恐ろしさ［きょうい］

23 受け取り手のもとに入れる［おさ］める

24 多人数のちえ［しゅうち］

25 機能に異常をきたすこと［こしょう］

26 病気やけががよくなっていくこと［かいほう］

27 つけくわえること［てんか］

28 乗せる［つ］む

29 さまたげること［そがい］

30 道理を言いさとす［と］く

31 のりこえて打ち勝つこと　[ちょうこく]

32 ききめがある　[き　]く

33 さしずすること　[しじ]

34 かたく断ること　[こじ]

35 こなれずぎこちないさま　[せいこう]

36 うたがわしいさま　[ふしん]

37 前もって用意する　[そな　]える

38 布地を切る　[た　]つ

39 いつまでも残ること　[ふきゅう]

40 問いただしおいつめること　[ついきゅう]

---

41 ある状況などに身を置く　[つ　]く

42 行いのあと　[きせき]

43 うけいれて取り込むこと　[じゅよう]

44 あたらしく起こること　[しんこう]

45 つりあいがとれていること　[へいこう]

46 何かができるゆとり　[よち]

47 ある場所にだけかたよってあること　[へんざい]

48 大切にしまうこと　[ほかん]

49 人にきずを負わせること　[しょうがい]

50 しょうちすること　[しゅこう]

[解答]

1 過程　2 堅持　3 威容　4 該当　5 感傷　6 巧妙　7 押収　8 異議　9 習性　10 掛　11 佳作　12 感嘆　13 喚起　14 傾聴　15 侵　16 肝要

17 回顧　18 警鐘　19 意匠　20 恐慌　21 還元　22 脅威　23 納　24 衆知　25 故障　26 快方　27 添加　28 積　29 阻害　30 説　31 超克　32 効　33 指示

34 固辞　35 生硬　36 不審　37 備　38 裁　39 不朽　40 追及　41 就　42 軌跡　43 受容　44 新興　45 平衡　46 余地　47 偏在　48 保管　49 傷害　50 首肯

5 意味から考えるテスト⑩

くりかえし

※228〜247ページから出題しています。

1 身にしみてかんじること〔かんがい〕
2 つらぬきとおすこと〔てってい〕
3 植物を育てること〔さいばい〕
4 目立つしるし〔とくちょう〕
5 ゆっくりと進むこと〔じょこう〕
6 まじりけがないさま〔じゅんすい〕
7 落ち着きを失うこと〔どうよう〕
8 ききめ〔こうか〕
9 やすらかなこと〔あんたい〕
10 送りつかわすこと〔はけん〕

11 邪魔をすること〔ぼうがい〕
12 役人〔かんり〕
13 もの悲しい感じ〔あいしゅう〕
14 くやむこと〔かいこん〕
15 それとなく教えしめすこと〔しさ〕
16 ひどく驚くこと〔ぎょうてん〕
17 うばいかえすこと〔だっかい〕
18 不健全になること〔だらく〕
19 怒りをこらえて許すこと〔かんにん〕
20 悪いこと〔へいがい〕

21 円を描いてまわること〔せんかい〕
22 つり合いがとれていること〔きんこう〕
23 物事の移り変わり〔えんかく〕
24 範囲をせばめて考えた意味〔きょうぎ〕
25 ふたんとなること〔ふか〕
26 思い切ってするさま〔かんぜん〕
27 旅だち〔しゅったつ〕
28 まったく欠点がないさま〔かんぺき〕
29 十分に承知すること〔とくしん〕
30 過ぎ去ったことを思い出すこと〔ついおく〕

31 非常によくぶかいさま　［　どんよく　］

32 ぬきだすこと　［　てきしゅつ　］

33 なしとげること　［　すいこう　］

34 じぶんのことを誇ること　［　じまん　］

35 忘れがたいうらみ　［　いこん　］

36 おとろえてかすかになること　［　すいび　］

37 いっしんに尽くすこと　［　けんしん　］

38 多くのものが並びたつこと　［　りんりつ　］

39 思いやりのないさま　［　はくじょう　］

40 もうけ　［　りじゅん　］

41 じっと見ること　［　ぎょうし　］

42 順を追って　［　ちくじ　］

43 同等で優劣のないこと　［　ひけん　］

44 尽きはててなくなること　［　こかつ　］

45 せきたてること　［　とくそく　］

46 へたなさま　［　せつれつ　］

47 しばらく　［　ざんじ　］

48 人口が少なすぎること　［　かそ　］

49 励まし勢いづけること　［　こぶ　］

50 うそいつわり　［　きょぎ　］

［解答］

1 感慨　2 徹底　3 栽培　4 特徴　5 徐行　6 純粋　7 動揺　8 効果　9 安泰　10 派遣　11 妨害　12 官吏　13 哀愁　14 悔恨　15 示唆　16 仰天

17 奪回　18 堕落　19 堪忍　20 弊害　21 旋回　22 均衡　23 沿革　24 狭義　25 負荷　26 敢然　27 出立　28 完璧　29 得心　30 追憶　31 貪欲　32 摘出　33 遂行

34 自慢　35 遺恨　36 衰微　37 献身　38 林立　39 薄情　40 利潤　41 凝視　42 逐次　43 比肩　44 枯渇　45 督促　46 拙劣　47 暫時　48 過疎　49 鼓舞　50 虚偽

5 入試問題① 共通テスト型／国立大

くりかえし

5章で学習した漢字を、実際の入試問題で確認します。

傍線部の漢字と同じ漢字を含むものを、次の各群の①～④もしくは①～⑤のうちから、それぞれ一つずつ選べ。

共通テスト

□ヴォリュームと色彩を**コジ**するように
［　　］
① 偉人の**カイコ**録
② 液体の**ギョウコ**
③ **コチョウ**した表現
④ **ココウ**の詩人

③・誇示　回顧　凝固　誇張　孤高

□一貫した文脈へとそれらを**シュウソク**させていこう
［　　］
① 度重なる**ハンソク**による退場
② 健康を**ソクシン**する環境整備
③ **ヘイソク**した空気の打破
④ 両者**イッショクソクハツ**の状態
⑤ **ソクバク**から逃れる手段

⑤・収束　反則　促進　閉塞　一触即発　束縛

□神社は**シンカン**としていた
［　　］
① 証人を**カンモン**する
② 規則を**カンワ**する
③ **ユウカン**な行為をたたえる
④ 勝利に**カンキ**する
⑤ 広場は**カンサン**としている

⑤・森閑　喚問　緩和　勇敢　歓喜　閑散

傍線部のカタカナを漢字に改めよ。

□時代を先取りしているような**ザンシン**なスタイル。［　　］　香川大　斬新

□インターネットを通して他者と共有するという私的な表現文化がいま**リュウセイ**している。［　　］　一橋大　隆盛

□**ジュンスイ**な偶然という側面のみ焦点化されるケースは多い。［　　］　岡山大　純粋

□最初は友人同士の軽口の**オウシュウ**という感じで俳句のやりとりをしていた。［　　］　佐賀大　応酬

傍線部の漢字をひらがなに改めよ。

□法というものを厳密に突き詰めれば、本来は有罪か無罪か、違法か合法かの択一しかなく、近代以前、それを選択するときに**介在**したのは「信用」という秤だけだったのかもしれない。［　　］　埼玉大　かいざい

5 入試問題② 私立大

くりかえし 5章で学習した漢字を、実際の入試問題で確認します。

傍線部のカタカナを漢字で表現したとき、同じ漢字をカタカナの部分に用いるものを一つ選べ。 早稲田大

□労働者に対する保険の支払を、労働者から雇用者に転**カ**した。［　］　ニ・嫁

イ　**ヒ**がついて燃える　火
ロ　料理に塩を**クワ**える　加
ハ　幽霊に**バ**けて出る　化
ニ　花**ヨメ**を祝福する　嫁
ホ　木の**シタ**に逃げる　下

傍線部にあてはまる漢字を一つ選べ。 法政大

□油ゼミのあの大きな鳴き声は、彼女にとってよほど**イヨウ**だったらしい。［　］　③・異様

①容　②妖　③様
④用　⑤揺　⑥要　⑦庸

傍線部のカタカナ部分を漢字で書いたとき、傍線部に同一の漢字を使うものを一つ選べ。 関西学院大

□巡査に不心得を悟されると、この男は**カイ心**をして働くと言った。［　］　ハ・改

イ　病人を**カイ**抱する　介
ロ　金**カイ**を掘り当てる　塊
ハ　朝令暮**カイ**　改
ニ　**カイ**目見当がつかない　皆
ホ　**カイ**挙を成し遂げる　快

傍線部のカタカナと同じ漢字を用いる語を選択肢から一つ選べ。 関西大

□言説の**キセキ**をたどっていくなら、それらを主導したのはもっぱら知識人であり、…［　］　e・軌跡

a　雑誌に**キコウ**する。　寄稿
b　人生の**キロ**に立つ。　岐路
c　車の通行を**キセイ**する。　規制
d　複雑**カイキ**な物語。　怪奇
e　**ジョウキ**を逸した言動。　常軌

傍線部のカタカナを漢字にあらためよ。 立命館大

□スポーツ選手がフォームの**シュウセイ**をはかるのに静止画を参照するのも同じ理由で、…［　］　修正

付録

論理的文章に使われやすい漢字50語

「論理的文章に使われやすい漢字50語」では、評論文やエッセイなどの文章内で問題になりやすいものを掲載しています。50語は〈思想〉〈社会〉〈言語・表現〉〈芸術・文学〉〈文化〉のジャンルに分けてまとめています。

〈思想〉

① 演繹《えんえき》 普遍的な前提から個別の結論を導き出すこと

② 帰納《きのう》 個々の具体的事例から原理・法則などを導き出すこと

③ 逆説《ぎゃくせつ》 いっけん真理に反するようで実は真理をいい得ている言葉

④ 形而上《けいじじょう》 形のないもの、精神的なもの

⑤ 恣意《しい》 気ままな心、自分勝手な考え

⑥ 思弁《しべん》 実践や経験によらず、理性だけに訴えて考えること

⑦ 止揚《しよう》 二つの矛盾した概念を、それらより一段と高い概念に調和統一すること

⑧ 抽象《ちゅうしょう》 事物から同様の性質を抜き出すこと

⑨ 表象《ひょうしょう》 イメージ

⑩ 普遍《ふへん》 全てに広く当てはまること

〈社会〉

⑪ 干渉《かんしょう》 強いて関わり、自分の考えに従わせようとすること

⑫ 共生《きょうせい》 一緒に同じ場所で生活すること

⑬ 巷間《こうかん》 ちまた、町のなか

⑭ 市井《しせい》 人が多く集まるところ、まち

⑮ 自律《じりつ》 他からの支配・制約などを受けずに、自分で自分を規制すること

⑯ 秩序《ちつじょ》 正しい筋道

⑰ 排他《はいた》 仲間以外を受け入れないこと

⑱ 封建《ほうけん》 君主が諸侯に土地を分け与えて治めさせること

⑲ 報道《ほうどう》 出来事を広く知らせること

⑳ 抑圧《よくあつ》 おさえつけること

〈言語・表現〉

㉑ **隠喩**《いんゆ》 「…のようだ」などの形を用いずたとえだけを言う修辞法

㉒ **婉曲**《えんきょく》 遠回しに表現すること

㉓ **諧謔**《かいぎゃく》 おどけた話や言葉、冗談やしゃれ

㉔ **概念**《がいねん》 物事の共通した特徴や性質をまとめた考え

㉕ **寓意**《ぐうい》 ある意味を直接には表さず、他の物事に託して表すこと

㉖ **警句**《けいく》 短く巧みな表現で、真理を鋭くついた語句

㉗ **修辞**《しゅうじ》 言葉を美しく巧みに用い効果的に表現すること

㉘ **俗語**《ぞくご》 日常的に用いる言葉、あらたまった場面では使用されないような卑俗な言葉

㉙ **風刺**《ふうし》 遠回しに批判すること

㉚ **分節**《ぶんせつ》 まとまりのある全体をいくつかの区切りに分けること

〈芸術・文学〉

㉛ **韻文**《いんぶん》 一定の韻律をもち形式の整った文章

㉜ **解釈**《かいしゃく》 文章や物事を理解し、説明すること

㉝ **虚構**《きょこう》 実際に存在しないことを存在するかのように見せかけること

㉞ **情緒**《じょうちょ（しょ）》 味わいのある雰囲気や気分

㉟ **叙情**《じょじょう》 自分の感情を述べあらわすこと

㊱ **赤裸裸**《せきらら》 包み隠しがないさま

㊲ **前衛**《ぜんえい》 伝統的な手法を打破し、先駆的・実験的な表現を試みること

㊳ **描写**《びょうしゃ》 情景や状態を描き出すこと

㊴ **不条理**《ふじょうり》 筋道が通らないこと

㊵ **模倣**《もほう》 まねること

〈文化〉

㊶ **粋**《いき》 態度や身なりなどがあかぬけていて、色気があること

㊷ **禁忌**《きんき》 触れたり口に出したりしてはならないとされる事柄

㊸ **寂**《さび》 古びて味わい・趣のあること

㊹ **周縁**《しゅうえん》 中央から離れた辺境

㊺ **伝承**《でんしょう》 伝え受け継ぐこと

㊻ **悲願**《ひがん》 ぜひとも成し遂げたいと思う願い

㊼ **民俗**《みんぞく》 古くから民間に伝承されてきた生活文化

㊽ **無常**《むじょう》 この世のものはすべて生滅・流転し、永遠に変わらないものはないということ

㊾ **野暮**《やぼ》 洗練されていないこと

㊿ **侘**《わび》 簡素な中に存在する閑寂な趣

付録

文学的文章に使われやすい漢字50語

「文学的文章に使われやすい漢字50語」では、文学的文章をより深く読み解くために覚えておきたい50語を〈言動・態度〉〈心情〉〈身体的表現〉〈人物・性格〉〈故事成語〉の5つのジャンルに分けてまとめています。

〈言動・態度〉

① 横着《おうちゃく》
ずるくなまけること

② 画策《かくさく》
はかりごとをめぐらすこと

③ 寡聞《かぶん》
見聞の狭いこと

④ 醸《かも》す
ある状態や雰囲気を作り出す

⑤ 気後《きおく》れ
おじけづいて気持ちがひるむこと

⑥ 自虐《じぎゃく》
必要以上に自分で自分を痛めつけること

⑦ 邪険《じゃけん》
思いやりがなく、意地悪くむごい扱いをすること

⑧ 殊勝《しゅしょう》
ことに優れていることや感心なこと

⑨ 節操《せっそう》
自分の信じる主義・主張などをかたく守って変えないこと

⑩ 拍子抜《ひょうしぬ》け
緊張する必要が急になくなり、張り合いがなくなること

〈心情〉

⑪ 安堵《あんど》
安心すること

⑫ 寛大《かんだい》
心が広く思いやりがあるさま

⑬ 興醒《きょうざ》め
あることがきっかけとなり、それまでの楽しい気分や興味が薄れること

⑭ 矜持《きょうじ》
自分の能力を信じ、優れたものとして誇る気持ち

⑮ 気圧《けお》される
相手の勢いにおされる

⑯ 虐《しいた》げる
むごく扱い苦しめる

⑰ 逡巡《しゅんじゅん》
ぐずぐずとためらうこと

⑱ 垂涎《すいぜん》
非常に強くある物を欲しがること

⑲ 当惑《とうわく》
とまどうこと

⑳ 腐心《ふしん》
心を悩ますこと

〈身体的表現〉

㉑ 一目《いちもく》置《お》く
自分より優れた人に敬意を払い、一歩譲る

㉒ 面映《おもは》ゆい
照れくさい、はずかしい

㉓ 踵《きびす》を返《かえ》す
後戻りする、引き返す

㉔ 胸襟《きょうきん》を開《ひら》く
思うことを隠すことなく、心の中を打ち明ける

㉕ 腰《こし》を折《お》る
仕事や話などを中途で妨げる、腰を曲げる

㉖ 腰《こし》を据《す》える
どっしり構える

㉗ 饒舌《じょうぜつ》
おしゃべりなこと

㉘ 袖《そで》にする
冷淡にあしらう、親しかった人をないがしろにする

㉙ 瞠目《どうもく》
目を見はること

㉚ 閉口《へいこう》
困りきること

〈人物・性格〉

㉛ 頑固《がんこ》
かたくなでいじっぱりなさま

㉜ 気骨《きこつ》
信念を通し、屈しない性質

㉝ 几帳面《きちょうめん》
物事を細かいところまで、きちんと行うさま

㉞ 好戦的《こうせんてき》
争いごとを好むこと

㉟ 従順《じゅうじゅん》
おとなしく、人の言うことに逆らわないこと

㊱ 高飛車《たかびしゃ》
相手の言い分を聞かず頭から威圧するような態度をするさま

㊲ 内向的《ないこうてき》
興味や関心が自分の内部にばかり向かうこと

㊳ 潑剌《はつらつ》
生き生きしているさま

㊴ 朴訥《ぼくとつ》
かざりけがなく無口なさま

㊵ 無鉄砲《むてっぽう》
前後のみさかいもなくむやみに行動すること

〈故事成語〉

㊶ 一朝一夕《いっちょういっせき》
ほんの少しの間

㊷ 雲泥《うんでい》の差《さ》
天と地ほどの非常に大きな差があること

㊸ 間髪《かんはつ》を容《い》れず
間をおかずに、すぐに

㊹ 完璧《かんぺき》
まったく欠点がないさま

㊺ 杞憂《きゆう》
無用の心配をすること

㊻ 食指《しょくし》が動《うご》く
物事を求める心が起こること

㊼ 破天荒《はてんこう》
今まで誰もしなかったことをすること

㊽ 辟易《へきえき》
勢いに押され、どうしようもなく困ること

㊾ 傍若無人《ぼうじゃくぶじん》
人への配慮をせず勝手気ままに振る舞うさま

㊿ 矛盾《むじゅん》
つじつまが合わないこと

付録

実用文に使われやすい漢字50語

「実用文に使われやすい漢字50語」では、実用的な文章を読み解く際に覚えておきたい50語を〈規約〉〈法令〉〈行政〉〈裁判〉〈手紙・案内文〉のジャンルに分けてまとめています。入試で狙われやすいものばかりですので、意味と一緒に確認しておきましょう。

〈規約〉

①概要《がいよう》　物事の大まかな内容

②甲《こう》／乙《おつ》／丙《へい》　優劣をあらわす（※規約では甲乙丙の順で個人名などの略称として用いる）

③債務《さいむ》　特定人が他の特定人に対し金銭や物品などを給付する義務

④承諾《しょうだく》　聞き入れること

⑤申請《しんせい》　国や公共の機関などに対し認可・許可などを願い出ること

⑥是認《ぜにん》　良いと認めること

⑦貸借《たいしゃく》　貸すことと借りること

⑧仲裁《ちゅうさい》　第三者が争いの間に入り、仲直りさせること

⑨定款《ていかん》　社団法人の業務などに関する根本規則

⑩撤回《てっかい》　一度提出・公示などしたものを取り下げること

〈法令〉

⑪鑑《かんが》みる　手本や過去の例などに照らして考える

⑫訓戒《くんかい》　諭し戒めること

⑬戸籍抄本《こせきしょうほん》　戸籍原本のうち請求者の指定した部分だけを抜き写したもの

⑭振興《しんこう》　物事を盛んにすること

⑮大綱《たいこう》　事柄の根本となるもの

⑯懲役《ちょうえき》　自由刑の一つで刑務所に入れて一定の労役に服させる刑罰

⑰締結《ていけつ》　契約や条約を取り結ぶこと

⑱督促《とくそく》　せきたてること

⑲賠償《ばいしょう》　損害を償うこと

⑳批准《ひじゅん》　条約を主権者が最終的に確認する手続き

〈行政〉

㉑ **委嘱《いしょく》**
仕事などを外部の人間に任せ頼むこと

㉒ **管轄《かんかつ》**
権限による支配の及ぶ範囲

㉓ **控除《こうじょ》**
差し引くこと

㉔ **交付《こうふ》**
国や役所が一般の人々に金銭を供与したり書類などを発行したりすること

㉕ **告示《こくじ》**
公的な機関が公式に広く一般に知らせること

㉖ **参画《さんかく》**
計画に加わること

㉗ **所得《しょとく》**
一定期間に得た収入や利益

㉘ **滞納《たいのう》**
定められた期限までに金銭や物品を納めないこと

㉙ **答申《とうしん》**
上級官庁の問いに答えて意見を申し述べること

㉚ **入札《にゅうさつ》**
品物の売買・工事の請負などに際して公正に業者選定をするための制度

〈裁判〉

㉛ **喚問《かんもん》**
呼び出して問いただすこと

㉜ **供述《きょうじゅつ》**
被告人・被疑者・証人などが自らの知る事実を述べること

㉝ **尋問《じんもん》**
取り調べのため口頭で質問すること

㉞ **訴訟《そしょう》**
裁判を請求すること

㉟ **弾劾《だんがい》**
罪をあばき責任を追及すること

㊱ **調停《ちょうてい》**
対立する双方の間に入り争いをやめさせること

㊲ **陳述《ちんじゅつ》**
口頭で意見や考えを述べること

㊳ **動機《どうき》**
きっかけ

㊴ **陪審《ばいしん》**
一般人が判決に加わる制度

㊵ **立証《りっしょう》**
証拠をあげてその事が事実であると証明すること

〈手紙・案内文〉

㊶ **ご愛顧《あいこ》**
目をかけて引き立てること

㊷ **ご自愛《じあい》**
自分の体を大切にすること

㊸ **ご清祥《せいしょう》**
手紙文で相手が健康で幸せに暮らしていることを喜ぶ挨拶の語

㊹ **ご無沙汰《ぶさた》**
長い間訪問や文通をしないこと

㊺ **貴社《きしゃ》**
相手の会社の敬称

㊻ **時候《じこう》**
四季の気候や陽気

㊼ **善処《ぜんしょ》**
適切に処理すること

㊽ **謹《つつし》んで**
敬意を表してうやうやしくかしこまること

㊾ **拝啓《はいけい》／敬具《けいぐ》**
手紙のはじめに書く敬意を表す語／手紙の末尾に用いる語

㊿ **弊社《へいしゃ》**
自分の所属する会社をへりくだっていう語

索引

・♔1章「入試最頻出」の125語を示しています。
・各章の「🔒分かる」に挙げた語には意味を付しています。

上・掲載ページ……136-2……下・問題番号

あ

い

- 一介 いっかい 84-1
  - つまらないもの
- 一喝 いっかつ 139-22／235-18
- 一貫 いっかん 20-10
- 一環 いっかん 100-3
- 一喜一憂 いっきいちゆう 256-8
- 一騎当千 いっきとうせん 248-11
- 一挙 いっきょ 108-11
- 一切 いっさい 31-17
- 逸材 いつざい 126-4
- 一矢 いっし 74-6／240-3
- 一蹴 いっしゅう 180-7
  - はねつけること
- 一瞬 いっしゅん 61-18
- 一触即発 いっしょくそくはつ 248-12
- 一進一退 いっしんいったい 248-13
- 一心同体 いっしんどうたい 256-9
- 一斉 いっせい 114-8
- 一石二鳥 いっせきにちょう 248-14
- 一掃 いっそう 143-21
- 逸脱 いつだつ 10-55／115-20
- 一知半解 いっちはんかい 249-15
- 一朝一夕 いっちょういっせき 249-16／271-41
- 一長一短 いっちょういったん 249-17
- 一辺倒 いっぺんとう 89-24
  - ひとつのものに偏ること
- 逸話 いつわ 108-8
- 偽る いつわ(る) 51-25
- 営む いとな(む) 107-25
- 挑む いど(む) 101-23
- 否 いな 75-17
- 囲繞 いにょう 205-20
  - 囲い巡らすこと
- 意表 いひょう 58-11／241-16
- 畏怖 いふ 164-2
- 息吹 いぶき 129-24
- 戒め いまし(め) 129-21
- 意味深長 いみしんちょう 256-10
- 忌む い(む) 79-21
- 慰問 いもん 171-13
- 否応 いやおう 197-25
- 卑しい いや(しい) 81-17
- 癒やす い(やす) 81-25
- 威容 いよう 214-8
- 異様 いよう 214-9
- 依頼 いらい 32-4
- 苛立つ いらだ(つ) 197-17
- 遺漏 いろう 164-6
- 彩る いろど(る) 53-24
- 違和感 いわかん 40-1／238-6
- 陰影 いんえい 50-6
- 因果 いんが 231-22
- 因果応報 いんがおうほう 256-11
- 慇懃 いんぎん 204-6
  - へりくだって丁寧なさま
- 慇懃無礼 いんぎんぶれい 256-12
- 陰険 いんけん 132-3
- 陰湿 いんしつ 117-13
- 隠遁 いんとん 234-7
- 隠忍自重 いんにんじちょう 256-13
- 因縁 いんねん 121-13
- 隠微 いんび 156-9
- 韻文 いんぶん 269-31
- 隠喩 いんゆ 269-21
- 韻律 いんりつ 131-15

う

- 初初しい ういうい(しい) 79-20
- 有為転変 ういてんぺん 249-18
- 右往左往 うおうさおう 249-19
- 迂回 うかい 191-19
- 伺う うかが(う) 169-13
- 請け負う う(け)お(う) 81-15
- 右顧左眄 うこさべん 249-20
- 渦 うず 117-23
- 薄い うす(い) 55-23
- 嘘 うそ 191-23
- 有象無象 うぞうむぞう 249-21
- 有頂天 うちょうてん 110-6
- 討つ う(つ) 214-10
- 撃つ う(つ) 214-11
- 訴える うった(える) 51-23
- 疎い うと(い) 169-18
- 促す うなが(す) 8-27／99-22
- 自惚れる うぬぼ(れる) 195-24
- 乳母 うば 76-8
- 奪う うば(う) 65-22
- 有無 うむ 24-11
- 倦む う(む) 197-27
- 埋める う(める) 101-22
- 恭しい うやうや(しい) 169-15
- 紆余曲折 うよきょくせつ 249-22
- 恨み うら(み) 121-25
- 羨む うらや(む) 163-21
- 潤す うるお(す) 167-17
- 憂える うれ(える) 79-25
- 雲散霧消 うんさんむしょう 256-14
- 蘊蓄 うんちく 201-18
  - 学問や技芸の深い知識
- 雲泥の差 うんでい(の)さ 271-42
- 運搬 うんぱん 128-7

え

- 営為 えいい 214-12
- 鋭意 えいい 215-13／246-2
- 永遠 えいえん 247-25
- 影響 えいきょう 54-4
- 永劫 えいごう 192-8／247-25
- 栄枯盛衰 えいこせいすい 257-15
- 衛星 えいせい 33-15
- 詠嘆 えいたん 57-15
- 英断 えいだん 102-9
- 英知 えいち 57-17
- 栄転 えいてん 40-11／245-29
- 鋭敏 えいびん 68-4
- 栄誉 えいよ 55-17
- 描く えが(く) 43-25
- 得難い えがた(い) 81-21
- 回向 えこう 170-7
- 餌食 えじき 172-3
- 会者定離 えしゃじょうり 249-23
- 絵空事 えそらごと 101-25
- 得体 えたい 50-7
- 謁見 えっけん 172-1
- 閲覧 えつらん 29-15
- 会得 えとく 64-4／246-12
- 獲物 えもの 125-21
- 襟 えり 163-17
- 演繹 えんえき 200-5／245-22／268-1
  - 普遍的な前提から個別の結論を導き出すこと
- 沿革 えんかく 83-20／246-1
  - 物事の移り変わり
- 円滑 えんかつ 125-16
- 縁起 えんぎ 127-17
- 婉曲 えんきょく 201-13／269-22
  - 遠回しに表現すること
- 冤罪 えんざい 193-17
- 厭世 えんせい 194-5
- 演奏 えんそう 53-21／233-20
- 延長 えんちょう 47-14
- 援用 えんよう 175-15
  - 自己の主張の助けとして、他の文献などを引き合いに出すこと

遠慮　えんりょ　132-10

お

横溢　おういつ　201-23
あふれるほど盛んなこと
往往　おうおう　29-16/241-24
謳歌　おうか　196-9
奥義　おうぎ　60-12/246-8
横行　おうこう　83-22
悪事などが盛んに行われること
応酬　おうしゅう　215-14
押収　おうしゅう　215-15
旺盛　おうせい　154-5
横着　おうちゃく　85-14/270-1
ずるくなまけること
往復　おうふく　20-8
横柄　おうへい　142-4
応募　おうぼ　36-11
鷹揚　おうよう　205-23
ゆったりと落ち着いていること
往来　おうらい　31-22
覆う　おお(う)　6-7/111-22
大仰　おおぎょう　77-14
概ね　おおむ(ね)　193-29
公　おおやけ　49-22
侵す　おか(す)　215-16
冒す　おか(す)　215-17
犯す　おか(す)　215-18
拝む　おが(む)　31-25
掟　おきて　191-22
憶測　おくそく　147-22
臆病　おくびょう　156-5/228-10
臆面　おくめん　241-23
厳か　おごそ(か)　79-18
怠る　おこた(る)　135-21
抑える　おさ(える)　27-25
治める　おさ(める)　215-19
収める　おさ(める)　215-20
修める　おさ(める)　215-21
納める　おさ(める)　215-22
惜しむ　お(しむ)　43-23
汚染　おせん　63-13
襲う　おそ(う)　145-25
穏やか　おだ(やか)　55-24
陥る　おちい(る)　13-88/153-25
億劫　おっくう　195-16
陥れる　おとしい(れる)　81-14
躍る　おど(る)　163-13
衰える　おとろ(える)　123-21
夥しい　おびただ(しい)　199-28
脅かす　おびや(かす)　10-51/71-24
溺れる　おぼ(れる)　167-24
面影　おもかげ　75-18
面映ゆい　おもは(ゆい)　271-22
趣　おもむき　77-17
赴く　おもむ(く)　155-25
慮る　おもんぱか(る)　195-18
織物　おりもの　234-2
愚か　おろ(か)　75-15
恩恵　おんけい　34-3
穏健　おんけん　47-21/234-8
温厚篤実　おんこうとくじつ　257-16
温故知新　おんこちしん　249-24
温床　おんしょう　137-17
穏当　おんとう　84-4
おだやかで無理のないこと
怨念　おんねん　172-6
穏便　おんびん　80-11

か

回帰　かいき　123-15
懐疑　かいぎ　114-10
諧謔　かいぎゃく　269-23
懐古　かいこ　215-23
回顧　かいこ　215-24
解雇　かいこ　215-25/245-28
介護　かいご　46-12
悔恨　かいこん　142-8/231-17
開催　かいさい　50-5
介在　かいざい　66-5/239-15
膾炙　かいしゃ　203-18
広く知れわたること
解釈　かいしゃく　66-4/269-32
懐柔　かいじゅう　87-19
手なずけて従わせること
鎧袖一触　がいしゅういっしょく　249-25
外柔内剛　がいじゅうないごう　249-26
会心　かいしん　83-19
心にかない、満足すること
解析　かいせき　52-7
蓋然性　がいぜんせい　179-19
ある事が起こる確実性の度合い
階層　かいそう　41-17
開拓　かいたく　34-5
概嘆　がいたん　105-21
懐中　かいちゅう　120-12
開陳　かいちん　64-10
快適　かいてき　29-20
街頭　がいとう　216-1
該当　がいとう　216-2
快刀乱麻　かいとうらんま　249-27
概念　がいねん　54-1/229-26/269-24
回避　かいひ　48-9
外聞　がいぶん　85-19
世間の評判
解放　かいほう　216-3
介抱　かいほう　216-4
快方　かいほう　216-5
開放　かいほう　216-6
解剖　かいぼう　113-13
皆無　かいむ　106-8
壊滅　かいめつ　126-2
皆目　かいもく　129-17
概要　がいよう　272-1
乖離　かいり　15-13/192-3
戒律　かいりつ　106-5
概略　がいりゃく　61-17
界隈　かいわい　194-7
顧みる　かえり(みる)　216-7
省みる　かえり(みる)　216-8
加害　かがい　245-27
瓦解　がかい　14-2/181-21
一部の崩れから全体が崩れること
抱える　かか(える)　55-25
掲げる　かか(げる)　35-25
罹る　かか(る)　199-25
果敢　かかん　143-14
火急　かきゅう　82-10
非常に差し迫っていること
佳境　かきょう　89-23
非常によい場面
画一化　かくいつか　55-13
架空　かくう　114-4
覚悟　かくご　60-1
画策　かくさく　89-19/270-2
はかりごとをめぐらすこと
拡散　かくさん　38-6
確執　かくしつ　88-2
互いに意見を譲らず、仲が悪くなること

□確証　かくしょう　51 14
□核心　かくしん　13 96/216 9
□確信　かくしん　216 10
□隠す　かく(す)　53 23
□覚醒　かくせい　157 15
□隔世　かくせい　175 17
時代を隔てること
□隔絶　かくぜつ　10 53/134 8
□格段　かくだん　28 3
□拡張　かくちょう　30 6
□格調　かくちょう　42 9
□格闘　かくとう　102 7
□獲得　かくとく　60 4
□額縁　がくぶち　43 17
□神楽　かぐら　171 23
□隔離　かくり　70 12
□過激　かげき　40 2
□欠ける　か(ける)　216 11
□掛ける　か(ける)　216 12
□駆ける　か(ける)　217 13
□加減　かげん　49 17
□過酷　かこく　111 13
□禍根　かこん　158 5
□過言　かごん　100 7/242 1
□佳作　かさく　217 14
□寡作　かさく　217 15
□飾る　かざ(る)　27 24
□仮借　かしゃく　89 20
見逃すこと
□呵責　かしゃく　201 17/243 19
とがめ責めること
□過剰　かじょう　10 58/136 7
□牙城　がじょう　177 13
組織や勢力などの本拠
□臥薪嘗胆　がしんしょうたん　249 28
□稼ぐ　かせ(ぐ)　149 25
□寡占　かせん　178 12
市場の大半を少数の会社で占めること
□過疎　かそ　116 6/244 9
□仮想　かそう　102 11
□可塑性　かそせい　175 25
自由に形を作ることのできる性質
□仮託　かたく　149 18
□頑な　かたく(な)　193 21
□固唾　かたず　181 17
緊張して息をこらす時にたまるつば
□塊　かたまり　163 19
□偏る　かたよ(る)　133 23
□傍ら　かたわ(ら)　81 18
□荷担　かたん　107 13
□家畜　かちく　237 13
□渦中　かちゅう　136 10
□割愛　かつあい　177 17
惜しみながらも手放したり省略したりすること
□隔靴掻痒　かっかそうよう　249 29
□画期的　かっきてき　67 17
□確固　かっこ　49 19/242 12
□括弧　かっこ　236 4
□格好　かっこう　33 13
□喝采　かっさい　172 12
□闊達　かったつ　200 10
心が広く小さなことにこだわらないさま
□合致　がっち　39 15
□嘗て　かつ(て)　193 23
□葛藤　かっとう　9 42/176 4
心がもつれ迷うこと
□喝破　かっぱ　79 13
□渇望　かつぼう　78 4
□活路　かつろ　100 9
□糧　かて　14 1/167 23
□課程　かてい　217 16
□過程　かてい　217 17
□我田引水　がでんいんすい　257 17
□稼働　かどう　49 16
□過渡期　かとき　85 21
物事が移り変わる途中のとき
□適う　かな(う)　197 23
□奏でる　かな(でる)　25 23
□要　かなめ　159 23
□化膿　かのう　191 16
□歌舞伎　かぶき　153 17
□寡聞　かぶん　164 10/270 3
□貨幣　かへい　149 17/230 1
□我慢　がまん　59 21
□過密　かみつ　244 9
□寡黙　かもく　135 13
□醸す　かも(す)　15 23/169 22/270 4
□蚊帳　かや　167 16
□殻　から　155 24
□辛い　から(い)　145 24
□絡む　から(む)　8 29/59 23
□画竜点睛　がりょうてんせい　249 30
□華麗　かれい　116 7
□可憐　かれん　190 8
□交わす　か(わす)　37 23
□為替　かわせ　81 19
□間　かん　108 4
□勘　かん　122 5
□勘案　かんあん　177 23
あれこれ考え合わせること
□含意　がんい　116 5
□感化　かんか　217 18
□看過　かんか　217 19/239 17
□感慨　かんがい　110 10/229 25
□間隔　かんかく　125 13
□管轄　かんかつ　154 8/273 22
□鑑みる　かんが(みる)　272 11
□喚起　かんき　8 30/217 20
□換気　かんき　217 21
□歓喜　かんき　217 22
□緩急　かんきゅう　155 14
□環境　かんきょう　26 1
□頑強　がんきょう　36 8
□歓迎　かんげい　42 2
□間隙　かんげき　157 13
□簡潔　かんけつ　49 13
□還元　かんげん　13 94/217 23
□換言　かんげん　217 24
□甘言　かんげん　217 25
□頑固　がんこ　23 19/271 31
□慣行　かんこう　114 6
□勧告　かんこく　60 3
□看護師　かんごし　33 21
□換骨奪胎　かんこつだったい　250 1
□観察　かんさつ　27 20
□閑散　かんさん　107 19
□監視　かんし　64 11
□閑寂　かんじゃく　152 6
□甘受　かんじゅ　178 2
逆らわずに甘んじて受けること
□感受性　かんじゅせい　36 3
□干渉　かんしょう　13 100/218 1/268 11
□感傷　かんしょう　218 2
□緩衝　かんしょう　218 3
□鑑賞　かんしょう　218 4
□勘定　かんじょう　132 11
□頑丈　がんじょう　74 12

索引

□感触 かんしょく 22-7
□肝心 かんじん 112-3
□完遂 かんすい 76-11
□歓声 かんせい 39-21
□陥穽 かんせい 204-5
落とし穴や人を陥れる計略
□感染 かんせん 59-15
□敢然 かんぜん 177-24／234-12
思い切ってするさま
□勧善懲悪 かんぜんちょうあく 250-2
□完全無欠 かんぜんむけつ 257-18
□乾燥 かんそう 55-16
□歓待 かんたい 128-8
□寛大 かんだい 58-6／270-12
□感嘆 かんたん 218-5
□肝胆 かんたん 218-6
□含蓄 がんちく 177-25
深い意味を内に持つこと
□貫通 かんつう 50-8
□鑑定 かんてい 69-20
□貫徹 かんてつ 114-5
□勘当 かんどう 86-6
親子などの関係を絶つこと
□監督 かんとく 108-5
□堪忍 かんにん 234-3
□観念 かんねん 38-1
□看破 かんぱ 109-21
□芳しい かんば(しい) 169-19
□間髪を容れず かんはつ(を)い(れず) 271-43
□完膚 かんぷ 171-16
□完璧 かんぺき 146-1／230-7／271-44
□緩慢 かんまん 137-21
□感銘 かんめい 125-17
□頑迷 がんめい 117-20
□眼目 がんもく 86-9
ある物事の最も重要な点
□喚問 かんもん 126-8／273-31
□関与 かんよ 29-19
寛容 かんよう 9-45／218-7
□肝要 かんよう 218-8
□官吏 かんり 230-12
□官僚 かんりょう 69-21
□感涙 かんるい 106-3／242-4
□慣例 かんれい 52-6
□還暦 かんれき 138-8
□緩和 かんわ 107-21

― き ―

□奇異 きい 122-9
□起因 きいん 99-14
帰依 きえ 14-8／168-1
□気鋭 きえい 178-3
意気込みの鋭いこと
□機縁 きえん 178-6
きっかけ
□記憶 きおく 29-22／228-9
□気後れ きおく(れ) 270-5
□幾何 きか 145-20
□飢餓 きが 148-9
□戯画 ぎが 129-13
□奇怪 きかい 26-2
□危害 きがい 22-10
□気概 きがい 246-11
□規格 きかく 21-22
□器官 きかん 218-9
□帰還 きかん 218-10
□基幹 きかん 218-11
□祈願 きがん 132-12
□疑義 ぎぎ 150-8
□危機一髪 ききいっぱつ 250-3
□危急存亡 ききゅうそんぼう 250-4
□効く き(く) 218-12
□利く き(く) 219-13
□危惧 きぐ 172-11
□奇遇 きぐう 126-11
□帰結 きけつ 177-14
物事が最終的に落ち着くこと
□棄権 きけん 116-11
□起源 きげん 35-21
□機嫌 きげん 100-5／238-4
□技巧 ぎこう 54-11
□気骨 きこつ 85-25／246-11／271-32
信念を通し、屈しない性質
気障 きざ 15-25／192-14
□兆し きざ(し) 169-16
□刻む きざ(む) 57-25
□生地 きじ 149-19
□起死回生 きしかいせい 250-5
□儀式 ぎしき 38-10
□旗幟鮮明 きしせんめい 250-6
□貴社 きしゃ 273-45
□机上 きじょう 25-20
□喜色満面 きしょくまんめん 250-7
□擬人 ぎじん 52-10／232-9
□疑心暗鬼 ぎしんあんき 257-19
□期する き(する) 25-25
□既成 きせい 219-14
□規制 きせい 219-15
犠牲 ぎせい 12-85／61-14／235-19
□軌跡 きせき 219-16
□奇跡 きせき 219-17
□機先 きせん 132-2／240-6
□毅然 きぜん 192-11
□偽善 ぎぜん 102-2
□競う きそ(う) 31-24
□起草 きそう 84-3
文案を作ること
□奇想天外 きそうてんがい 250-8
□帰属 きぞく 54-5
□既存 きそん 109-16
□擬態 ぎたい 155-18／238-14
□鍛える きた(える) 29-25
□忌憚 きたん 203-16／243-24
遠慮すること
□既知 きち 219-18／244-11
□機知 きち 219-19
□帰着 きちゃく 150-7
□几帳面 きちょうめん 271-33
□拮抗 きっこう 203-21
力量に差がなく、互いに張り合うこと
□生粋 きっすい 181-13
混じりけがないこと
□詰問 きつもん 80-9
屹立 きつりつ 15-14／198-2
□企図 きと 150-10
□喜怒哀楽 きどあいらく 250-9
軌道 きどう 11-69／67-13
□危篤 きとく 151-15
□疑念 ぎねん 50-9
□帰納 きのう 87-20／245-22／268-2
個々の具体的事例から原理・法則などを導き出すこと
□希薄 きはく 219-20／245-23
□気迫 きはく 219-21
□奇抜 きばつ 107-18
規範 きはん 9-38／59-17
基盤 きばん 13-97／70-10
忌避 きひ 7-22／131-13

□ 機微 きび 87-14 / 243-18
表面に表れない微妙な趣
□ 厳しい きび(しい) 39-25
□ 踵を返す きびす(を)かえ(す) 271-23
□ 機敏 きびん 114-1
□ 起伏 きふく 32-12
□ 詭弁 きべん 202-9 / 243-21
こじつけの議論
□ 規模 きぼ 56-6
□ 肝 きも 79-23
□ 脚色 きゃくしょく 83-13
事実を誇張し面白くすること
□ 逆説 ぎゃくせつ 100-11 / 268-3
□ 虐待 ぎゃくたい 134-7 / 238-12
□ 脚光 きゃっこう 110-2
□ 杞憂 きゆう 200-9 / 271-45
無用の心配をすること
□ 嗅覚 きゅうかく 159-19
□ 急遽 きゅうきょ 194-6
□ 究極 きゅうきょく 66-2
□ 休憩 きゅうけい 112-1
□ 救済 きゅうさい 51-19
□ 吸収 きゅうしゅう 32-9
□ 窮状 きゅうじょう 156-2
□ 急進 きゅうしん 29-18 / 239-18
□ 窮する きゅう(する) 143-24
□ 急性 きゅうせい 244-3
□ 旧態依然 きゅうたいいぜん 250-10
□ 糾弾 きゅうだん 150-9
□ 窮地 きゅうち 121-18
□ 急転直下 きゅうてんちょっか 250-11
□ 旧弊 きゅうへい 148-6
□ 究明 きゅうめい 53-19
□ 寄与 きよ 104-11 / 246-5
□ 器用 きよう 32-10
□ 脅威 きょうい 219-22
□ 驚異 きょうい 219-23
□ 驚愕 きょうがく 198-1
□ 狭義 きょうぎ 110-8 / 245-17
□ 行儀 ぎょうぎ 105-17
□ 供給 きょうきゅう 29-13 / 244-1
□ 胸襟 きょうきん 176-2
心の中の思い
□ 胸襟を開く きょうきん(を)ひら(く) 271-24
□ 境遇 きょうぐう 64-5
□ 凝固 ぎょうこ 64-6
□ 強硬 きょうこう 219-24 / 245-25
□ 恐慌 きょうこう 219-25
□ 教唆 きょうさ 168-3
□ 興醒め きょうざ(め) 270-13
□ 矜持 きょうじ 270-14
□ 凝視 ぎょうし 232-10
享受 きょうじゅ 6-8 / 116-8
□ 郷愁 きょうしゅう 133-19
□ 行住坐臥 ぎょうじゅうざが 250-12
□ 恐縮 きょうしゅく 102-8
□ 凝縮 ぎょうしゅく 121-20
□ 供述 きょうじゅつ 273-32
□ 恭順 きょうじゅん 151-13
□ 強靱 きょうじん 204-2
しなやかで強いこと
□ 矯正 きょうせい 150-3
□ 共生 きょうせい 268-12
□ 業績 ぎょうせき 46-7
□ 形相 ぎょうそう 48-8
□ 協調 きょうちょう 21-20
□ 仰天 ぎょうてん 51-20 / 234-9
□ 驚天動地 きょうてんどうち 250-13
□ 脅迫 きょうはく 150-1
□ 恐怖 きょうふ 35-16
□ 教鞭 きょうべん 190-6 / 243-20
□ 狂奔 きょうほん 168-6
□ 興味津津 きょうみしんしん 257-20
□ 共鳴 きょうめい 27-21
□ 享楽 きょうらく 174-4
思うままに楽しむこと
□ 狭量 きょうりょう 86-12
心が狭いこと
□ 強烈 きょうれつ 57-16
□ 虚偽 きょぎ 122-2 / 245-24
□ 虚虚実実 きょきょじつじつ 250-14
□ 玉石混淆 ぎょくせきこんこう 257-21
□ 極端 きょくたん 58-4
□ 極致 きょくち 136-2
□ 虚構 きょこう 269-33
□ 去就 きょしゅう 54-6 / 247-22
□ 虚心坦懐 きょしんたんかい 257-22
□ 御する ぎょ(する) 166-1
□ 虚勢 きょせい 87-13
からいばりすること
□ 拒絶 きょぜつ 32-11
□ 挙措 きょそ 158-7
□ 拠点 きょてん 22-5
□ 挙動 きょどう 112-10
□ 拒否 きょひ 22-6
□ 毀誉褒貶 きよほうへん 251-15
□ 許容 きょよう 98-1
□ 去来 きょらい 113-19
□ 器量 きりょう 69-18
□ 技量 ぎりょう 48-6
□ 亀裂 きれつ 152-11
□ 岐路 きろ 143-15 / 242-5
□ 際立つ きわだ(つ) 115-22
□ 極み きわ(み) 63-25
□ 金科玉条 きんかぎょくじょう 257-23
□ 禁忌 きんき 174-12 / 269-42
触れたり口に出したりしてはならないとされる事柄
□ 謹厳実直 きんげんじっちょく 257-24
均衡 きんこう 12-87 / 103-16 / 229-13
□ 僅差 きんさ 171-15
□ 近似 きんじ 34-10 / 247-20
□ 琴線 きんせん 178-11 / 240-10
□ 緊張 きんちょう 29-21
心の奥の感じやすい部分
□ 均等 きんとう 22-9
□ 緊迫 きんぱく 122-4
□ 勤勉 きんべん 43-15 / 244-2
□ 吟味 ぎんみ 105-15

く

□ 寓意 ぐうい 269-25
□ 空虚 くうきょ 135-15
□ 空前 くうぜん 246-7
□ 偶然 ぐうぜん 23-15 / 229-20 / 244-5
□ 空前絶後 くうぜんぜつご 251-16
□ 空疎 くうそ 122-3
□ 偶像 ぐうぞう 106-6
□ 偶発 ぐうはつ 122-6
□ 腐る くさ(る) 113-22
駆使 くし 7-23 / 106-1
□ 苦渋 くじゅう 146-4
□ 具象 ぐしょう 88-11 / 245-16
姿や形を持っていること
□ 苦心 くしん 246-3
□ 崩れる くず(れる) 115-23
□ 癖 くせ 149-24
□ 砕く くだ(く) 147-24
□ 愚痴 ぐち 154-12
□ 駆逐 くちく 27-19
□ 朽ちる く(ちる) 79-15

索引

□覆す くつがえ(す) 163-20
□屈指 くっし 28-1
□屈折 くっせつ 99-19
□屈託 くったく 82-11／242-7
くよくよすること
□駆動 くどう 25-16
□功徳 くどく 166-8
□愚鈍 ぐどん 235-15
□苦悩 くのう 50-3／228-12
□工面 くめん 85-20
金銭を集めるための算段
□悔やむ く(やむ) 71-23
□供養 くよう 80-12
□繰り越す く(りこ)(す) 233-25
□繰る く(る) 129-22
□愚弄 ぐろう 170-10
□玄人 くろうと 167-22／244-10
□企てる くわだ(てる) 131-22
□訓戒 くんかい 143-17／272-12
□群集 ぐんしゅう 235-21
□薫陶 くんとう 177-19
徳で人を感化させ、優れた人間をつくること
□郡部 ぐんぶ 235-22
□群雄割拠 ぐんゆうかっきょ 251-17
□君臨 くんりん 62-6

け

経緯 けいい 6-4／47-18
□経過 けいか 22-11
□警戒 けいかい 40-3
□形骸化 けいがいか 158-2
契機 けいき 6-6／61-20
□継起 けいき 145-18
□軽挙妄動 けいきょもうどう 251-18
□警句 けいく 269-26
□敬虔 けいけん 198-14
□迎合 げいごう 83-15
自分の考えを曲げ、相手に合わせること
□渓谷 けいこく 137-20
□掲載 けいさい 71-19
□啓示 けいじ 174-9
神が人知を超えた真理を示すこと
□形而上 けいじじょう 200-3／268-4
形のないもの、精神的なもの
□傾斜 けいしゃ 62-5
□景勝 けいしょう 85-18
優れた景色
□継承 けいしょう 220-1
□形象 けいしょう 220-2
□警鐘 けいしょう 220-3
□軽率 けいそつ 244-4
□形態 けいたい 220-4
□携帯 けいたい 220-5
□境内 けいだい 76-5
□傾聴 けいちょう 220-6
□軽重 けいちょう 220-7
□軽佻浮薄 けいちょうふはく 257-25
傾倒 けいとう 11-71／178-4
ある人や物事に熱中すること
□系統 けいとう 24-7
□軽薄 けいはく 110-9
□啓発 けいはつ 132-7
□系譜 けいふ 136-11
□軽蔑 けいべつ 156-10
□啓蒙 けいもう 200-1
人々に知識を与えて教え導くこと
□契約 けいやく 40-7
□経由 けいゆ 37-13
□稀有 けう 192-9
□気圧される けお(される) 270-15
□劇的 げきてき 238-13
□激励 げきれい 105-20
□怪訝 けげん 197-16
□化粧 けしょう 129-16
□削る けず(る) 65-24
□桁 けた 164-7
□解脱 げだつ 164-5
□欠陥 けっかん 66-8
□傑作 けっさく 55-21
□傑出 けっしゅつ 128-2
□欠如 けつじょ 47-13
□結晶 けっしょう 21-14
□結託 けったく 71-16
□潔癖 けっぺき 34-11
□欠乏 けつぼう 52-3
□健気 けなげ 196-1
懸念 けねん 14-12／76-6
□気配 けはい 39-16
□険悪 けんあく 111-19
権威 けんい 8-32／58-10
□検閲 けんえつ 101-17
□嫌悪 けんお 53-20
□言下 げんか 83-16
言い終わってすぐ
□懸隔 けんかく 159-20
□厳格 げんかく 27-15
□言及 げんきゅう 35-14
謙虚 けんきょ 11-63／115-16
□元凶 げんきょう 48-5
□牽強付会 けんきょうふかい 251-19
□顕現 けんげん 78-9
□堅固 けんご 106-12
□原稿 げんこう 38-2
□乾坤一擲 けんこんいってき 251-20
□顕在 けんざい 245-19
□顕在化 けんざいか 125-20
□検索 けんさく 36-4
□堅持 けんじ 220-8
□顕示 けんじ 220-9
□見識 けんしき 110-3／247-23
□堅実 けんじつ 239-21
□厳粛 げんしゅく 142-1
顕彰 けんしょう 9-48／153-14
□謙譲 けんじょう 27-16
□現象 げんしょう 24-10
□献身 けんしん 100-6／238-9
□健全 けんぜん 21-19
□源泉 げんせん 24-8
□厳然 げんぜん 125-14
□現前 げんぜん 132-1
□喧噪 けんそう 193-15
□言質 げんち 166-3／240-8
顕著 けんちょ 6-11／50-1
□健闘 けんとう 220-10
□検討 けんとう 220-11／235-23
□捲土重来 けんどちょうらい 251-21
□堅忍不抜 けんにんふばつ 251-22
□権謀術数 けんぼうじゅっすう 257-26
□研磨 けんま 149-13
□剣幕 けんまく 176-8
怒って興奮しているさま
□厳密 げんみつ 50-10／234-11
□懸命 けんめい 124-5
□幻滅 げんめつ 123-16
□倹約 けんやく 67-15
□絢爛 けんらん 196-11

こ

□ご愛顧 (ご)あいこ 273-41
□故意 こい 176-6

語彙 ごい 168-10
請う こ(う) 77-19
業 ごう 86-8
未来に善悪の報いをもたらす行為
光陰 こういん 87-15
歳月のこと
交易 こうえき 38-11
甲乙 こうおつ 88-5
優劣
甲／乙／丙 こう／おつ／へい 272-2
硬化 こうか 146-7
効果 こうか 235-25
豪華 ごうか 148-1
郊外 こうがい 65-21/235-26
狡猾 こうかつ 198-10
交換 こうかん 20-5
巷間 こうかん 268-13
厚顔無恥 こうがんむち 251-23
広義 こうぎ 99-13/245-17
講義 こうぎ 220-12
抗議 こうぎ 221-13
好奇心 こうきしん 65-17
恒久 こうきゅう 139-14
号泣 ごうきゅう 101-18
後継者 こうけいしゃ 117-19
攻撃 こうげき 52-1
高潔 こうけつ 134-3
豪傑 ごうけつ 76-3
貢献 こうけん 10-62/66-1/246-5
恍惚 こうこつ 201-21
心を奪われてうっとりすること
功罪 こうざい 117-14
交錯 こうさく 112-5
行使 こうし 99-21
嚆矢 こうし 202-11
物事の始まりや起こり
控除 こうじょ 78-5/273-23
交渉 こうしょう 221-14
口承 こうしょう 221-15
高尚 こうしょう 221-16/244-6
恒常 こうじょう 120-9
講じる こう(じる) 117-24
更新 こうしん 62-11
好事家 こうずか 85-15
風流なことを好む人
功績 こうせき 67-14
好戦的 こうせんてき 271-34
抗争 こうそう 130-7
拘束 こうそく 130-2
光沢 こうたく 47-16
巧緻 こうち 166-7
構築 こうちく 37-22
膠着 こうちゃく 203-15
ある状態が固定して動かないこと
硬直 こうちょく 111-14
肯定 こうてい 221-17
行程 こうてい 221-18
拘泥 こうでい 14-7/181-20
こだわること
更迭 こうてつ 11-67/178-1
ある役職の者を代えること
荒唐無稽 こうとうむけい 176-11/251-24
でたらめなこと
購入 こうにゅう 49-15
荒廃 こうはい 146-5
広範 こうはん 142-9
交付 こうふ 273-24
幸福 こうふく 233-21
興奮 こうふん 38-7/231-26
公平無私 こうへいむし 257-27
候補 こうほ 54-12
興亡 こうぼう 138-6
豪放磊落 ごうほうらいらく 251-25
傲慢 ごうまん 12-78/147-17
功名 こうみょう 221-19
巧妙 こうみょう 221-20/245-20
被る こうむ(る) 165-21
蒙る こうむ(る) 193-30
高揚 こうよう 104-1
効率 こうりつ 53-13
考慮 こうりょ 39-20
荒涼 こうりょう 138-2
恒例 こうれい 63-16
呉越同舟 ごえつどうしゅう 251-26
呼応 こおう 28-12
互角 ごかく 107-14/239-24
枯渇 こかつ 126-6/235-17
顧客 こきゃく 104-3
極意 ごくい 43-13/246-8
刻印 こくいん 70-9
虚空 こくう 12-76/121-19
酷似 こくじ 146-12
告示 こくじ 273-25
国籍 こくせき 48-3
克服 こくふく 48-4
克明 こくめい 138-5
穀物 こくもつ 233-18
孤軍奮闘 こぐんふんとう 257-28
焦げる こ(げる) 139-25
凍える こご(える) 163-24
心地 ここち 22-3
固持 こじ 221-21
固辞 こじ 221-22
誇示 こじ 221-23
ご自愛 (ご)じあい 273-42
虎視眈眈 こしたんたん 251-27
固執 こしゅう 117-17
故障 こしょう 221-24
呼称 こしょう 221-25
後生 ごしょう 82-5/157-20
古色蒼然 こしょくそうぜん 251-28
死んだあとの世
腰を折る こし(を)お(る) 271-25
腰を据える こし(を)す(える) 271-26
鼓吹 こすい 159-18/247-18
ご清祥 (ご)せいしょう 273-43
戸籍抄本 こせきしょうほん 272-13
誇張 こちょう 42-6
極寒 ごっかん 231-24
克己心 こっきしん 76-1
刻苦勉励 こっくべんれい 251-29
滑稽 こっけい 170-9
骨子 こっし 179-21
中心、要点
骨折 こっせつ 232-2
糊塗 こと 201-19
一時しのぎにごまかすこと
孤独 こどく 53-17/236-3
悉く ことごと(く) 199-30
異なる こと(なる) 75-19
殊に こと(に) 165-13
諺 ことわざ 191-29
拒む こば(む) 65-25
誤謬 ごびゅう 192-2
鼓舞 こぶ 148-12/247-18
ご無沙汰 (ご)ぶさた 273-44
語弊 ごへい 152-5
固有 こゆう 35-19

- □雇用 こよう 54-2/245-28
- □娯楽 ごらく 116-2
- □孤立無援 こりつむえん 257-29
- □五里霧中 ごりむちゅう 251-30
- □顧慮 こりょ 156-1
- □懲りる こ(りる) 79-24
- □凝る こ(る) 115-25
- □壊す こわ(す) 37-25/228-1
- □懇意 こんい 158-1
- □根幹 こんかん 36-12
- □懇願 こんがん 148-8
- □困窮 こんきゅう 154-1
- □根拠 こんきょ 40-6
- □権化 ごんげ 78-8
- □言語道断 ごんごどうだん 257-30
- □渾身 こんしん 194-2/247-26
- 痕跡 こんせき 9-50/154-7/236-1
- □渾然一体 こんぜんいったい 252-1
- □魂胆 こんたん 143-19
- □混沌 こんとん 192-1
- □建立 こんりゅう 76-4
- □困惑 こんわく 51-16/231-21

さ

- □才覚 さいかく 85-13
  - 頭を働かせること
- □猜疑心 さいぎしん 198-5
- □採掘 さいくつ 232-7
- □歳月 さいげつ 28-6
- □際限 さいげん 61-16
- □最期 さいご 100-4/246-14
- □採集 さいしゅう 32-5
- □細心 さいしん 68-11
- □催促 さいそく 69-16/247-21
- □採択 さいたく 236-6
- □祭壇 さいだん 120-10
- □栽培 さいばい 41-20/228-6
- □裁判 さいばん 228-5
- □採否 さいひ 115-15
- □細胞 さいぼう 42-12
- □債務 さいむ 272-3
- □災厄 さいやく 59-20
- □裁量 さいりょう 131-14
- 遮る さえぎ(る) 15-19/79-14
- □探す さが(す) 21-23
- 遡る さかのぼ(る) 15-16/165-24
- □詐欺 さぎ 146-8
- □割く さ(く) 165-17
- □作為 さくい 83-14
  - わざと手を加えること
- □索引 さくいん 30-1
- □削減 さくげん 36-2
- □錯誤 さくご 89-15
  - 誤りや間違い
- □搾取 さくしゅ 151-22
- □削除 さくじょ 98-12
- □錯綜 さくそう 192-10
- □蔑む さげす(む) 173-23
- □避ける さ(ける) 51-22
- □裂ける さ(ける) 145-23
- □雑魚 ざこ 166-10
- □些細 ささい 191-21/247-28
- □囁く ささや(く) 199-22
- □桟敷 さじき 170-5
- □指図 さしず 31-18
- □挿す さ(す) 167-13
- □授かる さず(かる) 75-24
- □挫折 ざせつ 154-2
- □左遷 させん 245-29
- □誘う さそ(う) 41-24
- □撮影 さつえい 68-7
- □錯覚 さっかく 99-18
- □刷新 さっしん 135-17
- □察する さっ(する) 41-23
- □颯爽 さっそう 193-18
- □察知 さっち 60-6
- □殺到 さっとう 56-3
- □雑踏 ざっとう 136-1
- □殺伐 さつばつ 80-8
- □諭す さと(す) 169-14
- □茶飯事 さはんじ 83-25
  - ごくありふれたこと
- □寂 さび 269-43
- □妨げる さまた(げる) 105-22
- □瑣末 さまつ 196-5/247-28
- □座右 ざゆう 85-24
  - かたわら
- □晒す さら(す) 197-28
- □騒ぐ さわ(ぐ) 109-23
- □爽やか さわ(やか) 169-25
- □触る さわ(る) 222-1
- □障る さわ(る) 222-2
- □傘下 さんか 74-8
- □残骸 ざんがい 157-16
- □参画 さんかく 126-10/273-26
- □三寒四温 さんかんしおん 252-2
- □散見 さんけん 127-15
- □残酷 ざんこく 112-8
- □散策 さんさく 101-19
- □惨事 さんじ 139-19
- □残滓 ざんし 203-24
  - 残りかす
- □暫時 ざんじ 237-25
- □山紫水明 さんしすいめい 252-3
- □斬新 ざんしん 157-14/237-26
- □山積 さんせき 70-4
- □算段 さんだん 89-16
  - 良い方法を考え出すこと
- □暫定 ざんてい 77-13
- □参入 さんにゅう 26-4
- □賛美 さんび 111-21
- □散漫 さんまん 128-3
- □参与 さんよ 52-8

し

- □思案 しあん 21-21
- □恣意 しい 179-22/268-5
  - 気ままな心、自分勝手な考え
- □詩歌 しいか 76-9
- □虐げる しいた(げる) 270-16
- □強いる し(いる) 81-23
- □支援 しえん 55-15
- □歯牙 しが 180-5/242-10
  - は、きば
- □仕掛け しか(け) 49-21
- □自画自賛 じがじさん 258-1
- □自家撞着 じかどうちゃく 258-2
- □指揮 しき 22-12
- □時宜 じぎ 121-17
- □色彩 しきさい 236-5
- □識者 しきしゃ 153-13
- □時期尚早 じきしょうそう 258-3
- □識別 しきべつ 40-9
- □自虐 じぎゃく 270-6
- □自給自足 じきゅうじそく 258-4
- □頻りに しき(りに) 199-27
- □軸 じく 57-20
- □忸怩 じくじ 202-7
  - 恥じ入るさま
- □四苦八苦 しくはっく 252-4
- □時雨 しぐれ 171-19
- □刺激 しげき 51-21
- □至言 しげん 87-25

本質を的確に表した言葉
□嗜好　しこう　15-21/194-4
□施行　しこう　47-19
□時候　じこう　273-46
□試行錯誤　しこうさくご　258-5
□自業自得　じごうじとく　252-5
□至極　しごく　74-7
□示唆　しさ　6-2/124-6/231-19
□視座　しざ　176-3
物事を見る立場
□思索　しさく　156-8
□指示　しじ　222-3
□支持　しじ　222-4
□師事　しじ　222-5
□資質　ししつ　28-2
□獅子奮迅　ししふんじん　252-6
□自粛　じしゅく　78-11
□支障　ししょう　100-10/241-14
□指針　ししん　27-22
□鎮まる　しず(まる)　81-16
□沈む　しず(む)　35-23
□市井　しせい　181-19/268-14
人が多く集まるところ、まち
□施設　しせつ　60-8/233-13
□慈善　じぜん　111-18
□姿態　したい　130-6
□次第　しだい　30-7
□辞退　じたい　35-13
□時代錯誤　じだいさくご　252-7
□慕う　した(う)　79-17
□支度　したく　112-9
□滴る　したた(る)　167-15
□指弾　しだん　178-7
非難すること
□七転八倒　しちてんばっとう　252-8
□自重　じちょう　37-21
□自嘲　じちょう　151-17
□疾患　しっかん　148-3
□漆黒　しっこく　75-14
□桎梏　しっこく　205-18
厳しく自由を束縛するもの
□質実剛健　しつじつごうけん　252-9
□湿潤　しつじゅん　136-8
□叱責　しっせき　170-11
□実践　じっせん　59-14
□質素　しっそ　21-15
□疾走　しっそう　134-9
□失墜　しっつい　156-4
□嫉妬　しっと　159-15
□執筆　しっぴつ　38-9
□疾風迅雷　しっぷうじんらい　252-10
□疾病　しっぺい　164-3
□執拗　しつよう　192-13
□指摘　してき　25-21
□至難　しなん　145-13
□老舗　しにせ　168-12
□凌ぐ　しの(ぐ)　199-24
□芝居　しばい　35-22
□暫く　しばら(く)　193-22
□縛る　しば(る)　123-23
□慈悲　じひ　145-19
□自負　じふ　82-12
自分の才能や仕事に誇りを持つこと
□雌伏　しふく　88-7
将来の活躍のために機会をじっと待つこと
□至福　しふく　115-21
□思弁　しべん　268-6
□思慕　しぼ　129-18
□脂肪　しぼう　135-18
□自暴自棄　じぼうじき　252-11
□搾る　しぼ(る)　163-16
□始末　しまつ　31-14/239-26
□自慢　じまん　49-18/237-23
□自明　じめい　70-7
□締める　し(める)　165-18
□四面楚歌　しめんそか　252-12
□耳目　じもく　84-11
多くの人々の注意・注目
□諮問　しもん　177-20
意見を尋ね求めること
□釈然　しゃくぜん　144-6
□邪険　じゃけん　270-7
□奢侈　しゃし　205-16
度を超えたぜいたく
□捨象　しゃしょう　174-6
事物のある要素をぬき出す際、他の要素を捨てること
□洒脱　しゃだつ　203-13
さっぱりとして、あかぬけていること
□遮断　しゃだん　13-93/127-19
□若干　じゃっかん　101-15
□惹起　じゃっき　192-4
□射程　しゃてい　52-11
□遮蔽　しゃへい　173-14
□邪魔　じゃま　66-9
□斜面　しゃめん　20-9
□雌雄　しゆう　241-19
□醜悪　しゅうあく　135-19
□秀逸　しゅういつ　110-11
□周縁　しゅうえん　177-15/269-44
中央から離れた辺境
□終焉　しゅうえん　193-16
□縦横　じゅうおう　102-12
□縦横無尽　じゅうおうむじん　258-6
□収穫　しゅうかく　41-15
□習慣　しゅうかん　21-13
□終始　しゅうし　28-7
□修辞　しゅうじ　269-27
□従事　じゅうじ　69-14
□充実　じゅうじつ　21-17
□収拾　しゅうしゅう　39-22
□蒐集　しゅうしゅう　198-7
□柔順　じゅうじゅん　34-6
□従順　じゅうじゅん　271-35
□周章狼狽　しゅうしょうろうばい　252-13
□就職　しゅうしょく　48-1
□衆人環視　しゅうじんかんし　252-14
□修正　しゅうせい　222-6
□終生　しゅうせい　222-7
□習性　しゅうせい　222-8
□集積　しゅうせき　236-9
□修繕　しゅうぜん　147-15
□十全　じゅうぜん　82-8
少しも欠点のないこと
□秋霜烈日　しゅうそうれつじつ　253-15
□充足　じゅうそく　32-1
□渋滞　じゅうたい　61-13/236-12
□衆知　しゅうち　222-9
□周知　しゅうち　222-10
□羞恥心　しゅうちしん　170-4
□執着　しゅうちゃく　47-20
□充填　じゅうてん　172-8
□周到　しゅうとう　53-15
□拾得　しゅうとく　232-5
□重篤　じゅうとく　158-8
□柔軟　じゅうなん　69-15
□襲来　しゅうらい　64-12
□蹂躙　じゅうりん　204-10
踏みにじること、特に他人の権利や国土を力で侵害すること
□収斂　しゅうれん　196-12

珠玉　しゅぎょく　89 17
美しい優れたもの
熟練　じゅくれん　52 12
殊勲　しゅくん　171 14
趣向　しゅこう　222 11
首肯　しゅこう　222 12
主催　しゅさい　223 13
主宰　しゅさい　223 14
趣旨　しゅし　29 14
取捨　しゅしゃ　66 6／232 6
取捨選択　しゅしゃせんたく　258 7
殊勝　しゅしょう　177 18／270 8
殊に優れていることや感心なこと
数珠　じゅず　162 7
述懐　じゅっかい　84 5
思いを述べること
出席簿　しゅっせきぼ　235 13
出立　しゅったつ　60 7／238 7
出奔　しゅっぽん　164 12
呪縛　じゅばく　170 8
首尾　しゅび　34 12／240 2
首尾一貫　しゅびいっかん　258 8
寿命　じゅみょう　31 20
需要　じゅよう　20 6／223 16／244 1
受容　じゅよう　223 15
樹立　じゅりつ　42 8
手腕　しゅわん　39 14
循環　じゅんかん　12 84／70 8
準拠　じゅんきょ　65 15
殉死　じゅんし　162 10
遵守　じゅんしゅ　14 3／168 2
逡巡　しゅんじゅん　200 7／270 17
ぐずぐずとためらうこと
潤色　じゅんしょく　180 6
表面をつくろい飾ること
純真　じゅんしん　235 16
純真無垢　じゅんしんむく　253 16
純粋　じゅんすい　39 13／233 24
潤沢　じゅんたく　147 13
順応　じゅんのう　24 12
俊敏　しゅんびん　108 2／231 20
順風満帆　じゅんぷうまんぱん　258 9
峻別　しゅんべつ　202 3
厳格に区別すること
止揚　しよう　176 1／268 7
二つの矛盾した概念を、それらより一段と高い概念に調和統一すること
掌握　しょうあく　174 3
我がものとすること
照応　しょうおう　106 11
昇華　しょうか　147 14
浄化　じょうか　46 9
紹介　しょうかい　29 17
生涯　しょうがい　7 20／223 19
障害　しょうがい　223 17
傷害　しょうがい　223 18
昇格　しょうかく　30 12
常軌　じょうき　8 35／123 17／240 9
状況　じょうきょう　23 21
憧憬　しょうけい　158 3
衝撃　しょうげき　38 8
証拠　しょうこ　43 19
小康　しょうこう　180 4
病などが悪化せず何とか治まっていること
詳細　しょうさい　107 15
賞賛　しょうさん　123 18
上梓　じょうし　202 1
本を出版すること
笑止千万　しょうしせんばん　258 10
照射　しょうしゃ　142 6
生者必滅　しょうじゃひつめつ　253 17
成就　じょうじゅ　70 11
精進　しょうじん　82 2
仏道に励むことや懸命に努力すること
正真正銘　しょうしんしょうめい　258 11
称する　しょう(する)　137 25
醸成　じょうせい　74 10
定石　じょうせき　176 10
物事を処理するときの決まったやり方
饒舌　じょうぜつ　196 3／247 29／271 27
焦燥　しょうそう　153 19
肖像　しょうぞう　133 14
消息　しょうそく　35 20
招待　しょうたい　21 16
承諾　しょうだく　116 9／272 4
冗談　じょうだん　24 6
情緒　じょうちょ　74 4／269 34
象徴　しょうちょう　42 3
冗長　じょうちょう　137 16
焦点　しょうてん　121 15
譲渡　じょうと　120 2
衝動　しょうどう　9 49／26 5
常套　じょうとう　202 8
ありふれたさま
衝突　しょうとつ　56 8／229 14
性分　しょうぶん　25 22
障壁　しょうへき　147 19
枝葉末節　しようまっせつ　258 12
冗漫　じょうまん　151 19
消耗　しょうもう　78 12
称揚　しょうよう　138 9
渉猟　しょうりょう　181 16
多くの書物などを読みあさること
奨励　しょうれい　144 5
鐘楼　しょうろう　172 10
除外　じょがい　233 15
諸行無常　しょぎょうむじょう　253 18
処遇　しょぐう　113 14
食指　しょくし　82 7
物事を求める心が起こることを「食指が動く」という
食指が動く　しょくし(が)うご(く)　271 46
触発　しょくはつ　65 13
嘱望　しょくぼう　179 16
期待すること
植林　しょくりん　230 10
所見　しょけん　83 18
ある事についての考え
徐行　じょこう　110 7／233 16
所作　しょさ　37 17／246 13
書斎　しょさい　156 12
所産　しょさん　175 14
結果として生み出されたもの
叙述　じょじゅつ　125 19
徐徐　じょじょ　37 14
叙情　じょじょう　269 35
諸説紛紛　しょせつふんぷん　258 13
所詮　しょせん　162 2
助長　じょちょう　88 9
ある傾向をより著しくすること
所得　しょとく　273 27
処方　しょほう　51 15
庶民　しょみん　103 14

□正否 せいひ 147-21
□静謐 せいひつ 198-4
□清貧 せいひん 143-16
□征服 せいふく 60-9
□性癖 せいへき 111-20
□精密 せいみつ 39-18
□生来 せいらい 78-6 / 246-10
□清廉 せいれん 176-9
心が清く私欲のないこと
□清廉潔白 せいれんけっぱく 253-23
□昔日 せきじつ 80-1
□析出 せきしゅつ 135-16
□赤貧 せきひん 84-6
ひどく貧しいこと
□惜別 せきべつ 239-27
□赤裸裸 せきらら 269-36
□寂寥 せきりょう 194-9
□世故 せこ 84-9
世間の事情
□世襲 せしゅう 122-11
□世相 せそう 100-8
□絶叫 ぜっきょう 49-20
□切磋琢磨 せっさたくま 253-24
□切実 せつじつ 26-8
□切歯扼腕 せっしやくわん 253-25
□摂取 せっしゅ 59-18
□折衝 せっしょう 87-16
利害の反する者との話し合い
□殺生 せっしょう 162-1
□接触 せっしょく 28-9
□雪辱 せつじょく 162-11
□節操 せっそう 270-9
□拙速 せっそく 156-7
□絶体絶命 ぜったいぜつめい 259-18
□絶対的 ぜったいてき 244-14
□折衷 せっちゅう 149-14
□窃盗 せっとう 162-12
□刹那 せつな 170-1
□切迫 せっぱく 104-12
□折半 せっぱん 239-29
□絶滅 ぜつめつ 68-9
□摂理 せつり 175-24
神の意志や自然界の法則
□拙劣 せつれつ 76-12 / 245-20
□是認 ぜにん 62-8 / 272-6
□狭める せば(める) 75-25
□是非 ぜひ 175-20 / 238-5
よいことと悪いこと
□狭い せま(い) 230-6
□責める せ(める) 27-23
□繊維 せんい 142-3
□前衛 ぜんえい 269-37
□僭越 せんえつ 200-12
自分の身分や立場を越えてでしゃばること
□専横 せんおう 89-21
好き勝手にふるまうこと
□旋回 せんかい 113-21 / 233-14
□先駆者 せんくしゃ 71-20
□宣言 せんげん 23-18
□先験的 せんけんてき 247-15
□専攻 せんこう 23-14
繊細 せんさい 11-66 / 71-21
□潜在 せんざい 70-1 / 245-19
□千載一遇 せんざいいちぐう 253-26
□詮索 せんさく 153-16
□千差万別 せんさばんべつ 259-19
□漸次 ぜんじ 179-20
だんだん、しだいに
□善処 ぜんしょ 273-47
□専心 せんしん 246-2
□全身 ぜんしん 247-26
□前代未聞 ぜんだいみもん 259-20
□選択肢 せんたくし 64-3
□先達 せんだつ 85-22
それぞれの道の先輩
□先天的 せんてんてき 247-15
□扇動 せんどう 179-13
気持ちをあおり、行動を起こすように仕向けること
□浅薄 せんぱく 99-17
□全幅 ぜんぷく 104-6
□千変万化 せんぺんばんか 259-21
□羨望 せんぼう 166-11
□鮮明 せんめい 56-5
□専門 せんもん 20-4
□旋律 せんりつ 67-21
□戦慄 せんりつ 173-15
□占領 せんりょう 40-10
□鮮烈 せんれつ 27-17
□洗練 せんれん 58-5

そ

□沿う そ(う) 61-25
□相違 そうい 42-10
□憎悪 ぞうお 59-16
□総括 そうかつ 129-14
□想起 そうき 64-7
□雑木 ぞうき 37-20
□臓器 ぞうき 144-3
□走狗 そうく 202-10
他人の手先になって働く者
遭遇 そうぐう 10-60 / 137-18
□巣窟 そうくつ 180-2
悪人などの隠れ家
□早計 そうけい 127-13
□造詣 ぞうけい 179-15 / 241-17
学問などに対し深い理解があること
□双肩 そうけん 87-24
責任を負うもののたとえ
□総合 そうごう 245-15
□相克 そうこく 175-16
両者が互いに争うこと
□荘厳 そうごん 47-15
□操作 そうさ 224-1
□捜査 そうさ 224-2
□相殺 そうさい 76-10
□捜索 そうさく 62-4
□相似 そうじ 224-3
□掃除 そうじ 224-4
□葬式 そうしき 58-3
喪失 そうしつ 13-95 / 66-11
□操縦 そうじゅう 56-10
□装飾 そうしょく 30-3
□増殖 ぞうしょく 146-10 / 230-9
□壮絶 そうぜつ 107-16
□創造 そうぞう 21-18 / 245-21
□相対的 そうたいてき 46-2 / 244-14
□荘重 そうちょう 120-4
□増長 ぞうちょう 101-16
□想定 そうてい 30-9
□遭難 そうなん 147-18
□双璧 そうへき 162-5
□相貌 そうぼう 155-21
□聡明 そうめい 190-1
□草履 ぞうり 136-12
□挿話 そうわ 41-19
□添える そ(える) 41-22
□疎遠 そえん 124-11 / 238-3
□疎外 そがい 224-5
□阻害 そがい 224-6
□遡及 そきゅう 166-4
□削ぐ そ(ぐ) 197-22

俗語　ぞくご　269-28
即座　そくざ　26-10
促進　そくしん　32-7
束縛　そくばく　12-82/69-13
狙撃　そげき　155-16
齟齬　そご　14-10/201-22/243-23
食い違い
遡行　そこう　172-9
損ねる　そこ(ねる)　69-25
粗雑　そざつ　63-19
組織　そしき　22-8
粗品　そしな　26-12
咀嚼　そしゃく　204-1
かみくだくこと
訴訟　そしょう　151-23/273-34
俎上　そじょう　204-12/243-22
まな板の上
租税　そぜい　114-12
礎石　そせき　139-20
唆す　そそのか(す)　167-20
措置　そち　174-5
とりはからって始末をつけること
疎通　そつう　178-10
意思が通じること
即興　そっきょう　148-7
率先垂範　そっせんすいはん　253-27
率直　そっちょく　23-22
袖にする　そで(にする)　271-28
供える　そな(える)　224-7
備える　そな(える)　224-8
素朴　そぼく　46-5
背く　そむ(く)　43-24
初める　そ(める)　59-24
染める　そ(める)　111-24
粗野　そや　87-17
言動が荒々しく下品なこと
反らす　そ(らす)　23-25
損壊　そんかい　142-5
尊厳　そんげん　62-12
忖度　そんたく　202-12
他人の気持ちを推し測ること

た

待機　たいき　26-6
大器晩成　たいきばんせい　253-28
大義名分　たいぎめいぶん　259-22
耐久性　たいきゅうせい　102-10
対極　たいきょく　33-18
待遇　たいぐう　68-12/229-19
退屈　たいくつ　36-6
体系　たいけい　46-1
大言壮語　たいげんそうご　259-23
太古　たいこ　28-4
大綱　たいこう　272-15
醍醐味　だいごみ　196-2
滞在　たいざい　46-11/247-27
対峙　たいじ　194-14
代謝　たいしゃ　128-12
貸借　たいしゃく　60-10/272-7
対照　たいしょう　23-13
代償　だいしょう　50-12
堆積　たいせき　172-4
泰然自若　たいぜんじじゃく　253-29
体操　たいそう　233-26
怠惰　たいだ　109-14/244-2
代替　だいたい　7-19/127-16
台頭　たいとう　174-7
勢力を得ること
大同小異　だいどうしょうい　259-24
体得　たいとく　246-12
滞納　たいのう　273-28
頽廃　たいはい　203-19
道徳的に乱れ不健全なこと
体面　たいめん　247-16
貸与　たいよ　98-11
耐える　た(える)　53-22
堪える　た(える)　163-22
多寡　たか　159-14/239-19
高飛車　たかびしゃ　271-36
耕す　たがや(す)　57-23
多岐　たき　109-18/241-13
唾棄　だき　179-17
忌み嫌い軽蔑すること
妥協　だきょう　132-5
卓越　たくえつ　41-13
託す　たく(す)　143-23
巧み　たく(み)　23-24
蓄える　たくわ(える)　107-22
長ける　た(ける)　193-24
打算　ださん　33-14
携わる　たずさ(わる)　31-23
尋ねる　たず(ねる)　155-23
訊ねる　たず(ねる)　195-30
堕する　だ(する)　133-24
惰性　だせい　146-9
佇む　たたず(む)　197-20
畳　たたみ　129-23
漂う　ただよ(う)　127-23
忽ち　たちま(ち)　195-22
裁つ　た(つ)　224-9
絶つ　た(つ)　224-10
断つ　た(つ)　224-11
奪回　だっかい　56-4/231-25
達観　たっかん　122-12
脱却　だっきゃく　41-14
妥当　だとう　7-25/112-2
辿る　たど(る)　193-26
束　たば　101-24
足袋　たび　171-20
多弁　たべん　247-29
騙す　だま(す)　195-27
矯める　た(める)　169-23
堕落　だらく　36-1/230-3
戯れる　たわむ(れる)　165-22
暖衣飽食　だんいほうしょく　253-30
弾劾　だんがい　152-8/273-35
探究　たんきゅう　100-1
端倪　たんげい　205-22
推測すること
断固　だんこ　30-8
端緒　たんしょ　178-8
事の始まりや手がかり
誕生　たんじょう　26-3
端的　たんてき　10-56/175-23
はっきりしたさま
耽溺　たんでき　196-13
単刀直入　たんとうちょくにゅう　259-25
丹念　たんねん　62-7
堪能　たんのう　154-6
淡泊　たんぱく　58-2
断片　だんぺん　26-7
短絡　たんらく　84-2/238-1
手順を踏まえずに物事を簡単に結びつけること

ち

治安　ちあん　20-2
遅延　ちえん　117-15
地殻　ちかく　107-20/233-17
知己　ちき　82-1
友人や知り合い
逐一　ちくいち　98-6
逐次　ちくじ　136-9/237-21

つ

て

索引

□如実 にょじつ 130-1
□二律背反 にりつはいはん 260-3
俄 にわか 14-11/197-29
□任意 にんい 174-2/239-25
当人の自由な判断に任せること
□忍耐 にんたい 114-2

ぬ

□縫う ぬ(う) 129-25
□拭う ぬぐ(う) 165-23

ね

□妬む ねた(む) 173-21
□捏造 ねつぞう 196-6
□粘る ねば(る) 115-24
狙う ねら(う) 9-40/71-25
□懇ろ ねんご(ろ) 167-14
□粘着 ねんちゃく 128-6
□念頭 ねんとう 60-5

の

□濃厚 のうこう 47-17/245-23
□脳裏 のうり 70-3
□逃れる のが(れる) 59-22
□軒端 のきば 171-18
□載せる の(せる) 125-22
□臨む のぞ(む) 69-23
□則る のっと(る) 195-20
□延ばす の(ばす) 226-4
□伸ばす の(ばす) 226-5
□野放図 のほうず 82-3
気ままで勝手なさま

は

把握 はあく 8-33/68-1
□廃屋 はいおく 166-9
□徘徊 はいかい 194-12
媒介 ばいかい 9-43/132-8
□配偶者 はいぐうしゃ 43-14
□拝啓／敬具 はいけい／けいぐ 273-49
□輩出 はいしゅつ 177-16
人材が次々と世に出ること
排除 はいじょ 11-65/23-16
□賠償 ばいしょう 126-9/272-19
□陪審 ばいしん 148-10/273-39
□排斥 はいせき 81-13
□排他 はいた 71-17/238-8/268-17
□媒体 ばいたい 108-1
□背馳 はいち 205-14
背くことや反対になること
□配慮 はいりょ 105-16
□破壊 はかい 52-4
□諮る はか(る) 169-21
□破顔一笑 はがんいっしょう 260-4
□波及 はきゅう 102-6
□掃く は(く) 226-6
□吐く は(く) 226-7
□履く は(く) 226-8
□育む はぐく(む) 157-21
□博識 はくしき 108-10
□拍車 はくしゃ 129-20/240-5
□薄情 はくじょう 235-14
□迫真 はくしん 89-22
いかにもそのものらしいこと
□博する はく(する) 123-25
□漠然 ばくぜん 68-10
□剥奪 はくだつ 173-13
□伯仲 はくちゅう 85-17
優劣のつけにくいこと
□白眉 はくび 179-23
特に優れた人や物
□博覧強記 はくらんきょうき 260-5
□剥離 はくり 159-16
□暴露 ばくろ 98-9
□励む はげ(む) 99-25
□派遣 はけん 64-1/229-22
□挟む はさ(む) 230-5
□端 はし 63-23
□馬耳東風 ばじとうふう 254-10
□覇者 はしゃ 155-22
□辱める はずかし(める) 165-19
□外す はず(す) 39-24
□弾む はず(む) 99-24
□派生 はせい 132-6
□馳せる は(せる) 191-28
□機 はた 81-24
破綻 はたん 6-3/144-12
□破竹 はちく 89-14
とどめがたい勢い
発揮 はっき 7-15/62-2
□発酵 はっこう 153-20
□伐採 ばっさい 113-17
□発祥 はっしょう 74-3
□抜粋 ばっすい 114-11
□抜擢 ばってき 198-3
□潑剌 はつらつ 196-7/271-38
□破天荒 はてんこう 271-47
□罵倒 ばとう 172-7
□甚だしい はなは(だしい) 163-23
□憚る はばか(る) 199-29
□阻む はば(む) 167-18
□省く はぶ(く) 81-22
□波紋 はもん 128-11
□波瀾 はらん 194-11
□波瀾万丈 はらんばんじょう 254-11
□遥か はる(か) 191-24
□繁栄 はんえい 244-8
□挽歌 ばんか 190-9
□反旗 はんき 88-3
謀反を起こし立てる旗
□万古不易 ばんこふえき 260-6
□煩雑 はんざつ 134-11
□反射 はんしゃ 20-11
□盤石 ばんじゃく 175-18
極めて堅固なこと
□繁盛 はんじょう 153-23
□半信半疑 はんしんはんぎ 260-7
□反芻 はんすう 201-24
繰り返し思い考えること
□判然 はんぜん 98-2/246-6
□伴奏 ばんそう 103-15
□範疇 はんちゅう 192-5
□版図 はんと 168-8
□万能 ばんのう 25-18
□半端 はんぱ 74-1
□販売 はんばい 62-1
□反駁 はんばく 203-20
他から受けた非難や攻撃に対し、逆に論じ返すこと
□頒布 はんぷ 181-22
広く分かち配ること
□繁茂 はんも 103-21
□煩悶 はんもん 194-10
□汎用 はんよう 176-12
いろいろな方面に用いること
□氾濫 はんらん 155-15
□伴侶 はんりょ 157-19

ひ

□被害 ひがい 36-10/245-27
□控える ひか(える) 111-23
□比較 ひかく 57-18

□ 彼岸 ひがん 77-15
□ 悲願 ひがん 269-46
□ 率いる ひき(いる) 67-25
□ 卑近 ひきん 86-1
身近なこと
□ 弾く ひ(く) 77-16
□ 惹く ひ(く) 197-19
□ 卑屈 ひくつ 109-15
□ 卑下 ひげ 148-11
□ 比肩 ひけん 180-3／246-4
同等で優劣のないこと
□ 庇護 ひご 192-7
□ 非業 ひごう 80-4
□ 微細 びさい 110-4
□ 悲惨 ひさん 110-12
□ 批准 ひじゅん 151-21／272-20
□ 飛翔 ひしょう 190-2
□ 非情 ひじょう 107-17／239-20
□ 美辞麗句 びじれいく 254-12
□ 皮相 ひそう 86-10
表面的で浅はかなこと
潜む ひそ(む) 6-9／61-23
□ 肥大 ひだい 99-16
□ 浸る ひた(る) 99-23
□ 畢竟 ひっきょう 203-14
結局ということ
□ 必至 ひっし 101-14
必定 ひつじょう 14-4／78-2
□ 必須 ひっす 137-23
□ 筆舌 ひつぜつ 243-17
□ 必然 ひつぜん 244-5
□ 筆致 ひっち 154-11
□ 匹敵 ひってき 88-12／246-4
能力などが同程度であること
□ 筆頭 ひっとう 122-7
□ 逼迫 ひっぱく 203-17
事態が差し迫ること
□ 非難 ひなん 38-3
□ 皮肉 ひにく 46-8
□ 批判 ひはん 52-9
□ 響く ひび(く) 49-24
□ 皮膚 ひふ 138-1
□ 悲憤慷慨 ひふんこうがい 254-13
□ 疲弊 ひへい 139-16
□ 備忘録 びぼうろく 144-1
□ 微妙 びみょう 98-3／232-4
□ 罷免 ひめん 168-9
□ 眉目秀麗 びもくしゅうれい 260-8
飛躍 ひやく 9-39／26-11
□ 百戦錬磨 ひゃくせんれんま 254-14
□ 比喩 ひゆ 74-5
□ 氷解 ひょうかい 120-5
□ 拍子抜け ひょうしぬ(け) 270-10
□ 描写 びょうしゃ 30-11／269-38
□ 表象 ひょうしょう 122-1／268-9
□ 表層 ひょうそう 244-12
□ 標的 ひょうてき 54-7／237-18
□ 漂泊 ひょうはく 124-4
□ 標榜 ひょうぼう 200-8
主義や主張などを公然と掲げあらわすこと
□ 表裏 ひょうり 40-5
□ 表裏一体 ひょうりいったい 260-9
□ 漂流 ひょうりゅう 237-17
□ 兵糧 ひょうろう 162-8
□ 日和 ひより 165-16
□ 比類 ひるい 100-2／243-14
翻す ひるがえ(す) 11-70／131-24
披露 ひろう 10-54／151-18
□ 疲労 ひろう 57-19
□ 敏感 びんかん 244-7
□ 貧困 ひんこん 33-16
□ 瀕する ひん(する) 191-27
□ 頻度 ひんど 126-7
頻繁 ひんぱん 6-1／136-5
□ 貧乏 びんぼう 229-15

ふ

□ 不意 ふい 24-3
□ 吹聴 ふいちょう 205-21
言いふらすこと
□ 封印 ふういん 120-11
□ 風光明媚 ふうこうめいび 260-10
□ 風刺 ふうし 121-14／269-29
□ 風潮 ふうちょう 27-14
□ 風靡 ふうび 205-24
多くの人をなびき従わせること
敷衍 ふえん 15-17／200-6
意味を押し広げて説明すること
□ 負荷 ふか 153-18／239-16
□ 不可避 ふかひ 120-1
□ 俯瞰 ふかん 200-2／247-30
高い所から見下ろすこと
普及 ふきゅう 12-86／226-10
□ 不朽 ふきゅう 226-9
□ 福音 ふくいん 162-3
□ 不遇 ふぐう 54-8／242-9
□ 福祉 ふくし 53-18
□ 服従 ふくじゅう 22-2／239-22
□ 腹心 ふくしん 84-10
心から信頼できる人
□ 覆水 ふくすい 153-22
□ 複製 ふくせい 32-6
□ 伏線 ふくせん 110-1
□ 不倶戴天 ふぐたいてん 255-15
□ 覆面 ふくめん 130-10／228-8
□ 膨らむ ふく(らむ) 135-25
□ 耽る ふけ(る) 199-21
□ 符号 ふごう 46-6
□ 符合 ふごう 111-17
□ 負債 ふさい 113-15
□ 塞ぐ ふさ(ぐ) 171-25
□ 不肖 ふしょう 180-9
父や師に似ず愚かなこと
□ 不精 ぶしょう 74-9
□ 不条理 ふじょうり 126-1／269-39
□ 侮辱 ぶじょく 137-15／231-18
□ 普請 ふしん 226-11
□ 不審 ふしん 226-12
□ 腐心 ふしん 227-13／246-3／270-20
□ 不振 ふしん 227-14
□ 風情 ふぜい 68-3
□ 不世出 ふせいしゅつ 83-21
めったに世に出ないほど優れていること
□ 布石 ふせき 124-3／241-18
□ 敷設 ふせつ 164-8
□ 不測 ふそく 109-17
□ 不即不離 ふそくふり 255-16
□ 札 ふだ 37-24
不断 ふだん 7-24／87-23
絶えることのないこと
□ 仏閣 ぶっかく 143-20
□ 物議 ぶつぎ 114-9／240-7
□ 復興 ふっこう 50-4
払拭 ふっしょく 14-5／181-18
すっかり払いのけること
□ 物色 ぶっしょく 84-8
多くの中から探すこと
□ 物騒 ぶっそう 150-5

□払底　ふってい　157-17
□沸騰　ふっとう　159-17
□不当　ふとう　20-12
□不撓不屈　ふとうふくつ　255-17
□懐　ふところ　77-21
□無難　ぶなん　34-8
□赴任　ふにん　71-13
□侮蔑　ぶべつ　159-21
普遍　ふへん　11-75/174-1/244-131/268-10
全てに広く当てはまること
□不偏不党　ふへんふとう　255-18
□訃報　ふほう　170-12
□踏む　ふ(む)　121-22
□不毛　ふもう　32-3
□麓　ふもと　173-25
□浮遊　ふゆう　40-4
□付与　ふよ　33-19
□扶養　ふよう　144-9
□無頼　ぶらい　101-13
□震わす　ふる(わす)　139-24
□触れる　ふ(れる)　63-24
□付和雷同　ふわらいどう　260-11
□雰囲気　ふんいき　56-9
□噴煙　ふんえん　237-19
□憤慨　ふんがい　144-4/237-20
□奮起　ふんき　239-30
□分岐　ぶんき　114-7
□紛糾　ふんきゅう　99-15
□文献　ぶんけん　106-4
□粉骨砕身　ふんこつさいしん　255-19
□粉砕　ふんさい　144-8/233-23
□噴出　ふんしゅつ　104-5
□分析　ぶんせき　46-3/232-1/245-15
□分節　ぶんせつ　269-30
□紛争　ふんそう　65-14
□分別　ふんべつ　177-21
道理をわきまえること
□墳墓　ふんぼ　146-11
□憤懣　ふんまん　198-13/243-25

へ

□平穏　へいおん　50-11
□弊害　へいがい　128-1/230-2
□睥睨　へいげい　205-17
あたりをにらみつけて勢いを示すこと
□閉口　へいこう　227-15/271-30
□平衡　へいこう　227-16
□併合　へいごう　122-10
□弊社　へいしゃ　273-50
□平身低頭　へいしんていとう　260-12
□平生　へいぜい　76-7
□併設　へいせつ　239-28
□平素　へいそ　83-23
普段のこと
□閉塞　へいそく　149-16/231-23
□平板　へいばん　112-11
□辟易　へきえき　202-5/271-48
勢いに押され、どうしようもなく困ること
□壁画　へきが　230-8
隔たり　へだ(たり)　8-28/123-22
□経る　へ(る)　75-20
□変革　へんかく　31-15
□便宜　べんぎ　105-18/242-6
□偏狭　へんきょう　146-6
□偏見　へんけん　70-5
□片言隻語　へんげんせきご　260-13
□偏在　へんざい　227-17
□遍在　へんざい　227-18
□変遷　へんせん　134-2/246-1
□偏重　へんちょう　134-10
□変哲　へんてつ　142-7/243-15
□変貌　へんぼう　156-11
□遍歴　へんれき　176-5
広く各地を巡り歩くこと

ほ

□防衛　ぼうえい　54-9
□萌芽　ほうが　190-4
崩壊　ほうかい　13-98/62-9
□妨害　ぼうがい　63-17/229-18
□包括　ほうかつ　143-13
□包含　ほうがん　133-15
□傍観者　ぼうかんしゃ　113-16
□判官贔屓　ほうがんびいき　255-20
放棄　ほうき　7-17/64-9
□忘却　ぼうきゃく　43-18
□封建　ほうけん　268-18
□冒険　ぼうけん　36-9/235-24
□芳香　ほうこう　150-11
□忙殺　ぼうさつ　137-19
□奉仕　ほうし　51-17
□帽子　ぼうし　51-18
□防止　ぼうし　229-17
□傍若無人　ぼうじゃくぶじん　260-14/271-49
□報酬　ほうしゅう　124-12
□放縦　ほうじゅう　180-11
気ままでわがままなこと
□豊穣　ほうじょう　191-18
□放心　ほうしん　55-14
□紡績　ぼうせき　137-14
包摂　ほうせつ　13-92/138-7
□呆然　ぼうぜん　190-7
□茫然自失　ぼうぜんじしつ　255-21
膨大　ぼうだい　6-10/145-15
□膨張　ぼうちょう　142-10
□法廷　ほうてい　31-13
□方途　ほうと　146-2
□報道　ほうどう　268-19
□冒頭　ぼうとう　20-3
□冒瀆　ぼうとく　204-3
神聖なものを冒しけがすこと
□茫漠　ぼうばく　190-3
□抱負　ほうふ　52-2
□報復　ほうふく　40-12
□抱腹絶倒　ほうふくぜっとう　255-22
□彷彿　ほうふつ　201-14
ありありと思い浮かぶさま
□葬る　ほうむ(る)　149-23
□抱擁　ほうよう　155-13
□放埒　ほうらつ　201-15
気ままでだらしないこと
□謀略　ぼうりゃく　116-4
□飽和　ほうわ　111-15
□捕獲　ほかく　128-5
□朗らか　ほが(らか)　33-23
□保管　ほかん　227-19
□補完　ほかん　227-20
□墨守　ぼくしゅ　80-2
□牧畜　ぼくちく　33-22
□朴訥　ぼくとつ　271-39
□撲滅　ぼくめつ　154-3
□反古　ほご　204-8
役に立たない物事
□矛先　ほこさき　75-23
□誇る　ほこ(る)　63-22
□綻ぶ　ほころ(ぶ)　171-24
保障　ほしょう　8-26/227-22
□補償　ほしょう　227-21
□保証　ほしょう　227-23
□保身　ほしん　86-2
自分の地位などを守ること

□舗装　ほそう　155-19
□細面　ほそおもて　113-24
□捕捉　ほそく　156-6
□勃興　ぼっこう　170-6
□発端　ほったん　50-2
□没頭　ぼっとう　41-16
□施す　ほどこ(す)　59-25
□誉れ　ほま(れ)　125-25
□褒める　ほ(める)　135-24
□堀　ほり　232-8
□捕虜　ほりょ　149-20
□彫る　ほ(る)　111-25
□掘る　ほ(る)　113-23
□翻案　ほんあん　152-12
□本腰　ほんごし　33-17 / 243-16
□盆栽　ぼんさい　125-18
□煩悩　ぼんのう　152-4
□奔放　ほんぽう　145-14
□本末転倒　ほんまつてんとう　261-15
□本望　ほんもう　106-10
□凡庸　ぼんよう　144-10
□本領　ほんりょう　98-8 / 241-21
翻弄　ほんろう　7-13 / 150-2

ま

□枚挙　まいきょ　128-10 / 242-11
□邁進　まいしん　198-12
□埋没　まいぼつ　59-19
□賄う　まかな(う)　169-20
□紛らす　まぎ(らす)　107-24
□摩擦　まさつ　71-18
□瞬く　またた(く)　47-25
□末期　まつご　166-2
□抹消　まっしょう　152-7
□末梢　まっしょう　191-20
□全う　まっと(う)　121-24
□免れる　まぬか(れる)　123-24
□招く　まね(く)　25-24
□稀　まれ　195-25
□蔓延　まんえん　191-17
□満喫　まんきつ　108-6
□慢性　まんせい　104-10 / 244-3
□漫然　まんぜん　89-18 / 237-24
ぼんやりしているさま

み

□磨く　みが(く)　153-24
□幹　みき　107-23
□眉間　みけん　170-2
□惨め　みじ(め)　79-16
□未熟　みじゅく　28-8
□微塵　みじん　197-15
□魅する　み(する)　157-22
□未曽有　みぞう　179-14 / 246-7
いまだかつて起こったことがないこと
□未知　みち　244-11
□導く　みちび(く)　103-22
□未踏　みとう　130-5
□醜い　みにく(い)　159-22
□脈絡　みゃくらく　130-4
□土産　みやげ　77-24
□魅了　みりょう　68-8
魅力　みりょく　10-57 / 28-5
□未練　みれん　33-20
□民俗　みんぞく　269-47
□民謡　みんよう　229-24

む

□無為　むい　133-17
□無為自然　むいしぜん　261-16
□迎え　むか(え)　49-25
□無我夢中　むがむちゅう　261-17
□無垢　むく　191-15
□報い　むく(い)　67-22
□貪る　むさぼ(る)　173-24
□無残　むざん　36-5
□無邪気　むじゃき　71-14
□矛盾　むじゅん　61-15 / 271-50
□無償　むしょう　104-4
□無性　むしょう　117-21
□無常　むじょう　269-48
□寧ろ　むし(ろ)　197-24
□蒸す　む(す)　21-24
□咽ぶ　むせ(ぶ)　199-26
□夢想　むそう　35-17
□無造作　むぞうさ　57-14
□無駄　むだ　98-4
□無知蒙昧　むちもうまい　261-18
□無鉄砲　むてっぽう　271-40
□虚しい　むな(しい)　193-20
□旨　むね　163-14
□無謬　むびゅう　194-8
□無病息災　むびょうそくさい　261-19
□謀反　むほん　166-5
□無味乾燥　むみかんそう　261-20

め

□銘記　めいき　145-22
□明鏡止水　めいきょうしすい　255-23
□名状　めいじょう　25-17 / 241-20
□明晰　めいせき　194-1
□瞑想　めいそう　190-11
□命題　めいだい　48-10
□明瞭　めいりょう　148-5 / 245-26
□迷惑　めいわく　37-19
□免疫　めんえき　144-7
□面従腹背　めんじゅうふくはい　255-24
□面倒　めんどう　37-18
□面目　めんぼく　82-4
世間に対する名誉
□面目躍如　めんぼくやくじょ　261-21

も

□喪　も　127-25
□猛威　もうい　115-17
□儲け　もう(け)　193-28
□妄想　もうそう　124-1
□毛頭　もうとう　28-11
□網膜　もうまく　154-10 / 232-12
□網羅　もうら　130-8
□朦朧　もうろう　196-10
□目撃　もくげき　57-21
□黙秘権　もくひけん　133-13
□目論見　もくろみ　198-11
□模索　もさく　34-4
□専ら　もっぱ(ら)　103-24
□弄ぶ　もてあそ(ぶ)　173-22
□物見遊山　ものみゆさん　261-22
模倣　もほう　8-31 / 123-13 / 245-21 / 269-40
□催す　もよお(す)　131-21
□紋切り型　もんき(り)がた　88-8
決まりきった形式

や

厄介　やっかい　10-52 / 102-3
□雇う　やと(う)　71-22
□野蛮　やばん　142-11
□野暮　やぼ　89-13 / 269-49
洗練されていないこと
□闇　やみ　151-24
□闇雲　やみくも　89-25
前後の思慮のないこと
□揶揄　やゆ　199-18

索引

□和らげる　やわ(らげる)　47-24

ゆ

□唯一　ゆいいつ　35-15
□由緒　ゆいしょ　82-6/246-9
物事の経過してきた次第、いわれ
□有意義　ゆういぎ　48-11
□憂鬱　ゆううつ　75-13
□優越　ゆうえつ　48-12
□勇敢　ゆうかん　66-3
□遊戯　ゆうぎ　158-10
□悠久　ゆうきゅう　145-21
□融合　ゆうごう　134-5
□有終　ゆうしゅう　56-12/241-25
□優柔不断　ゆうじゅうふだん　261-23
□融通　ゆうずう　121-16
遊説　ゆうぜい　15-20/80-5
□誘致　ゆうち　108-3/239-23
□悠長　ゆうちょう　152-9
□誘導　ゆうどう　68-5
□誘発　ゆうはつ　60-2
□幽閉　ゆうへい　146-3
□雄弁　ゆうべん　109-20
□有名無実　ゆうめいむじつ　261-24
□勇猛果敢　ゆうもうかかん　261-25
□猶予　ゆうよ　137-22
□遊離　ゆうり　120-8
□憂慮　ゆうりょ　101-21
□誘惑　ゆうわく　43-20
□愉快　ゆかい　61-19
□遊山　ゆさん　162-6
□譲る　ゆず(る)　75-21
□委ねる　ゆだ(ねる)　163-25
□癒着　ゆちゃく　139-23
□由来　ゆらい　98-10
□緩い　ゆる(い)　127-24
□揺れる　ゆ(れる)　47-22

よ

□余韻　よいん　149-15
□用意周到　よういしゅうとう　261-26
□窯業　ようぎょう　173-18
擁護　ようご　7-21/138-3
□要綱　ようこう　232-11
□容姿　ようし　27-13
□容赦　ようしゃ　138-12
□要請　ようせい　103-17
□様相　ようそう　106-2/242-3
□幼稚　ようち　103-20
□羊頭狗肉　ようとうくにく　255-25
□擁立　ようりつ　152-2
□余技　よぎ　113-18
□余儀　よぎ　178-5/242-2
他の方法
□抑圧　よくあつ　68-2/268-20
□抑制　よくせい　110-5/234-10
□沃土　よくど　159-13
□抑揚　よくよう　152-3
□汚す　よご(す)　65-23
□余剰　よじょう　117-18
□装う　よそお(う)　103-23
□予断　よだん　176-7/242-8
前もって判断すること
□余地　よち　227-24
□予知　よち　227-25
□蘇る　よみがえ(る)　191-25
□余裕　よゆう　46-4

ら

□礼賛　らいさん　138-11
□来歴　らいれき　246-9
□落胆　らくたん　58-7
□落款　らっかん　172-2
□羅列　られつ　152-10
□濫用　らんよう　144-11

り

□利益　りえき　247-24
□利害得失　りがいとくしつ　255-26
□理屈　りくつ　55-19
□履行　りこう　147-16
□離合集散　りごうしゅうさん　261-27
□利潤　りじゅん　112-6/247-24
□律義　りちぎ　101-20
□立脚　りっきゃく　175-22
立場を定めること
□立証　りっしょう　273-40
□離反　りはん　127-20
□理非曲直　りひきょくちょく　255-27
□理不尽　りふじん　179-18
道理に合わないこと
□略奪　りゃくだつ　71-15
□留意　りゅうい　123-20
□隆盛　りゅうせい　104-9/241-22
□流暢　りゅうちょう　194-13
□竜頭蛇尾　りゅうとうだび　255-28
□寮　りょう　120-3
□凌駕　りょうが　201-16
他をしのいでその上に出ること
□了解　りょうかい　24-2
□料簡　りょうけん　204-11
考えを巡らすこと
□領分　りょうぶん　126-12
□履歴　りれき　228-7
□履歴書　りれきしょ　127-14
□理路整然　りろせいぜん　255-29
輪郭　りんかく　10-59/116-1
□臨機応変　りんきおうへん　261-28
□臨終　りんじゅう　58-8/246-14
□臨床　りんしょう　175-21
患者に接し診察などを行うこと
□臨場感　りんじょうかん　60-11
□輪廻転生　りんねてんしょう　261-29
□倫理　りんり　48-2
□林立　りんりつ　28-10/238-11

る

□類似　るいじ　25-15/247-20
□類推　るいすい　46-10
□累積　るいせき　124-8
□流転　るてん　78-3
流布　るふ　14-6/80-3

れ

□礼儀　れいぎ　235-20
□励行　れいこう　130-12
□霊魂　れいこん　64-8
□零細　れいさい　148-2
□礼節　れいせつ　115-14
□隷属　れいぞく　143-18
□黎明　れいめい　204-4
夜明けや物事のはじまり
□歴史　れきし　230-11
□歴然　れきぜん　175-13/246-6
明白なさま
□列挙　れっきょ　53-14
□劣等感　れっとうかん　66-10
□廉価　れんか　164-1
□連携　れんけい　120-7
□連鎖　れんさ　70-6
□連帯　れんたい　236-11
□憐憫　れんびん　199-16

□連綿《れんめん》 154-9

ろ

□老獪《ろうかい》 202-4
経験が豊かで悪賢いこと
□朗読《ろうどく》 65-20
□老若男女《ろうにゃくなんにょ》 261-30
□狼狽《ろうばい》 195-15
□浪費《ろうひ》 138-4
□籠絡《ろうらく》 180-8
巧みに言いくるめて自由に操ること
□老練《ろうれん》 85-16
経験を積み、慣れて巧みなこと
□緑青《ろくしょう》 164-9
露呈《ろてい》 9-46／125-15
□路傍《ろぼう》 139-13
□論破《ろんぱ》 124-9

わ

□歪曲《わいきょく》 194-3
□賄賂《わいろ》 170-3
□沸く《わ(く)》 117-22
□湧く《わ(く)》 157-23
□枠組み《わくぐ(み)》 121-23
□訳《わけ》 23-23
□僅か《わず(か)》 167-25
□煩わしい《わずら(わしい)》 131-23
□侘《わび》 269-50
□和洋折衷《わようせっちゅう》 255-30

索引

営業所のご案内

採用品のお問い合わせは下記営業所へお願いいたします。

札幌営業所
(03) 5302-7010

仙台営業所
(022) 358-3671

東京営業所
(03) 5302-7010

名古屋営業所
(06) 6368-8025

大阪営業所
(06) 6368-8025

広島営業所
(082) 567-2345

福岡営業所
(092) 923-2424

新版完全征服

頻出 入試漢字コア 2800　改訂版

2014 年 9 月 10 日　初　版第 1 刷発行
2021 年 5 月 10 日　初　版第20刷発行
2021 年 9 月 10 日　改訂版第 1 刷発行

編　者　桐原書店編集部
発行人　門間　正哉
発行所　株式会社 桐原書店
〒 160-0023　東京都新宿区西新宿 4-15-3
住友不動産西新宿ビル 3 号館
TEL：03-5302-7010（販売）
www.kirihara.co.jp
装丁＋本文レイアウト　塙 浩孝（ハナワアンドサンズ）
写真提供　ゲッティイメージズ
印刷＋製本　図書印刷株式会社

ISBN978-4-342-35362-8
Printed in Japan